W0195144

UTB **2640**

Eine Arbeitsgemeinschaft der Verlage

Beltz Verlag Weinheim · Basel
Böhlau Verlag Köln · Weimar · Wien
Wilhelm Fink Verlag München
A. Francke Verlag Tübingen und Basel
Haupt Verlag Bern · Stuttgart · Wien
Lucius & Lucius Verlagsgesellschaft Stuttgart
Mohr Siebeck Tübingen
C. F. Müller Verlag Heidelberg
Ernst Reinhardt Verlag München und Basel
Ferdinand Schöningh Verlag Paderborn · München · Wien · Zürich
Eugen Ulmer Verlag Stuttgart
UVK Verlagsgesellschaft Konstanz
Vandenhoeck & Ruprecht Göttingen
Verlag Recht und Wirtschaft Frankfurt am Main
VS Verlag für Sozialwissenschaften Wiesbaden
WUV Facultas Wien

Bernhard Irrgang

Einführung in die Bioethik

Wilhelm Fink Verlag · München

Bibliografische Information der Deutschen Bibliothek

Die Deutsche Bibliothek verzeichnet diese Publikation in der Deutschen
Nationalbibliografie; detaillierte bibliografische Daten sind im Internet über
http://dnb.ddb.de abrufbar.

© 2005 Wilhelm Fink Verlag GmbH & Co. KG
ISBN 3-7705-4084-0

Internet: www.fink.de

Printed in Germany.
Einbandgestaltung: Atelier Reichert, Stuttgart
Herstellung: Ferdinand Schöningh, Paderborn

UTB-Bestellnummer: ISBN 3-8252-2640-9

Inhaltsverzeichnis

Vorwort

In der technologischen wie in der wissenschaftlichen Forschungspraxis verflüchtigt sich der Gegensatz von natürlich und künstlich, von Natur und Technik immer mehr, während er in der ethischen Diskussion immer emphatischer herangezogen wird. Die hier entworfene Bioethik verdankt sich dem Paradox der Life-Sciences: Das Natürliche und das Lebendige wird am effizientesten mit modernster Techno-Science erforscht und verstanden. Der erfolgreiche technische Zugang zum Lebendigen wie zum Organismus und seiner Organisation sind wesentlicher Ausgangspunkt auch für die Analyse der sittlichen Dimensionen der Erkenntnis des Lebendigen und des Umgangs mit ihm. Bioethik beschränkt sich nicht auf medizinische Ethik und das Arzt-Patienten-Verhältnis, sondern erwächst dem Boden jener Technik, die in der Medizin wie in der Biologie seit den 60er und 70er Jahren des letzten Jahrhunderts in stark anwachsendem Maße herangezogen werden, nicht nur, um im Sinne medizinischer Reparatur zu heilen oder Gesundheit wiederherzustellen, sondern weil der biomedizinischen Eingriff Aussicht auf Verbesserung verheißt. Daher steht hier ein handlungszentrischer Ansatz und Fragen des Umgangs mit Lebendigem und vor allem mit dem Menschen im Vordergrund.

Traditionell wurde in der Bioethik der moralische Status von Pflanzen, Tieren (jeweils Gattungen von Lebewesen), individueller Tiere (Nutztiere, Schimpansen), des menschlichen Embryos und des autonomen Menschen aus einem Naturkontext heraus diskutiert und für den Menschen das Personprinzip herangezogen. Funktionale Bewertung ist von ethischer Bewertung zu unterscheiden, aber als „Wert des menschlichen Lebens" neben der personal-leiblichen Würde des Menschen zu berücksichtigen. Bioethik soll also nicht als Naturethik, sondern als Ethik einer spezifisch menschlichen Praxis entworfen werden. Schlüsselfragen sind die nach der Autonomie des Sittlichen, nach dem Bezug der Ethik zur Empirie und die Bewertung des Tier-Mensch-Unterschiedes.

Dank für vielfältige Hilfestellungen gebührt meiner Sekretärin und meinem kleinen Team.

Dresden, im November 2004   BERNHARD IRRGANG

0. Bioethik im Zeitalter der Life-Sciences

Die Lage der Bioethik als Bereich anwewndungsorientierter Ethik ist keineswegs beneidenswert. Fehlende Möglichkeiten einer objektiven Beantwortung bioethischer Fragen markieren ihren prekären Status. Oft ersetzt emotionale Betroffenheit die erforderliche ethische Argumentation. Eine einheitliche Verwendung des Terminus Bioethik gibt es nicht. Die Vorsilbe „Bio" bezieht sich nach einer verbreiteten Sichtweise auf die Biomedizin und die Biotechnologie; Ethik meint die theoretische bzw. philosophische Beschäftigung mit Fragen der Moral. Bioethik ist nicht deckungsgleich mit Medizinethik, die bisweilen auf normative Fragen im Arzt-Patienten-Verhältnis beschränkt wird. Einige Theoretiker beziehen die Vorsilbe „Bio" generell auf das Leben und alles Lebendige. Dieser ausgreifenden Interpretation zufolge gehören auch die Tierethik und die ökologische Ethik dazu. Schramme erscheint das weite Verständnis als unangemessen und der historischen Entwicklung der Bioethik zuwiderlaufend. Ich werde diese Fragen aus der Perspektive der Lebenswissenschaften dennoch kurz berücksichtigen. Für die Geschichte der modernen Bioethik sind die NS-Verbrechen und die Entwicklung in den USA mit ihrer starken Bedeutung der Justiz leitend geworden. Bioethiker werden als Moralexperten betrachtet. Aber worin besteht das Expertentum, wenn es um die ethische Beurteilung geht? Die Antwort sollte in ethischer Analyse und Diskussion der Probleme mithilfe spezifischer Kompetenzen erarbeitet werden. Expertengremien wie Ethikkommissionen beschäftigen sich mit Fragen der Bioethik in zunehmendem Maße. Eine anwachsende Internationalisierung der Forschung ist zu verzeichnen. Angewandte Ethik meint dabei nicht, dass man bestimmte Ethiktheorien auf Fragen der Bioethik anwendet. Es ist auch fraglich, ob Kasuistik als Alternative zum Theorienstreit eine Lösung anbietet. Jedenfalls rechtfertigt die Ethik des Heilens nicht jedes Mittel. Verschiedene Ansätze der Moraltheorie und in Abhängigkeit davon verschiedene ethische Argumentationen lassen sich rekonstruieren (Schramme 2002, 8-19).

Für eine philosophische Disziplin fehlt der Bioethik eigentlich alles: einheitliche Grundprinzipien, eindeutige Abgrenzungskriterien, gemeinsame Probleme und Diskussion. Und wie steht es mit einem einheitlichen Gegenstand? Das Leben, könnte man meinen, ist Gegenstand der Bioethik. Doch was ist das Leben? Vielleicht kann man versuchen, als Gegenstand der Bioethik die Life-Sciences zu begreifen, die möglicherweise als wissenschaftliche Disziplin einen genaueren Gegenstand abgibt als das Reich des Lebendigen. Dies ist kein unplausibler Vorschlag. Eine Verkürzung auf die biomedizinische Ethik ist zwar naheliegend, aber keineswegs dem Gegenstand angemessen. Auf der anderen Seite steht eine auf Soziobiologie und Ethnologie basierende evolutionäre Ethik, die ihren Gegenstand naturalistisch verkürzt und direkt auf das Leben meint zurückgreifen zu können, obwohl die Life-Sciences keine naturale, sondern eine kulturelle Praxis darstellen. Bioethik ist ein Kind moderner Wissenschaft und Technik.

Die Bioethik entstand zu Beginn der 70er Jahre in den USA. Der Onkologe van Reunschar Potter hatte 1971 die Etablierung einer neuen Disziplin vorgeschlagen, die auf eine Synthese von Naturwissenschaft und Moralphilosophie abzielt. Es sollte eine Überlebenswissenschaft vor dem Hintergrund der ökologischen Krise sein. 1971 wurde der Begriff Bioethik von Andre Hellegers am Kennedy Institute of Ethics an der George Town University in Washington eingeführt. Auch hier sollte eine Kombination von Ethik und Naturwissenschaften, aber bezogen auf konkrete Problemfälle, eingeführt werden. Es handelte sich um den Anfang einer Ethics of Health Care und der Life-Sciences. Eine Vielzahl von ethischen Methoden wurde in den letzten Jahren erarbeitet, die in der Bioethik Anwendung finden sollten. Zu unterscheiden sind ein enger Begriff von medizinischer bzw. biomedizinischer Ethik und ein weiter Begriff für Bioethik, der auch Umweltethik und Tierschutzethik umfasst, wie z.B. im Lexikon für Bioethik (Irrgang 1998c) von Korff u.a. (Ach/Runtenberg 2002, 13-15).

Der amerikanische Hintergrund für die Bioethik schlägt sich in einem Moralismus und einem Meliorismus nieder, der alles verbessern möchte. Religiös geprägte Denker standen am Anfang der Bioethik. Allerdings verlor der religiöse Einfluss auf das bioethische Denken im Laufe der 70er Jahre zunehmend an Bedeutung. Zur Entstehungszeit waren die vorherrschenden philosophischen Strömungen der logische Positivismus und die analytische Philosophie. Im Horizont der Bioethik haben sich liberale, egalitaristische, antiautoritative und emanzipatorische Ansätze mit zunehmendem Einfluss des Pragmatismus herausgebildet. Insofern war Bioethik ein Gebiet und Einfallstor für alternative methodologische Zugänge zur Philosophie. Im Hintergrund standen auch Veränderungen in der Gesellschaft und im Gesundheitswesen. Das Autonomieprinzip führte zu einer Transformation der ärztlichen Ethik im Sinne einer moralphilosophisch angeleiteten Reflexion und zu einer zunehmenden Institutionalisierung. Präzedenzfälle, Einzelfälle und Fallstudien fanden Eingang in die Bioethik. Unethische Experimente am Menschen waren immer Ausgangspunkt für bioethische Reflexio-

nen. Die zunehmende Bedeutung von Ethikkommissionen beeinfluss-
te die Bioethikdiskussion. So entstanden professionelle Bioethiker und
ein gewisses Berufsbild für diese. Außerordentlich intensiv wurde der
Fall des Abbruchs lebenserhaltender Maßnahmen diskutiert. Bioethik
wurde zudem angetrieben durch die Sorge um die Humanität am Krankenbett. Heute lassen sich in der Bioethik personzentrierte, tugendethische, kasuistische oder prinzipienethische Ansätze unterscheiden. Außerdem ist Bioethik wichtig in medizinethischen Aus-, Fort- und
Weiterbildungsprozessen (Ach/Runtenberg 2002, 19-37).

Bioethik in Europa begann erst Mitte der 80er Jahre. Autonomie ist
in Deutschland stark an Kant orientiert. Die europäische Philosophie
ist weit weniger pragmatisch ausgerichtet als in den USA. Hintergrund
für die unterschiedliche Entwicklung der Bioethik in den USA und in
Deutschland sind zunächst die NS-Verbrechen und das Faktum, dass
es in Deutschland keine Bürgerrechtsbewegung gegeben hat. Angesto-
ßen wurde die Bioethik durch neue Handlungsoptionen in der High-
Tech-Medizin. Dies führte zu einer Anonymisierung, Kommerzialisierung und Verrechtlichung der Medizin. Außerdem verstärkte sich die
präventive Ausrichtung der Medizin. In Deutschland wurden meist
Fachkommissionen gegründet. In der Bundesrepublik wurden die ersten Ethikkommissionen bereits 1973 am Sonderforschungsbereich
Kardiologie in Göttingen und am Zentrum für Innere Medizin und Kin-
derheilkunde in Ulm etabliert. 1979 verabschiedete die Bundesärztekammer eine Empfehlung zur Errichtung von Ethikkommissionen.
Forschungsethikkommission und klinische Ethikberatung sind zu unterscheiden. Seit wenigen Jahren gibt es eine zentrale Kommission zur
Wahrung ethischer Grundsätze in der Medizin bei der Bundesärztekammer. Zu Beginn des Jahres 2000 wurde vom deutschen Bundestag eine Enquete-Kommission Ethik und Recht in der modernen Medizin ein-
gerichtet. Am 2. 5. 2001 hat die Bundesregierung die Einrichtung eines
nationalen Ethikrates als nationales Forum des Dialogs über ethische
Fragen in den Lebenswissenschaften beschlossen. Außerdem gibt es
Ethikzentren und Ethikinstitute (Ach/Runtenberg 2002, 38-47).

Die Vernachlässigung und die metaethische Beschäftigung mit Ethik
waren die beiden dominanten Reaktionen auf die Diagnose der Unmög-
lichkeit einer normativen Ethik in der Zeit vor und um die Entstehung
von Bioethik. Mit dem Anspruch einer wissenschaftlichen Behandlung
wurde angewandte Ethik aber noch im Rahmen der katholischen Moraltheologie betrieben, für die sich Begründungsprobleme der normativen Ethik nicht in der gleichen Weise stellten (Düwell/Steigleder
2003, 14-16). Voraussetzung für die Etablierung der Bioethik war ei-

ne tiefgreifende Transformation der Medizin und der ärztlichen Praxis, die zu einer Versachlichung der Arzt-Patienten-Beziehung führten (Düwell/Steigleder 2003, 17). Der Begriff Bioethik bezeichnet eine Alternative zur traditionellen Medizinethik, das in den USA heute vorherrschende Verständnis von Bioethik. Im deutschen Sprachraum setzte eine stärkere Beschäftigung mit angewandter Ethik erst Mitte der 80er Jahre ein. Die Initialzündung hierzu ging von der Debatte um Gentechnik und Reproduktionsmedizin aus. Heute geht es nicht nur um eine Änderung in der Medizin. Es wurde bewusst, dass mit den Veränderungen der Rahmenbedingungen der Medizin, mit der Gefährdung der Lebensgrundlage des Menschen und der Entwicklung der neuen Technologien schwierige moralische Fragen aufgeworfen wurden (Düwell/Steigleder 2003, 21-23).

Häufig wird der Begriff Bioethik inzwischen als Oberbegriff für die Medizin-, Tier- und Umweltethik verwendet. Unter Bioethik werden dann alle ethischen Fragen subsumiert, die mit dem Lebendigen zu tun haben. Es lässt sich allerdings nicht übersehen, dass der Begriff dadurch unscharf wird und die Einordnung innerhalb der Bereiche der angewandten Ethik nicht recht klar ist. Durch die Zuspitzung auf die Life-Sciences – wie hier vorgeschlagen – kann dieser Mangel ausgeglichen werden. In Deutschland wird Bioethik häufig auch als ideologischer Begriff angesehen. Man betrachtet Bioethik dann nicht als Terminus für eine Bereichsethik, sondern für eine Ethikrichtung. Auf der Basis des Euthanasieprogramms des Dritten Reiches werden die Biowissenschaften als weltweit operierende Formation (Ideologie) zur Erweiterung der Eingriffsmöglichkeiten in das Lebendige aufgefasst. Die aggressivere Anklage lautet auf Akzeptanzbeschaffung, d.h. auf den Versuch der politisch motivierten Beeinflussung der öffentlichen Meinung im Dienste des technischen Fortschritts. In diesem Zusammenhang muss berücksichtigt werden, dass Bioethik nicht nur eine akademische Disziplin ist, sondern der Begriff auch für politische Aktivitäten, Kommissionsarbeiten und lobbyistische Bemühungen verwendet wird (Düwell/Steigleder 2003, 24-27). Trotz aller dieser Einflüsse ist jedoch daran festzuhalten, dass es sich in erster Linie um eine wissenschaftliche Herausforderung handelt (Düwell/Steigleder 2003, 35).

Im Hinblick auf die Unterstellung des Ideologieverdachtes für die Bioethik ist weiterhin die enge Verknüpfung des Utilitarismus mit der Bioethik zu berücksichtigen. Im Blick auf die neuen medizinischen Techniken wurde der Utilitarismus in der öffentlichen Debatte zum Wortführer eines Angriffs auf traditionelle Moralvorstellungen – und zwar sowohl in der Selbstwahrnehmung als auch in der Perspektive der

Kontrahenten. Die Frontstellung Utilitarismus/Singer traditionelle Ethik hat die Rezeption der Bioethik wesentlich geprägt (Düwell/Steigleder 2003, 58). Peter Singers Aufenthalt in Deutschland im Jahre 1989 war ein Beispiel einer Bioethikdiskussion, wie sie nicht sein sollte. Die Kritik an Singer wurde bald auf die Bioethik überhaupt übertragen. Daher wurde die zersetzende Kraft ethischer Argumentation im Hinblick auf die moralische Intuition hervorgehoben und angeprangert (Ach/Runtenberg 2002, 183-185). Auch die Diskussion in Deutschland um die Menschenrechtskonvention zur Biomedizin des Europarates hat nicht zur Hebung des Ansehens der Bioethik geführt. Diese wurde ab 1990 diskutiert. 1994 gelangte der bis dahin vertraulich behandelte Entwurf an die Öffentlichkeit. Deutschland hat die Konvention bisher nicht ratifiziert, letztendlich als einziges Land. Falsch war an der Arbeit der Kommission, dass die erste Stufe hinter verschlossenen Türen erfolgte (Ach/Runtenberg 2002, 186-191).

Die Debatte im Bundestag am 31. 5. 2001 über alle Parteigrenzen hinweg über Fragen der Bioethik dokumentierte einen gesellschaftlichen Wertepluralismus. Die Autonomie des Menschen, seine Fähigkeit, sich selbst Gesetze des Handelns zu geben, ist ein zentraler Ansatzpunkt der Bioethik. Sie betrifft zum einen die individuelle Entscheidung von Personen, die im medizinischen Kontext des Patienten sind, zum anderen gemeinschaftliche Entscheidungen darüber, welche Optionen für persönliche Entscheidungen überhaupt zur Verfügung bzw. nicht zur Verfügung stehen sollen. Die Auffassung von Moral als Frage des subjektiven Geschmacks ist völlig unzureichend, wenn es um die Basis gemeinschaftlicher Entscheidungen geht. Die Frage einer sozial verbindlichen Moral oder einer Minimalmoral ist für die Bioethik nicht ausreichend. Die Selbstbestimmung (Patientenautonomie) zu beschränken und sie zu verwirklichen, ist eine der Aufgaben, die in der Bioethik diskutiert werden müssen (Schramme 2002, 21-27).

Mit der Bioethik von Beauchamp und Childress verliert die traditionelle Prinzipienethik in der medizinischen Ethik an Plausibilität. Zur Zeit büßt allerdings auch das liberale Modell, basierend auf der Patientenautonomie, an Einfluss ein. Das liberale Modell geht von Prinzipien mittlerer Reichweite bzw. mittlerer Geltungsweite aus. Die Zuspitzung des liberalen Modells führte zu Konsensualisierung, Minimalisierung und Prozeduralisierung der Ethik. Trotz moralischem Pluralismus sollte aber ein minimaler Rest an gemeinsamen Übereinstimmungen wie an Theorie herausgearbeitet werden. Dabei stellt sich die Frage: Kann die Ethik gehaltvolle normative Konzeptualisierungen der Begriffe Gesundheit und Krankheit vorschlagen? (Ach/Runtenberg

2002, 54-73). Diese werden nicht ohne Konzepte wie Wert des Lebens und Qualität des Lebens herausgearbeitet werden können. Eine anwendungsorientierte phänomenologisch-hermeneutische Methode versucht, dieser Situation in der Ethik gerecht zu werden. Die Kritik am Autonomieprinzip läuft darauf hinaus, dass dieses in einen abstrakten Intellektualismus führe. Angemessene moralische Urteile setzen eine kontextorientierte und sensible Wahrnehmung konkreter und spezifischer Beziehungen voraus. Hinzu kamen Kriterien einer wissenschaftstheoretischen Veränderung in der Medizin im Sinne einer Abkehr der einseitigen Orientierung an technischer Beherrschbarkeit, am Maschinenparadigma und an einer Prothesenideologie. Ein neuer Begriff des Menschen wurde gefordert (Ach/Runtenberg 2002, 76-80).

Der Feminismus behauptete, dass die Bioethik eine Männerdomäne sei und somit wesentliche Belange einer umfassenden Anthropologie nicht berücksichtigt werden. Die empirisch ausgerichtete feministische Bioethik bekämpft die von Männern dominierte Bioethik der Prinzipien und Deduktionen. So plädierte die feministische Bioethik auf einer Veränderung des Theoriedesigns der klassischen Bioethik. Ein zweiter Bereich der Kritik waren kommunitaristische Ansätze, die die Kritik am Liberalismus mit Fragen einer gerechten gesellschaftlichen Ordnung verbanden. Das Konzept des Guten sollte im Vordergrund stehen und der liberale Verzicht auf eine Gemeinschaftsethik wurden angeprangert. Allein die Partizipation eines autonomen Individuums am öffentlichen Leben reicht nicht aus. Der dritte Bereich waren narrative Ansätze, die den Einbezug von Erfahrung und Geschichten forderten. Viertens kritisierten tugendethische Ansätze die Autonomiekonzeption, wobei Tugenden im Gegensatz zu Prinzipien nicht definiert werden können. Wohlwollen als Grundtugend des Heilens ist eher in Moraltheorien integriert (Ach/Runtenberg 2002, 81-106).

Die Alltagsferne vieler moralischer Prinzipien und Theorien wurde herausgestellt. Demgegenüber betont der Kontextualismus buttom-up-Modelle. Prominentestes Beispiel für den Kontextualismus ist die Kasuistik, in der Situation bzw. Problemkonstellationen aufeinander bezogen werden. Kasuistisches Denken misst Moraltheorien nur begrenzte Bedeutung zu, ist aber nicht gänzlich theoriefrei. Sie garantiert Alltagsnähe und Kontextsensibilität. Kritisiert wird aber auch eine zu große Alltagsnähe und Anbiederung an die gesellschaftliche Entwicklung. Blindheit, Verzicht auf Theorie und Prinzipien werden der Kasuistik angerechnet. Alltagsvorstellungen, Konventionen und Intuitionen sollten auch in der moralischen Theorie keine allzu große Rolle spielen. Die kritische Reflexion gesellschaftlicher Voraussetzungen und Auswirkungen neuer Handlungsoptionen konnten im Kontextualismus diskutiert werden (Ach/Runtenberg 2002, 122-132).

Für die Kasuistik besteht das Ziel nicht in einer moralphilosophischen Arbeit, die für die Lösung von Fällen relevant ist, sondern von vornherein in der Lösung von Fällen. Entsprechend wird nicht von einer (übergreifenden) Theorie der normativen Ethik ausgegangen – solche Theorien erscheinen vielmehr als entbehrlich oder defizient – sondern von der Analyse von Fällen (Düwell/Steigleder 2003, 152). Aber die Aufgaben der Medizinethik beschränken sich nicht nur auf die Lösung klinischer Fälle (Düwell/Steigleder 2003, 164). Sie ist damit allein als Grundlage für Bioethik ungeeignet. Dem Projekt einer narrativen Ethik ist von Anfang an eine Spannung eigen, die in jeder Ethik zwischen dem Anspruch auf universelle Gültigkeit und der erhöhten Aufmerksamkeit für den Einzelfall besteht (Düwell/Steigleder 2003, 185). Die Befürchtung, eine narrative Ethik setze das Interesse am Leiden und an der Integrität der Patienten an die Stelle der Kohärenz der Argumente ist wohl unbegründet, da sich beide Perspektiven wechselseitig ergänzen (Düwell/Steigleder 2003, 196f).

Für Kasuistik sind Rahmenbestimmungen für moralische Debatten, also paradigmatische Fälle wichtig. Generelle moralische Regeln dienen als Maximen. Heutzutage können partikuläre moralische Entscheidungen nicht einfach auf eine universelle ethische Regel für einzelne Fälle zurückgeführt werden. Sie müssen angewandt und abgewandelt werden. Bei der Prinzipienethik ist der Rückgriff auf Geometrie und Mathematik fundamental, in der Kasuistik auf praktische Behauptungen. Fragen der Urteilskompetenz verbinden sich mit der Suche nach relevanten Verallgemeinerbarkeiten und Berücksichtigung praktischer Felder wie Gesetz, Medizin und öffentlich Verwaltung (Jonson/Toulmin 1988, 23-31). Im Unterschied zu einer wissenschaftlichen Theorie mit zeitlosen Prinzipien treten in der juristischen und medizinischen Praxis berufsständische Probleme auf. In der medizinischen Praxis geht es z. B. um die Wirkung eines Antibiotikums. Theoretische Argumente sind Ketten von Beweisen, während praktische Argumente Methoden für das Lösen von Problemen darstellen. Das Ideal der Geometrie ist Axiomatisierung. Klinische Medizin ist aber ein praktisches Unternehmen. Wir wissen aus der Erfahrung, dass Hühnchenfleisch tatsächlich nahrhaft ist. Medizin verbindet Theorie und Praxis, intellektuelle Aufgaben und technische Fähigkeiten auf eine eigentümliche und charakteristische Art und Weise. Klinische Medizin ist wissenschaftlich nur in diesem einen Sinn, dass die Behandlung einer Krankheit in der Regel auf einem verallgemeinerten wissenschaftlichen Wissen beruht, das aufgrund von Generalisierung über Generationen von forschenden Medizinern und Biologen ausgebildet wurde. Alles zusammengefasst ist Medizin daher deutlich mehr als nur angewandte biomedizinische Forschung. Es geht vor allem darum, bestimmte Heilungsmuster und auch Erkrankungsmuster zu erkennen (Jonson/Toulmin 1988, 33-40).

Eine Diagnose ist das Wiederkennen eines Syndroms. Das setzt die Fähigkeit zur Wiederidentifikation voraus. Dazu ist eine Argumentation aus der Analogie erforderlich. Kasuistik hat viel mit Diagnose zu tun. Es geht um angemessene Behandlung. Diagnostisches Überlegen schreitet analog voran. Es benutzt die medizinische Taxonomie als eine Quelle, um paradigmatische Fälle herauszufinden, auf die sich alle Vergleiche zurückbeziehen können. Klinische Argumente lassen jeweils Platz für verantwortungsbewusste Mediziner, um unterschiedliche Diagnosen erstellen zu können. Außerdem ist es möglich, über marginale und zweifelhafte Fälle unterschiedlicher Meinung zu sein. In diesem Zusammenhang wird die Relevanz von taxonomischen Prozeduren für die Ethik deutlich. Lösungsansätze müssen darauf zurückgreifen. Es gibt Paradigmen, typische Fälle, und sie sind für die Analogiebildung unerlässlich (Jonson/Toulmin 1988, 39-44).

Klinische Probleme individueller Patienten und problematische Situationen führten zur Suche nach geeigneten Paradigmen für die medizinische Ethik und zu einem Wiederaufleben der Kasuistik. In der Medizin entstanden moralische Konflikte typischerweise aus der Tatsache, dass klinische Interventionen verschiedenartige Konsequenzen haben können. Insofern erschien eine Generalisierung hinsichtlich der Konflikte moralischer Verpflichtungen erforderlich. Solche Konflikte können gelöst werden. In der Ethik wie in der Medizin gibt es praktische Erfahrung, und diese ist zumindest genauso kollektiv wie persönlich. Ein praktisches sittliches reflektierendes Argumentieren kann erheblich besser auf die Situation eingehen als eine formale oder geometrische Demonstration. Die Debatte über Wahrscheinlichkeitsgründe hat an Bedeutung verloren. Moralisches Wissen ist in zentralen Punkten partikulär. Statt ethischer Deduktion ist unsere affektive Sensibilität für Moral zu schulen. Es geht um die zentralen praktischen Felder der Ethik (Jonson/Toulmin 1988, 304-331). In der Bioethik wie in der medizinischen Ethik kommt es zu einer Wiederbelebung der Kasuistik. In der letzten Zeit hat sich der Kohärentismus durchgesetzt. Er ist charakterisiert durch reflexive Überlegungsgleichgewichte und Rückkoppelungsspiralen zwischen top-down und bottom-up Ansätzen. Bezugspunkt ist z. B. eine Theorie der Gerechtigkeit oder der Autonomie. Mittlere Prinzipien, die allerdings in keinem erkennbaren Verhältnis zueinander stehen, sind der Ausgangspunkt einer solchen ethischen Theorie. Allerdings müssen Priorität- und Gewichtungsregeln den Prozess des hin-und-her Überlegens transparent machen. Heute vertreten die meisten Bioethiker ein kohärentistisches Verfahren (Ach/Runtenberg 2002, 132-137).

Die Verwendung von phänomenologischen und hermeneutischen Verfahren sowohl in der technologisierten Naturwissenschaft wie in den Geisteswissenschaften bzw. in der Ethik ist die Grundlage für die weitere ethische Betrachtung. Eine phänomenologisch-hermeneutische Ethik geht zunächst vom „empirical turn" und „phenomenological turn" aus, verbindet diese aber mit einem cultural turn auf der Basis einer Praxisepistemologie. Die alte dualistische Sicht der Ethik – hier die Welt der Technik, der Kultur, der Alltagsmoral, dort die Welt des kategorischen Imperativs, der heiligen Pflicht, die unerreichbar ferne ist und einer schier übermenschlichen Würde, die dem Menschen zugeschrieben wird – hat in dieser hermeneutisch-phänomenologischen Ethik keinen Platz. Dammbrüche im Hinblick auf die technologische Entwicklung können zudem ein Segen sein, z.B. dann, wenn falsch gezogene oder zu schwache Dämme rechtzeitig brechen. Der empirical turn in der Bioethik verknüpft sich also mit einem technological turn, der antinaturalistisch und kulturalistisch gemäß den heute dominierenden Ansätzen in der Wissenschaftstheorie und Epistemologie ist. Neuere Ansätze in der Techno-Sciene-Forschung und den hermeneutisch-phänomenologischen Ansatz von Don Ihde und mir (Irrgang 2003b) sind weitere Ausgangpunkte für die phänomenologisch-hermeneutische Methode der hier zu entwickelnden Bioethik.

Bioethik geht von unterschiedlichen Paradigmen verschiedener Bereichsethiken aus. Zu diesen gehören Wissenschafts-, Technik- und Technologieethik, Umweltethik bzw. ökologische Ethik, Tierschutzethik, medizinische Ethik und deren moderne biomedizinische Variante. Bioethik ist damit keine klassische Bereichsethik oder praktische Ethik im herkömmlichen Sinn, sondern bereichsübergreifende Technologie-Ethik, die im Paradigma von Techno-Sciences, konkret hier der Life-Sciences ansetzt. Als ethische Paradigmen, die in dieser Transbereichsethik eine Rolle spielen, sind (1) die Freiheit der Forschung, die Vorsicht bei riskanten Unternehmen und das Streben nach wirklichem Wissen, (2) gelingende Technik, Sicherheit auch bei Innovationen, Effektivität und Wirtschaftlichkeit, (3) Umweltverträglichkeit, Nachhaltigkeit, Biodiversität, (4) Tierschutz bzw. Schmerzvermeidung und (5) Patientenautonomie, Entscheiden für andere, informed consent und das Patientenwohl zu nennen. Eine Ethik des Lebendigen setzt also einen gewissen empirical turn voraus, allerdings in einer kulturalistischen Interpretation, wie ihn die Phänomenologie und eine pragmatisch gewendete Hermeneutik vorschlägt.

Gemäß dem Ansatz von Deuten und Werten (Irrgang 1998a, Lenk 1993, Lenk 1995) handelt es sich auch bei der Interpretation von Natur um Interpretationskonstrukte, die wir an die Natur herantragen. Der Wertansatz wird im Sinne einer inhaltlich zu konkretisierenden ethischen Argumentation im Hinblick auf Normen und Werte ausgeführt. Ein nüchterner empirischer wie ethischer Blick kombiniert phänomenologische und hermeneutische Aspekte in einer Ethik der Forschungspraxis wie der Gebrauchs- und Anwendungspraxis im Bereich lebender Organismen. Dabei gibt es Werte, die durch konkrete Bedürfnisse generiert werden, also auch biologisch fundierte Werte und – ethisch gerechtfertigte – Wünsche von Individuen bzw. Organismen, also die subjektive Seite des Wertens, auf der anderen Seite konkrete Verpflichtungen, die Werte konstituieren, also die objektive Seite der Werte und einer Ethik, in der Argumentation das angemessene Medium ethischer Aussagen darstellt.

Wo immer es darum geht, konkrete Erscheinungen oder Fälle (casus) unter allgemeine Formen bzw. Prinzipien zu fassen, zu ordnen, sie abzugrenzen und zu beurteilen, erhält Kasuistik als Methode ihren Ort. Vor allen die auf Handeln ausgerichteten Normwissenschaften versuchen mit ihrer Hilfe, komplexe Situationen zu erhellen, widerstreitende Interessen und Pflichten zu lösen, Weisungen zum Handeln in Konflikten zu geben. Dabei kann es sich um konstruierte Fälle oder um praktisch drängende Aufgaben handeln. Kasuistik kann im allgemeinen Sinn schon ein empirisches Vergleichen nach Analogie und Ähnlichkeit meinen, besagt im Engeren aber die Subsumption nach streng logisch-rationaler Gesetzmäßigkeit. Es geht kasuistischem Denken stets darum, im konkreten Fall das Allgemeingültige zu erfassen.

Kasuistik besitzt ihren Ursprung im Recht. Beide Weisen ihres Vorgehens sind dort zu Hause. Das ursprüngliche römische Recht gewinnt vom Einzelfall aus die Regel, die dann für ähnlich gelagerte Fälle Maßstab wird. So das "Ius Honorarium", das aus dem Erlassen des jeweiligen Prätors erfließt, oder das "Edictum Perpetuum", die gemeingültige Sammlung früherer Edikte der Prätoren, der jeder Prätor weitere Bestimmungen hinzufügen kann. Ähnlich ist das englische Recht bis heute Case Law. Das Naturrecht der Aufklärung und der Rechtspositivismus des 19. Jahrhunderts entwickelten die Kasuistik zur rationalen Deduktion als abstraktem Normativismus. In außerchristlichen Religionen häng Kasuistik weithin zusammen mit rituellen Vorschriften, die in Tabus wurzeln, und damit verbundenen Vorstellungen von Reinheit und Unreinheit. In der Ethik entwickelt erst die mittlere Stoa eine ausführlichere Kasuistik. Die sittliche Pflicht wird vom ewigen Logos des Naturrechtes abgeleitet, ihm entspringt die Recta Ratio; sie fordert naturgemäßes Leben. Erörtert wird auch schon, ob im Falle einer Kollision das Tugendhafte (Honestum) oder das Nützliche (Utile) gewählt werden sollte.

Eine stark schematisierte Form der Kasuistik kommt mit der Entwicklung der Bußdisziplin und der ihr dienenden Bußbücher auf, die ihren Ursprung seit dem 6. Jahrhundert im iroschottischen und angelsächsischen Raum haben. Dies führt zu einer Verrechtlichung der Ethik, in den nominalistischen Gesetzespositivismus wie in die betonte Beschäftigung mit praktischen Einzelfragen. Erst in der katholischen Theologie des 17./18. Jahrhunderts trennt sich ein eigenes Fach der praktischen Casus Conscientiae von der systematischen Grundlage ab. Als reine Kasuistik sollen durch rationale Deduktion aus allgemeinen Prinzipien Einzelfälle gelöst, in Grenzfällen das unbedingte sittliche Minimum festgelegt und Gewissenszweifel mit Hilfe besonders entwickelter Moralsysteme behoben werden. Die so systematisierte und verselbständigte Kasuistik wird Moraltheologie genannt und hat als solche bis ins 19. Jahrhundert Geltung in den Schulen, obwohl sie für ihre Grundlegung die systematische Theologie voraussetzt. Eine terminologische Frage bleibt schließlich offen. Kasuistik mag typische Fälle, mehr oder weniger wiederkehrender Situationen herausstellen und in ihnen zur sittlichen Entscheidung anleiten. Sie ist dann im engeren Sinn als Methode legalistischer Deduktion verstanden. In umfassenderem Sinn wird sie aber zur Situationsethik ausgeweitet (Hauser 1976, 703-705).

Drei verschiedene Ansätze der Kritik an der Kasuistik sind zu unterscheiden: (1) die mehrfache Vermittlung von Regel und Einzelfall, die die Kasuistik vollzieht, lasse die Beurteilung eines gegebenen Falls schließlich zu einer Frage des Geschmacks werden; (2) sie verkehre die heiligsten Vorschriften des christlichen Lebens in ihr Gegenteil; (3) ihre Institutionalisierung in der kirchlichen Bußpraxis hebe die Autonomie des Individuums auf: Das Gewissen ist der beste Kasuist. All dies zu berücksichtigen läuft auf die Forderung hinaus, dass die Kasuistik zu einer echten ethischen Forschung ausgearbeitet werden muss (Wolf 1976, 705f). In der Medizin bedeutet Kasuistik die Beschreibung und Sammlung einzelner Krankheitsfälle. Dabei gibt es zwei Ansatzpunkte: (1) die Beschreibung von typischen Verlaufsformen von Krankheiten und (2) die Analyse seltener oder komplizierter Einzelfälle (Bleker 1976, 706). Das philosophisches Auslegen auch im Rahmen hermeneutischer Ethik ist dabei in noch stärkerem Ausmaß als bei der Kasuistik keine Beschreibung eines Konkreten, sondern ein Auslegen eines Konkreten im Lichte eines Allgemeinen.

Die folgenden Überlegungen zur Bioethik sollen eine plausible wertende Interpretation vorlegen, die im Rahmen des Möglichen ihre Voraussetzungen offen zu legen versucht, damit sie diskutiert werden können. Ihr Vorgehen ist hermeneutisch-explikativ, kritisch rekonstruktiv, phänomenologisch-hermeneutisch hinsichtlich naturaler Phänomene verknüpft mit explikativ-fundierenden Argumentationsverfahren. Argumentative Plausibilisierungsstrategien treten an die Stelle von Letztbegründungen kategorischer Verpflichtungen. Eine gewisse Skepsis gegenüber Letztbegründungen materialer Werte und Verpflichtungen kategorialer Art verbindet sich mit Skepsis gegenüber „intrinsice" (an sich gut oder schlecht)-Zuschreibungen, die auf naturrechtliche Argumente hinweisen. Dabei bemühe ich mich um einen Diskussionsvorschlag – aus einer reflektierten europäischen philosophischen und ethischen Tradition und Perspektive heraus – für eine globale Bioethik. Es geht um den Versuch einer systematischen Aufarbeitung und Strukturierung der bioethischen Debatte von einem Punkt in der biotechnologischen Forschung aus, der für eine systematische Retrospektive unter epistemologischen Gesichtspunkten besonders geeignet erscheint, da sich die genomische Phase der modernen Biotechnologie ihrem Ende nähert (Irrgang 2003c). Ein halbes Jahrhundert nach Watson und Crick erhebt die „Eule der Minerva" ihre Schwingen, um forschungsethisch wie epistemologisch die Grundlagen des Lebendigen und seiner Entwicklung neu zu durchdenken, um die interpretatorischen Leitlinien herauszuarbeiten, die die ethische Diskussion der nächsten Jahre strukturieren könnte.

Zu den Fragen der Bioethik gehört neben dem Sterben Lassen vor allem die nach den Frühphasen menschlicher Entwicklung. In diesem Zusammenhang hat insbesondere das Erlanger Baby neue Probleme aufgeworfen. Dort war eine hirntote Mutter Gegenstand des Versuches, ein Baby auszutragen. Zu den zentralen Fragen in diesem Zusammenhang gehört die Frage, ob eine Zygote ein Mensch im anthropologischen Sinne ist. Hat sie Personalität? Ein aufgeklärter Common Sense wird diese Frage wohl verneinen müssen. Personkriterien wie Individualität, Rationalität und Kommunikativität können nicht mit Hilfe des Potentialitätsarguments in Bereiche vorgetragen werden, in denen sie eigentlich nicht vorliegen können. Der Wert des menschlichen Lebens andererseits gehört zu den umstrittensten Kategorien der Bioethik.

Aber davon abhängig ist die Frage, ob menschliches Leben unter allen Umständen zu erhalten ist. Ist also Töten kategorisch verboten? In diesem Zusammenhang hat die Auffassung, dass Personen intrinsischen Wert haben, lange die Diskussion bestimmt. Man nennt diese These die Konzeption der Heiligkeit des menschlichen Lebens. Sie könnte präziser als die Heiligkeit des persönlichen Lebens umschrieben werden, das man nicht willkürlich beenden darf. Insgesamt sind in diesem Zusammenhang aktive und passive, direkte und indirekte Sterbehilfe zu unterscheiden, Doppelwirkungen und Nebeneffekte werden diskutiert. Hinzu kommt das Modell der Hilfe zur Selbsttötung im Sinne des ärztlich assistierten Freitodes. All diese Diskussionen werden von Vertretern der Heiligkeit des Lebens mit Dammbrüchen im Sinne des Wegreißens von Tabus identifiziert. Aber bisweilen ist das Wegreißen von Tabus im Sinne von Aufklärung positiv (Schramme 2002, 82-115).

Bioethik versteht sich als phänomenologisch-hermeneutische, als anwendungsorientierte und praxisstrukturierende bzw. praxisorientierte Ethik. Eine existentiale Anthropologie soll hier als eine Ergänzung einer phänomenologisch-hermeneutischen Ethik erarbeitet werden. Diese geht aus von einem Ineinander von Nachvollzug und Begriff menschlich-personalem und sittlich zurechenbarem Leben bzw. Handeln, also von erster und dritter Person-Perspektive. Eine Anthropologie aus der Perspektive einer phänomenologisch-hermeneutischen Konzeption von Leiblichkeit soll eine Annäherung an das Thema Personalität vorbereiten. Ihr zentraler Begriff ist zunächst die menschliche Praxis. Diese ist wie der menschliche Leib komplementär aus der Vollzugs- wie aus der Beobachterperspektive zu betrachten. Die Vollzugsperspektive lässt sich aus der Fremdperspektive als Struktur betrachten, die Beobachterperspektive geht ebenfalls im wesentlichen vom Resultat aus. Resultate und Folgen sind wie Strukturen aus der Beobachterperspektive Interpretationskonstrukte. Vollzugsaspekte lassen sich als Askriptionen, also als Zuschreibungsaspekte, theoretisch erfassen. Praktiken sind dabei als Fälle zu betrachten. Insofern ist eine praxisorientierte und eine kasuistische Ethik wesensverwandt. Dabei hat es die Anthropologie mit wesentlichen und nicht bloß subjektiven Vollzügen zu tun. Als Konsequenz daraus ist Personalität als ein dispositionell begründeter Zuschreibungsbegriff aus der Vollzugsperspektive zumindest hypothetisch zu rekonstruieren. Eine menschliche Seele, Subjektivität und dergleichen entstehen vermutlich in rudimentären Ansätzen erst spät in der Schwangerschaft, wenn nicht gar erst nach der Geburt. Frühere Zuschreibungen von Personalität (und Menschenwürde) sind anthropologisch nicht haltbar, sondern werden metaphysisch oder naturalistisch-biologistisch im Sinne der Gattungszugehörigkeit begründet. Personalität wie Subjektivität sind Prädikate der ersten Person-Perspektive und ein ethisch relevante empirische Begriffe.

Bioethikexperten stehen zwischen Professionalisierung und Emotionalisierung. Das Expertentum hinsichtlich der ethischen Beurteilungskompetenz hängt ab von der Sachkompetenz in der Beurteilung biologischer und medizinischer Sachverhalte, ihrer Interpretationskompetenz und in der Fähigkeit zur Handhabung des Methodenarsenals hermeneutischer Ethik. Die Analyse und die ethische Diskussion der Probleme ist eine unabdingbare Voraussetzung. Die ideologische Verwendung des Kampfbegriffs einer Eugenik, wie sie Nazis, Rassisten, Gegner von psychisch Kranken und sozialen Schädlingen praktizieren, auch mit der leichten Abschwächung „von unten" führt zu impliziten Denk- und Frageverboten in Richtung einer Sicht von Präferenz-Utilitaristen mit noch nicht adäquaten formulierten Lebensqualität-Konzepten (Irrgang 2002c)

1. Argumentationsebenen phänomenologisch-hermeneutischer Bioethik

1.1 Der neue Ansatz in den Life-Sciences und die Paradigmen einer Meta-Ethik des Lebendigen

In der gegenwärtigen europäischen und amerikanischen Diskussion über Bioethik wird hervorgehoben, dass die Prinzipien von Würde, Vorsicht und Solidarität die europäische Bioethik und das europäische Ethos besser widerspiegeln als die liberalen Konzepte von Autonomie, Schaden und Gerechtigkeit. Es stellt sich aber bei der Konstellation der hier angesprochenen Werte die Frage, ob die beiden kontinental unterschiedenen Ethosformen denn wirklich im Gegensatz zueinander stehen. Zu den sehr kontrovers diskutierten ethischen Grundwerten gehört die Würdezuschreibung, deren Herkunft aus dem christlichen Kontext und dem Konzept der Gottesebenbildlichkeit offenkundig ist. Der Begriff Menschenwürde spielt eine politische Rolle insbesondere als Antwort auf die Gräueltaten des zweiten Weltkrieges. Als philosophische Begründung für Menschenwürde wird häufig Kant angeführt, bei dem dieses Konzept aber merkwürdig vage bleibt. Die europäischen Wurzeln des Menschenwürdegedankens liegen neben dem Christentum in der römischen Stoa bzw. in der römischen Popularphilosophie. Genau genommen begründet Kant die Menschenwürde durch den Gedanken der moralischen Autonomie, sodass hier kein Gegensatz aufzuzeigen ist. Ähnliches lässt sich möglicherweise für die behauptete Entgegensetzung von Vorsicht und der Vermeidung von Schäden unterstellen. Beide gehören im Zusammenhang von Technikfolgenabschätzung und Technikgestaltung eng zusammen. Auch Solidarität und Gerechtigkeit sind eigentlich keine Gegensätze, sondern ergänzen sich als Prinzipien. Zudem wird damit unterstellt, dass die konservativ-europäische moralische Tradition die alleinige moralische Tradition Europas sei. Die Verurteilung der Autonomietradition als kurzsichtigen Hedonismus, exzessiven Individualismus und schreienden Nihilismus (Häyry 2003, 201) ist auf jeden Fall übertrieben und wird der kantischen Begründung sittlicher Autonomie keinesfalls gerecht, denn seine an sittlichen Paradigmen orientierte Autonomie des verantwortungsbewusst handelnden Menschen passt durchaus in den Rahmen der europäischen Tradition hinein. Außerdem sollte sich eine Bioethik, die im globalen Rahmen agieren will, nicht von einer überwiegend von

theologischen Ethikern christlicher Provenienz betriebenen konserva-
tiv-europäischen Tradition leiten lassen.

Die Bioethik bezieht sich auf die Lebenswissenschaften. Sie hängt
zusammen mit dem Vormarsch der Biomedizin. In den 60er Jahren gab
es eine Vielzahl von medizinischen Durchbrüchen. Insbesondere die
Herz-Lungen-Maschine und der Wandel der Kultur des Sterbens haben zu Bioethik Anlass gegeben. Die zentrale Frage lautete: dürfen Ärzte über Leben und Tod ihrer Patienten entscheiden? Damit traten Fremde ans Krankenbett, nämlich Juristen, Theologen und Ethiker. Der
Vertrauensverlust in den Arzt und das dadurch entstandene soziale Va-
kuum musste nun durch Ethik aufgefüllt werden. So fand ein fundamentaler Wandel in der Legitimität ärztlichen Handelns statt, es ge-
schah die sogenannte Patientendämmerung. So verwundert es nicht,
dass Bioethik auf einem Fundament steht, das selbst nicht sicher ist.
Die Bioethikdebatte kann als Symptom einer ethischen Verunsicherung
gewertet werden (Prüfer/Stollorz 2003, 6-10).

Die Entdeckung der Struktur der Erbsubstanz DNA vor fünfzig Jahren war eine kulturelle Zäsur. Mit ihr begann der Aufstieg der Biologie zur Leitwissenschaft unserer Zeit. Ein weiterer wichtiger Schritt in
diesem Zusammenhang war das Humangenom Projekt. Die Schnittstelle von Genetik und Fortpflanzungsmedizin wurde immer mehr zum
Ansatzpunkt der Biomedizin und der bioethischen Fragestellungen
(Prüfer/Stollorz 2003, 11-16). Der Utilitarismus kennt nur relative Werte, sein Ausgangspunkt ist das Streben nach Glück. Benthams hedonis-
tisches Kalkül stellt die Verfolgung des Glücks oder das Erstreben des
Glücks in den Mittelpunkt. Vier Prinzipien charakterisieren den Utilitarismus: (1) Konsequenz, (2) Utilität, (3) Glück, Wohlergehen, Hedo-
nität und (4) Handlungen bzw. Regeln. Die Nutzenethik kennt keine
absoluten Gebote. Dies gilt auch für das Menschenrecht auf Leben. Im
utilitaristischen Gesamtkalkül ist das Leben des Einzelnen nur dann
schützenswert, wenn dies zum größtmöglichen Nutzen aller beiträgt.
Die moderne utilitaristische Ethik kennt ein allgemeines Recht auf Leben. Die Würde des einzelnen Menschen spielt bei seiner Begründung
allerdings keine Rolle. Der Utilitarismus spielt eine bedeutende Rolle
in der Bioethik und geht von dem natürlichen Überlebensinteresse aller Lebewesen aus (Prüfer/Stollorz 2003, 24-27).

Nur der Mensch ist in der Lage, die Kausalkette zu durchbrechen
und sich selbst Zwecke zu setzen. Er ist ein geistiges Wesen, und diesen schreibt er einen besonderen, manchmal gar einen inneren Wert zu.
Das ist der Ansatz des Würde-Gedankens für den Menschen. Die Autonomie bei Kant meint die Freiheit des Menschen, sich selbst Geset-

ze zu geben. Die Freiheit des Individuums und die Notwendigkeit des Sittengesetzes gehören zusammen. Dieser Gedanke impliziert eine Individual- und eine Gattungsethik. Pflichtgemäßes Leben und pflichtgemäßes Handeln gehören zusammen. Somit wird die Notwendigkeit einer Handlung aus Achtung für das Gesetz betont. Die Haltung steht im Mittelpunkt der Ethik. Kants Ethik hat eine Hochburg in Deutschland (Prüfer/Stollorz 2003, 29-31).

Realisiert werden sollen Visionen des Zeitalters regenerativer Medizin. Es ist aber keine Selbstoptimierung oder Selbstabschaffung des Menschen, wenn es um medizinische Indikationen und ihre Realisierung geht. Als Konsequenz der neuen Möglichkeiten könnte sich der Mensch neu definieren. Der Körper ist nie gut genug, er kann immer optimiert werden. Lässt sich Fortschritt nur durch Tabubrüche erzielen? Haben die liberalen Eugeniker recht? Sozialeugenische Motive leben auch in einer liberalen Gesellschaft weiter. Das kann zur Fortpflanzungskontrolle mit Vorstellungen einer Vermeidung von Krankheit und Behinderung und zu einer Rationalisierung des Geschlechtslebens führen. Das Zukunftsszenario ist das „shopping in the genetic supermarket". Woran der Mensch Maß nimmt, wenn er sich selbst zu erschaffen sucht, ist unklar. Die Frage nach Lebensorientierung drängt sich in zunehmenden Maße auf und ist Gegenstand der Bioethik (Prüfer/Stollorz 2003, 82-92).

Die Life-Sciences sind ein Produkt der Experimental- und Laboratoriumswissenschaften. Und Experimentalwissenschaften sind risikobehaftet, nicht nur, wenn sie vom Labor den Weg ins Freiland suchen. Die Alternative wäre, nicht mehr zu experimentieren, sondern nur noch zu beobachten. Das ist der Traum von der alternativen Naturwissenschaft und der konservativen Lebensschützer, durch Nicht-Handeln das Risiko auszuschalten. Aber auch die Natur produziert Gefahren; sie ist und bleibt gefährlich, auch ohne Wissenschaft. Dabei befinden sich die Life-Sciences in einer Umbruchssituation, in einer Änderung ihres wissenschaftstheoretischen Paradigmas. Reduktionismus war wie der Determinismus und Präformismus ein kausalistisches Paradigma. Simulation ist nun ein hermeneutisches Paradigma der Experimental- und Laboratoriumswissenschaften. Die technische Simulation natürlicher Lebenswesen wird von Lebewesen natürlicher Art immer ununterscheidbarer. Daher bedarf es der Deklaration ihrer Herkunft. Möglicherweise sind Bioartefakte bald besser, gesünder oder funktionaler als natürliche Organismen.

Als fundamentaler Interpretationsrahmen für eine Bioethik ist eine Hermeneutik des Lebendigen unerlässlich, in der Aspekte des techni-

schen Zugangs zum Lebendigen genauso eine Rolle spielen wie natürliche Prozesse der Selbstorganisation. In der Bandbreite des Verhältnis-
ses von Natur und Technik ist der Organismus bzw. das Lebewesen charakterisiert durch Genese (Wachstum, Morphogenese, Epigenese) und
technische Artefakte durch Gemacht-Werden, Konstruiert-Werden, Ent-
worfen-Werden. Biofakte entstehen durch die technische Rekonstruktion der Genese von Organismen durch Eingriff in den genetischen Code und in die Expression des genetischen Codes von Organismen.
Insbesondere im Menschen und seiner Evolution vollzieht sich eine per-
manente Grenzüberschreitung des Natürlichen und Biologischen hin
zum Künstlichen und Technischen. Die eigentliche ethische Problematik ergibt sich aus der Verwobenheit von Natürlichem und Technischem,
von Biologischem und Instrumentellem. Bioethik ist damit keine Ethik
der Natur und auch keine Ethik bestimmter Organismen, schon gar nicht
Ethik von Ökosystemen, sondern Ethik einer menschlich-kulturellen
Praxis, die sich im Übergangsfeld zwischen Natur und Technik, also im
kulturellen Umfeld bewegt. Die Fragen, die dabei entstehen und einer
Erklärung näher zugeführt werden sollen, sind Fragen kultureller Praxis, wobei diese kulturelle Praxis eingebettet ist in eine soziale Praxis.

Die neuen Life-Sciences sind charakterisiert durch:

(1) Ein neues Wissen: Das Klonen von Säugetieren 1997, die Stammzellforschung 1998 und die Erkenntnis der Bedeutung nichtkodierender DNA und RNA im Jahre 2002 haben eine neue Sicht der Entwicklung von Leben vorbereitet. Die Erklärung des Lebens hat deutlich
gemacht, dass es inzwischen eine neue Ebene der Untersuchung gibt.
Der zentrale Ansatzpunkt ist nicht mehr die DNA, sondern die Ebene
der Proteine. Überhaupt werden die molekularbiologischen Aspekte,
auf denen Lebensphänomene beruhen, im postgenomischen Zeitalter
als höchst komplexer Vorgang rekonstruiert. Die zentralen Dogmen der
Biologie gehen davon aus, dass die Information normalerweise von der
DNA über die RNA zum Protein fließen. In der Zwischenzeit hat man
herausgefunden, dass die RNA, die nicht Proteine codiert, wichtige genetische und epigenetische Steuerungsfunktionen übernimmt (Mattick
2003, 930). Solche Überlegungen bieten völlig neue Perspektiven im
Hinblick auf die Interpretation der sich selbst programmierenden genetischen Information und ihrer Kommunikation in komplexen Organismen (Storz 2002, 1260; Yelin u.a. 2003). Das Proteom repräsentiert
die Proteinmuster eines Organismus usw.. Anders als das Genom ist
das Proteom ein höchst dynamisches System, das durch Wechsel in den
jeweiligen Umweltbedingungen charakterisiert ist (Dunn 2000, 3f).

Die Phänomene des Lebens wurden lange auch auf der Ebene des Molekularen mithilfe gleichförmiger naturwissenschaftlicher Gesetze im Sinne des Determinismus verstanden. Die Individualentwicklung von Organismen war lange ein rätselhafter Prozess. Er war einer der letzten Bastionen der Teleologie, der Konzeption einer zielgeleiteten Entwicklung von Lebewesen. Sich-Entwickeln und Leben ist nicht dasselbe. Folgende Typen von Entwicklungsprozessen lassen sich unterscheiden: (1) Morphogenese im Sinne der Gestaltbildung, (2) Differenzierung und (3) Wachstum. Der Präformismus spricht von Entwicklung im Sinne einer „Ent-faltung" der bereits im Samen angelegten menschlichen Gestalt. In der Epigenese gibt es eine Emergenz wirklich neuer Merkmale in einem unstrukturierten, formlosen oder auch homogenen Keim (Mahner/Bunge 2000). 1953 ist mit dem Modell der Doppelhelix von Watson und Crick der Präformismus wieder in Mode gekommen. Das genetische Programm und der genetische Code werden präformistisch verstanden. In diesem Zusammenhang werden ein reduktionistischer und ein genetisch-deterministischer Ansatz vertreten.

Epigenetik und Stammzellforschung zeigen nun ein anderes Bild des Lebendigen und die Ursachen für die Vielfalt und Verschiedenheit desselben und der Entstehung von Organismen, nicht mehr die Uniformität der belebten Natur. Die Embryonalentwicklung, die zwar genetisch gesteuert wird, „orientiert" sich gemäß dem epigenetischen Modell aufgrund von Rückkoppelungsprozessen an einer Art Ziel, einer organismischen Gestalt des Lebendigen, die im Entwicklungsprozess von Säugetieren oft verfehlt wird (beim Menschen erreichen fast 70 % der befruchteten Eizellen die Geburt nicht). Für die Embryonalentwicklung ist nicht die Potentialität einer Genausstattung konstitutiv, sondern das Erreichen einer bestimmten Gestalt eines Lebewesens (Irrgang 2003b). Die Entwicklung eines Lebewesens als rückgekoppelter Prozess der Strukturierung, der Prozessen der Selbstorganisierung ähnelt, die vom genetischen Code zum Organismus führen, ist nicht linear. Sie ist zwar durch den genetischen Code vorstrukturiert, wird aber auch durch den Organismus oder die Umwelt mit ausgerichtet und gestaltet, in der sich das Wachstum oder die Embryonalentwicklung vollzieht. In der frühen Embryonalentwicklung bei Säugetieren liegt beispielsweise nicht nur Wachstum oder Ausdifferenzierung von Zellen vor, wie etwa nach der Geburt, sondern echter Gestaltwandel. Durch die Einführung von Ebenen wird auch der Reduktionismusgedanke differenziert, denn eine direkte Rückführung von Merkmalskomplexen auf bestimmte Genkomplexe ist so nicht möglich. So ist der Organismus als sich entwickelnde, jeweils momentan realisierte Struktur im Horizont des genetischen Codes als Steuerungsprogramm und Umwelt als gestaltendem Realisierungsfaktor im Sinne der Neoepigenesiskonzeption zu verstehen.

(2) Ein neues Können: Die Anfänge der synthetischen Biologie liegen 15 Jahre zurück. Ein Team um Steven A. Benner konstruierte 1989 an der ETH Zürich eine DNA mit vergrößertem Alphabet. Die neue Form der Erbsubstanz wies neben den üblichen vier genetischen Buchstaben zusätzlich zwei künstliche Basen auf. Seitdem schufen Benner wie auch andere Wissenschaftler weitere Sorten von solcherart erweiterter DNA. Funktionsfähige Gene für lebende Zellen konnte damit zwar noch niemand herstellen – also Erbsequenzen, die in eine RNA-Matrize abgelesen und dann in Proteine übersetzt werden. Doch im letzten Jahr entwickelte die Gruppe um Peter G. Schultz am Scripps-Forschungsinstitut in La Jolla (Kalifornien) Zellen, die zwar normale DNA enthalten, die aber unnatürliche Aminosäuren herstellen. Mit diesem Material gelang es bereits, neuartige Proteine zu konstruieren (Gibbs 2004, 69f). Das Ziel der synthetischen Biologie besteht darin, aus definierten, wunschgemäß arbeitenden Modulen biologische Systeme zu konstruieren, die sich vorhersagbar verhalten. Die genetischen Versatzstücke oder Module werden Biobricks genannt, wobei der Name „brick" auf das englische Wort für Ziegel oder Baustein anspielt. Standardisierte Biobricks erlauben zudem, damit funktionelle genetische Systeme zu bauen, ohne im einzelnen zu wissen, wie man sie technisch zusammenfügen muss (Gibbs 2004, 70f).

An einem bestimmten Punkt endet die Analogie zwischen Technik und Biologie allerdings. Elektrische und mechanische Maschinen sind im Prinzip abgeschlossene Einheiten. Gleiches gilt jedoch nur für wenige genetische Systeme. Die Hälfte der 60 Module aus den letzten Jahren konnten erst nicht verwendet werden. Die Zellen starben, wenn sie sich teilen wollten. Es überforderte sie, das zusätzliche genetische Material mitzuschleppen und zu vervielfältigen. Erträglicher wird die Bürde, wenn man sie nicht dem zelleigenen Genom auflastet, sondern das Kunstprodukt auf einem eigenen DNA-Ring, einem sogenannten Plasmid, deponiert. Besonders haben die Forscher aber stets damit zu kämpfen, dass die artifizielle DNA über viele Zellgenerationen hinweg nicht unverändert bleibt, weil das Erbgut der Wirtszelle immerfort mutiert. Es gibt auch schon ein konkretes Projekt: Das Aufspüren von Landminen: Hellinga und Ron Weiss würden gern ihre beiden Konstruktionen – Synthetische Mikroorganismen als Sensorsysteme für TNT (einen Sprengstoff) und als Leuchtanzeige – kombinieren. Sie möchten damit

Bakterien schaffen, die Sprengstoff aufspüren und das gleichzeitig anzeigen können. Solche Organismen könnten helfen, Landminen zu orten (Gibbs 2004, 71-74).

Der Gebrauchswert technisch konstruierter Lebewesen entsteht durch die auf den Gebrauch hin entworfene Lebens- und Organisationsform eines Organismus. Allerdings werden sich nicht alle möglichen Gebrauchsformen im Voraus für alle Formen synthetischen Lebens bestimmen lassen. Ein Organismus wird als Instrument entworfen und nicht erst nachträglich instrumentalisiert. Allerdings bleibt die Frage, ob sich dies als unterschiedliche Formen und Grade von Instrumentalisierungen auf die ethische Bewertung auswirkt. Für einen neu synthetisierten Organismus gibt es kein artgemäßes Leben, das vom Menschen unabhängig wäre. Kriterien für die Haltungsbedingungen dieses Organismus könnten nur aus seiner Organisationsform „abgeleitet" werden. Die Frage „Was ist Leben?" erhält angesichts der neuen technischen Handlungsmöglichkeiten des Menschen neue Brisanz. Es besteht Bedarf an einer neuen Wissenschaftstheorie der Biologie und der Biotechnologie. Es handelt sich um ein Wissen von Organismen, die total sequenziert und in ihren Grundlagen als verstanden gelten dürfen. Organismen mit genau definierten Fähigkeiten, einer vollständigen Aufklärung des Bau- und Funktionsplanes sind reine Laborphänomene (ohne Freisetzung) und keine Phänomene der Natur. Das Verhältnis unterschiedlicher Typen technischen Handelns (Manipulation, Neukonstruktion) ist neu zu durchdenken. Der eigentliche Wert der Natur entsteht für den Techniker in ihrem Gebrauch. Gerade artifiziell erzeugte Teile der Natur werden auf ihren potentiellen Gebrauch hin entworfen. Damit wird die Frage nach der Zielsetzung für Forschung und Technologie für die Life-Sciences unabweisbar.

Zwei Paradigmen haben sich für die Diskussion in der Bioethik herausgebildet:

(1) eine Ethik des konservativen Lebensschutzes häufig im Rahmen einer Metaphysik und einer Seinsorientierung; der Schutz der vorhandenen Lebensformen und Organismen, eine gewisse Konservierung der bestehenden Natur mit Ansätzen einer Reparatur bzw. Wiederherstellung, also eine Ethik des Bewahrens (die Würde des Tieres oder des Menschen im Sinne eines konservativen Lebensschutzes);

(2) eine Ethik des pragmatischen Heilens und Verbesserns einschließlich technisch-medizinischer Innovationen im Rahmen einer Handlungsorientierung und des Pragmatismus, in dem Nutzenerwägungen eine Rolle spielen. Es handelt sich um ein Paradigma des Verbesserns, des Konstruierens und Heilens; die Unterstützung des Ent-

wicklungspotentials von Lebensformen und Organismen, in der die Kreativität und das Bioingenieurwesen eine zentrale Rolle spielt. Hier geht es um das Züchtungsparadigma, das Selektionsparadigma und die Optimierung und Perfektionierung, wie sie technischer Entwicklung und der Entwicklung von technischen Artefakten zu Grunde liegt (innovative Technologie; Freiheit der Forschung).

Auch der therapeutische Ansatz kann damit noch einmal unterschieden werden:

(1) Therapie als Wiederherstellung und Reparatur, Bewahren, Prävention und Kompensation mit dem Leitbild von natürlicher Gesundheit;

(2) Therapie als Verbesserung (Enhancement) oder Perfektionierung im Aufklärungs- und Fortschrittsparadigma. Das Verbesserungsparadigma ist keineswegs immer eugenisch. Der Übergang zwischen Reparatur und Verbesserung ist fließend. Allerdings ist Verbesserung keine Lebensrettung, sondern bedarf wie etwa die Schönheitschirurgie ohne medizinischen Hintergrund einer eigenen ethischen Rechtfertigung der Zielsetzung sowie erhöhte Vorsicht und Sicherheit bei der Durchführung. Gefordert sind selbstkritische, anthropologisch-leiblich reflektierte Perfektionsideale. Wichtig wird für ein solches Paradigma die Bewertung der Adäquatheit technischer Mittel im Sinne sowohl des technischen Gelingens wie des sittlichen Glückens. Beide Aspekte an einer menschlichen Praxis sind zu berücksichtigen. Letztendlich läuft dieser Ansatz auf das Modell der eingebundenen, kontextuell bezogenen Autonomie hinaus. Es tritt an die Stelle des Natürlichen und Gesunden, das in der klassischen Medizinethik paradigmatisch war.

Die erste Position beruft sich auf Ordnung und Stabilität in der Natur. Stabilität in der Umwelt gibt es nur im Hinblick auf unsere Maßstäbe, d.h. aus der Perspektive einiger Jahrzehnte. Die Rede von der Natur erfüllt bestimmte Ordnungs- und Orientierungsbedürfnisse. Natur gilt als das Elementare, Selbständige, Spontane, Gewachsene, Nicht-Verfügte, Nicht-Produzierte. Auf der Gegenseite stehen Künstlichkeit, Technik, Konvention, das Gemachte, Erzwungene, Gestaltete und Kultivierte. Kultur gilt als Überwindung der Entbehrung, die Natur ist von der Vernunft zu unterwerfen. Die alternative Interpretation versteht ein Leben im Einklang mit der Natur und Zivilisation als Verfall. Beide Modelle begreifen Kultur als Entfernung von der Natur, Technik als Gegensatz zur Natur. Dieses komplementäre Grundmuster von ursprünglicher Natur und einer diese überformenden Kultur wird in der Figur des Primitiven besonders deutlich (als Barbar oder edler Wilder). Es geht um eine Identifikation mit dem Naturzustand. Auch die Konzeption eines Schutzes der Natur vor den Zugriffen der Kultur geht vom Gegensatz von Kultur und Natur aus. Das Paradoxe an der Situation ist, dass die Kultur die Natur bedroht, zugleich aber wird von der Kultur der Schutz der Natur verlangt (Sieferle 1997, 18-24). Schutz der Natur um ihrer selbst willen ist daher ein sehr spätes und spezielles kulturelles Konzept, das die Industrielle Revolution und die mit ihr verbundene globalisierte Zerstörung der Natur voraussetzt. Die ästhetische Kategorie der Landschaft ist gleichfalls ein Konstrukt, wobei die soziale Konstruktion der Landschaft von den realen Transformationen der Landschaft zu unterscheiden ist. Die reale Landschaft ist vorwiegend eine Kulturlandschaft, und sie wäre auch ohne Eingriffe des Menschen im permanenten Wandel. Auch Naturlandschaften haben Prozesscharakter.

Das therapeutisch-konstruktive Paradigma verknüpft Autonomie (Selbstbestimmungsrecht des Betroffenen) mit Fairness, insbesondere mit der Direktive, weitmöglich nicht zu schaden bzw. Schmerzen zu verursachen, zu Heilen und zu Helfen. Es handelt sich also um eine kontextualisierte Autonomie. In diesen Zusammenhang gehört auch das Prinzip der Sachlichkeit bzw. Unparteilichkeit bei der ethischen Urteilsbildung und die Zukunftsfähigkeit desjenigen Lebens, das erhalten werden soll. Die Zukunftsfähigkeit eines schwer kranken Fetus oder Neugeborenen hängt von dem Stand der jeweiligen Technik ab. Gewisse Mühen und Leiden durch schwerkranke Neugeborene sind Eltern zumutbar. Das therapeutische Instrumentarium auch in der Medizin schließt gelegentliche Verbesserungen mit ein. Erst die zum Programm erhobene systematische Verbesserung gerät gefährlich nahe an das Züchtungsparadigma, welches dem eugenischen Denken zu Grunde liegt (Irrgang 2003c). Warum wir Menschen einen höheren Wert zuschreiben als Tieren, Pflanzen oder anderen Dingen, hängt mit einem fundamentalen Unterschied zusammen. Dieser besteht darin, dass der Mensch ein Kulturwesen ist, das handeln kann und Praxis hat. Dies ist zunächst eine im Bereich des Nutzens angesiedelte Kategorie. Darüber hinaus kann auf Subjektivität als Vollzug und die Kompetenz bzw. Disposition zum sittlichen Menschsein hinzu. Die Gestaltung des menschlichen Leibes im Sinne eines gelingenden Entwurfs zwischen Gesundheit und Krankheit ist sowohl im Sinne des Nutzens wie der Ethik zu bewerten. Der kluge Umgang mit dem eigenen Körper im Sinne vorwegentworfener Leiblichkeit ist hier Maßstab. Für einige ist der oberste Wert für Leiblichkeit Gesundheit, für andere Ekstase, Transzendenz und Risiko. Es gibt auch den Wert der Solidarität untereinander in der Gesundheiterhaltung menschlicher Leiblichkeit.

Das traditionelle Patientenwohl schließt als Grundlage eine gewisse Konzeption der Lebensqualität im Krankheitsfalle ein. Der Vergleich von Krankheitsschicksalen ist für diese Tätigkeit Voraussetzung. Der Utilitarismus ist ein wesentliches Element im Rahmen einer Bioethik und stellt auch für eine angewandte Ethik ein wichtiges Grundprinzip dar. Insbesondere die Technik und der Technikansatz, aber auch ein gewisser Naturalismus können vom Prinzip der Utilität ausgehen, dem Nutzenprinzip im Sinne einer Dienlichkeit oder Geeignetheit für die Realisierung eines Zweckes. Etwas ist nützlich, wenn man mit ihm ein Ziel erreicht. In diesem Zusammenhang ist der Mittelcharakter der Technik, der Umwegcharakter technischer Mittel zu berücksichtigen. Der Utilitarismus ist dabei ein bisschen über das Ziel hinausgeschossen, denn er macht das Prinzip der Utilität, welches ein pragmatisches Prinzip ist, zu einem ethischen bzw. sittlichen Prinzip und wird damit zu einer Art Lehre zur Herstellung bzw. Produktion von Glück. Utilität aber ist nicht per se sittlich, sondern eine Sache gelingender technischer Praxis. Dies ist nun keineswegs unwichtig, insbesondere weil misslingende technische Praxis Schadenspotenziale enthält und einen gewissen Risikocharakter trägt, aber die Pragmatik ist nicht mit der Ethik zu verwechseln, auch wenn sich in einer anwendungsorientierten Ethik Pragmatik und Ethik gegenseitig durchdringen. Eine reine Prinzipienethik ohne Rücksicht auf Pragmatik führt in einer anwendungsorientierten Ethik nicht weit. Gelingende technische Praxis garantiert nicht gelingendes menschliches Leben. Aber Technik mündet unmittelbar in Ethik, und dies gilt auch für den Ansatzpunkt der Life-Sciences.

Für das konservative Paradigma spielen Leitbilder wie „Heiligkeit des menschlichen Lebens" oder die „Würde oder der Unantastbarkeit des menschlichen Lebens" eine zentrale Rolle. Eine Konsequenz dieser konventionellen moralischen Lehre ist, dass das Sterben Lassen zwar manchmal moralisch erlaubt oder sogar geboten, Töten aber konsequent verboten ist. Die Frage, ob das Leben unheilbar Kranker und leidender Neugeborener oder anderer Patienten immer erhalten werden muss, ist alt. Unter fast allen Umständen ist es möglich, das Leben eines Patienten mit der einen oder anderen medizinischen Maßnahme zu verlängern oder zu erhalten (Kuhse 1994, 12f). Die meisten Anhänger der Lehre von der Heiligkeit des Lebens räumen ein, dass es Situationen gibt, in denen man einen Patienten zu Recht sterben lassen darf. Sie vertreten die eingeschränkte Ansicht von der Heiligkeit des Lebens (Kuhse 1994, 18-23).

Da es stets absolut verboten ist, den Tod Unschuldiger zu beabsichtigen – und zwar unabhängig von den Folgen – spielen weder die guten noch die schlechten Wirkungen, die nach der Bedingung des Prinzips der Doppelwirkung so sorgfältig abgewogen werden müssen, eine Rolle bei der Entscheidung, ob eine Handlung auf Grund der Bedingungen der Intentionalität absolut verboten ist (Kuhse 1994, 171). Das eingeschränkte Prinzip der Heiligkeit des Lebens ist unhaltbar, da es das absichtliche Beenden des Lebens gleichzeitig verbietet und gestattet (Kuhse 1994, 207). Daher sollten Gesichtspunkte wie Nutzen, Belastungen und die Qualität des Lebens berücksichtigt werden (Kuhse 1994, 215). Wir können sogar eine äußerst belastende Behandlung für zweckmäßig halten, wenn wir erwarten können, dass uns nach der Behandlung ein gutes Leben erwartet. Und wir könnten eine kaum belastende lebensverlängernde Behandlung als nutzlos betrachten, wenn sie uns mit einem Leben zurücklässt, das als solches eine Belastung ist (Kuhse 1994, 223f). Die Praxis, den Tod auf eine implizite Weise zu wählen, ist aus zwei Gründen nicht wünschenswert: (1) kann es dazu führen, dass Patienten viel unnötiges Leid ertragen müssen und (2) kann es dazu führen, dass Entscheidungen aus moralisch relevanten Gründen getroffen werden. Passive Euthanasie kann für alle Beteiligten eine Tortur sein (Kuhse 1994, 146f). Aktive Euthanasie kann moralisch vorzuziehende Alternative sein, weil sie weniger Leid verursacht, wenn die Entscheidung erst einmal gefallen ist, dass der Tod nicht verhindert wird (Kuhse 1994, 251).

Das Prinzip der Heiligkeit des Lebens kann begründet werden (1.) durch die Zugehörigkeit zur menschlichen Art, (2.) durch die Befähigung des Menschen zu selbstbewusstem, rationalem, autonomen, zielstrebigen, moralischen Handeln, verbunden mit Hoffnungen, Ambitionen, Lebensplänen, Idealen usw.. Der erste Teil wird vom Speziezismusargument widerlegt, der zweite Teil macht plausibel, dass es eigentlich nur erwachsene Menschen sind, denen dann Personenwürde zukommt (Kuhse 1994, 258). Die utilitaristische Position verweist mit der Konzeption der Qualität des Lebens bei ehemals zurechnungsfähigen Patienten auf früher geäußerte Wünsche im Hinblick auf die Behandlung im Koma oder bei Demenzen. Wenn früher keine Wünsche geäußert worden sind und es keine Aussicht gibt, dass der Patient seine Zurechnungsfähigkeit wieder erlangt, dann sollte das Wohlergehen des Patienten und das Vermeiden sinnlosen Leidens Entscheidungsgrundlage sein (Kuhse 1994, 266).

Die strikte Befolgung des Prinzips der Heiligkeit des Lebens macht den Arzt in vielen Fragen am Anfang und am Ende des (menschlichen) Lebens handlungsunfähig. Die nicht-strikte (laxe bzw. liberale) Version des Prinzips einer Heiligkeit des Lebens ist in sich selbst widersprüchlich. Es muss also durch ein plausibleres Paradigma ersetzt werden. Das alternative Konzept einer Qualität des Lebens bzw. des Lebens, das (subjektiv) nicht wert ist, gelebt zu werden, ist utilitaristisch und kann in die liberale Eugenik führen. Auch dieses Konzept ist mit erheblichen Problemen behaftet und daher nur bedingt geeignet für ein fundamentales Paradigma in der Bioethik. Viele sehen in Menschenrechten einen schützenden und vielversprechenden Rahmen für Bioethik. Menschenrechte schützen sowohl vernünftige Ansätze wie ernsthaften Respekt für individuelle Autonomie und bieten einen entsprechenden Schutz vor denjenigen, die individuelle Autonomie benutzen, um Rechte anderer zu verletzen (O'Neill 2002, 74). Die Minimalinterpretation individueller Autonomie als Informed Consent ist zwar plausibel und erlaubt einen gewissen Schutz, ist aber nur eine unvollständige ethische Richtlinie. Ergänzt wird das Recht auf individuelle Autonomie durch die Forderung, nicht zu schaden. Die Verpflichtung, Täuschung zurückzuweisen, ist parallel dem Argument für eine Verpflichtung, Zwang zurückzuweisen (O'Neill 2002, 96-99). Die Ethik der Autonomie richtet sich gegen eine paternalistische Kultur wohlmeinender Täuschung (O'Neill 2002, 119). Demokratische Legitimation steht in ständigem Konflikt mit anderen ethisch wichtigen Prinzipien und Zielen (O'Neill 2002, 170).

Gegen das therapeutische Paradigma wird häufig das Instrumentalisierungsverbot eingewandt. Die These von der Selbstzwecklichkeit menschlicher Personen und das Instrumentalisierungsverbot unterscheiden instrumentelles bzw. strategisches Handeln von kommunikativem oder sittlich zurechenbarem Handeln. Besonders klar tritt Immanuel Kants Argumentation in seiner Schrift „Grundlegung der Metaphysik der Sitten" zutage (Kant 1975, Bd. 6, 59-61). Kants Argumentation verbietet nicht jede Instrumentalisierung eines Menschen, fordert aber die personale Anerkennung des anderen als Person, da er potentiell sittlich zurechenbar Handelnder sein kann. Kants Position impliziert so auch ein Selbstinstrumentalisierungs-Verbot (mit gewissen Einschränkungen). Gerade diesem sittlichen Grundsatz könnte die Idee einer gentechnischen Vervollkommnung des Menschen widersprechen. Kant denkt dabei ausschließlich an den erwachsenen, aufgeklärten Menschen. Im Alltag nutze ich meinen Körper als Mittel des Überlebens, der Fortbewegung, überhaupt des technischen Handelns. Das Nachdenken über die Instrumentalisierung des eigenen Körpers unter Absehung von der eigenen Leiblichkeit zeigt die Berechtigung eines Verbotes der totalen Instrumentalisierung des eigenen Körpers, der die Leib-Perspektive marginalisiert oder zerstört, aber auch die

Grenzen der Instrumentalisierungsthese. Auch bei Kant ist nicht jede Instrumentalisierung eines anderen Menschen unsittlich und schon gar nicht die des menschlichen Körpers überhaupt, z.b. die Verwendung beruflich speziell ausgebildeter Menschen zu eben diesen Zwecken. Plausibler ist das Verbot der Instrumentalisierung, wenn ein Mensch umfassend instrumentalisiert, etwa gentechnisch an das Leben im All angepasst werden soll. Aber das sind die falschen technischen Utopien. Intelligente Roboter werden derartige Aufgaben viel effizienter bewältigen. Wir werden also über erlaubte und unerlaubte Formen des gentechnischen Designs von Menschen in ihrer Leiblichkeit nachdenken müssen (Irrgang 2005).

Therapeutiker sind, ohne dass sie alle Utilitaristen sein müssen, für Nutzenargumentationen offen und damit postkantianisch in dem Sinne, das sie die strikte Entgegensetzung von Preis und Würde, von Nutzen und Moral ablehnen. Für sie ist das ethische Maß des Nutzens wie der Nutzen als Bestandteil des Guten ein großes, bislang unterschätztes ethisches Problem. Ein reflektiertes therapeutisch-konstruktives Paradigma umfasst die Wiederherstellung der Gesundheit von Organismen (oder von Vergleichbarem bei Ökosystemen) soweit als möglich (Reparatur-Paradigma) sowie die medizinisch-technische Herstellung der Voraussetzungen für ein gelingendes menschliches Leben. Dies ist nicht identisch mit dem Konzept der Lebensqualität oder dem Wert eines menschlichen Lebens, wert, gelebt zu werden. An die Stelle dieser mehr oder weniger utilitaristischen Konzeption sollte ein anthropologisches Konzept treten, das Paradigma des Wertes eines leiblich-personal vollzogenen menschlichen Lebens (mit Abstufungen auch für andere Formen des Lebens). Dieses Paradigma betont den (ethischen) Wert des Nützlichen und der Mittel im Einsatz für ein gelingendes menschliches Leben trotz aller Verletzlichkeit, Krankheit und Behinderung. Die therapeutisch-konstruktive Grundeinstellung zielt auf einen ethisch qualifizierten und anthropologisch bewertbaren Nutzen bzw. Erfolg ab.

Das Paradigma therapeutisch-technischen medizinischen Handelns orientiert sich insbesondere an der Zukunftsfähigkeit eines menschlich-leiblichen Leben Könnens einer menschlich-leiblichen Person. Darf man Menschen, die halbwegs gesund sind oder sein werden, gesünder oder weniger krankheitsanfällig machen? Im Unterschied zu dem kompensatorischen Reparaturansatz bejaht der therapeutisch-technische Ansatz diese Frage. Der therapeutisch-technische Ansatz ist a) kompensatorisch, b) verbessernd. Für b) gelten verschärfte ethische Regeln. Auszurichten ist eine Ethik des Heilen und Helfens und des Verbesserns im Sinne des medizinischen Fortschritts am Wohl des Menschen, ausgerichtet an der Gesundheit des Menschen und ihrer baldmöglichen Wiederherstellung sowie zur Verbesserung der allgemein menschlichen Kondition bzw. Lebensqualität. Leistungssteigerung darf als Humanum gelten und ist nicht nur im Sport anzutreffen (Irrgang 2004). Die Kompetenzsteigerung (inklusive der Verbesserung der Sensorik, der Intelligenz und anderer menschlicher Kompetenzen) führt zugleich zu einer verstärkten ethischen Reflexion darüber, was mit den verbesserten menschlichen Kompetenzen erreicht werden soll. Hier haben wir auf der Grundlage eines Kriteriums menschlicher Leiblichkeit doch eine im Ansatz schon recht umfangreich geplante praktische Ethik gefunden. Kompetenzsteigerungen inklusiver der Verbesserung der Sensorik, der Intelligenz und auch anderer menschlicher Kompetenzen sind ebenfalls grundsätzlich ethisch gesehen akzeptabel. Zugleich ist eine verstärkte ethische Reflexion darüber erforderlich, was mit den verbesserten menschlichen Kompetenzen erreicht werden soll. Als Bewertungsgrundlage gilt die Gesundheit menschlicher Leiblichkeit.

Die Grenzen zwischen Therapie und therapeutischer Verbesserung sind fließend. Wenigstens theoretisch kann man unterscheiden in Therapie, Prävention und Enhancement (Verbesserung). Medizinische Therapie und medizinische Technik sind eng miteinander verbunden und zwar von Anfang an und das verstärkt sich seit der Einführung von Hightech. Bei niedrigem IQ kann Intelligenzverstärkung Therapie sein. Warum also sollte ein grundsätzliches Verbot für Intelligenzverstärkung gentechnischer Art erlassen werden, sollte sie einmal technisch hinreichend sicher zu bewerkstelligen sein? Zu Grunde gelegt ist hierbei ein gewisser Mythos der Normalität, der Therapie von Verbesserung unterscheidet. Was spricht also grundsätzlich gegen die Verbesserung normaler Intelligenz? Dass Menschen mit übernormaler Intelligenz nicht glücklich werden, liegt nicht unbedingt an ihren, sondern häufig an den Reaktionen der Umwelt. Eltern, die übernormal intelligente Kinder haben wollen, müssen nicht nur zur Gentherapie bereit sein, sondern auch zu außerordentlichen Erziehungsleistungen, die als flankierende Maßnahmen zumindest immer ergriffen werden müssten.

Verbesserung, Vervollkommnung, Perfektionierung sind technische Ziele. Sie sind Ausdruck zunächst instrumenteller Utilität. Diese kann auf ihre sittliche Qualität hin befragt werden. Das Prinzip des sportlich Agonalen im Sinne des Höher, Schneller, Weiter ist nicht nur auf den Sport beschränkt und begrenzt, sondern weitgehend in unserer Gesellschaft realisiert. Hinzu kommt das Prinzip des technisch Bestmöglichen. Eine komplementäre Betrachtungsweise zwischen dem Dienlichen (Nützlichen) und dem Sittlichen ist erforderlich (zur Bewertung von Verbesserung und Enhancement). Die Heilung eines Kranken zielt auf die Verbesserung seines Zustandes. In vielfacher Hinsicht gibt es unklare Grenzlinien zwischen Therapie und Verbesserung. Therapie kann zum Enhancement werden. Allerdings ist dies kein Grund, Therapien verbieten zu wollen. Argumente für den therapeutischen Ansatz inklusive Verbesserungen sind (1) Verbesserungen, Gesundheit, höhere Kompetenzen; (2) das Nützliche und eventuell sittlich gute Folgen: Glück der Betroffenen und Eltern; zukünftige Generationen und die Verhinderung schwerer Erbkrankheiten; (3) die Verpflichtung zur Verbesserung der Qualität des Lebens (von John Harris). Argumente dagegen sind : (1) das Recht auf ein unverändertes Genom; (2) Menschenwürde; (3) Natürlichkeit; (4) Playing God (Hybris und Katastrophenerzeugung); (5) Zustimmung zukünftiger Generationen; (6) Eugenik. Die meisten der hier genannten Gegenargumente sind allerdings nur begrenzt überzeugend, häufig handelt es sich um religiös-naturalistisch eingefärbte Meinungen. Ein ethisches Problem stellt der Schwangerschaftsabbruch dar, wenn ein Verbesserungsversuch gescheitert ist, und dies noch vor der Geburt bemerkt wird.

Die Angst davor, die menschliche Natur technisch ganz verfügbar zu haben, beruht auf einem falschen biologisch-anthropologischen Modell. Kein biologischer Prozess lässt sich technisch verfügbar machen wie eine Maschine. Mutationen lassen sich weder bei synthetischen Mikroorganismen noch bei Designermenschen vermeiden. Daher verlangt die Bioingenieurkunst an Mikroorganismen heute und möglicherweise zukünftig an Menschen besondere Vorsicht und eigene Standards technischer Sicherheit. Diese genau zu bestimmen ist allerdings erst dann möglich, wenn wir über ein akzeptables Verfahren zur Generierung von Designermenschen, also über ein entsprechend sicheres Verfahren der Keimbahntherapie verfügen werden. Falls dies niemals der Fall sein sollte, ist natürlich auch die ethische Bewertung der Keimbahntherapie dann entsprechend auszurichten. Aber vorab, bevor genau die Methoden genannt werden können, die das Ziel erreichbar erscheinen lassen, ist eine solche Bewertung nur in groben Umrissen möglich.

Die auf Grenzen fixierte Bioethik ist letztendlich Ausdruck einer fundamentalen Angst vor der Freiheit (Fromm). Ob das Designen von Menschen ethisch verabscheuungswürdig ist, können wir also heute nicht beurteilen, denn es sind uns die technischen Wege unbekannt, die zu Designermenschen führen werden: Ob es zusätzliche Plasmide oder zusätzliche Chromosomen oder doch ein einmal möglicher gezielter

Gentransfer sein werden, lässt sich heute nicht entscheiden. Vielleicht ist es tatsächlich einmal möglich, die genetische Grundlage bestimmter Intelligenzfaktoren so klar zu identifizieren, dass man an einen Gentransfer im Sinne der Keimbahntherapie denken kann. Dann kann eine ethische Bewertung der technischen Mittel erfolgen, heute nicht. Und wenn die Diskussion um Designermenschen nur Horrorszenarien zum Ziel hat, die das Verbot ganzer Forschungsbereiche begründen soll, so halte ich dies für unverantwortbar, wenn diese Verbote erfolgen, bevor man eine hinreichend genaue ethische Bewertung der Ziele wie Mittel vornehmen kann. Therapeutisch inspirierte medizinische Verbesserungen erscheinen mithin nicht immer und an sich als schlecht. Aber es müssen Verbesserungen sein, die ethisch zu qualifizieren sind. Dazu brauchen wird Kriterien und Paradigmen. Vielleicht ist das Modell der Qualität des Lebens und der Wert eines Lebens, gelebt zu werden, tragfähig. Dazu bedarf es aber genauerer Analysen als die, die insbesondere von Präferenzutilitaristen bisher zu diesem Thema vorgelegt wurden. Sie muss einer späteren Veröffentlichung vorbehalten werden. Die Begriffe Manipulation, Entfremdung, Ideologie, Instrumentalisierung usw. setzen eine naive Erkenntnistheorie im Sinne eines abbildenden Realismus voraus. Nur dann weiß man Bescheid, was richtig ist, und kann alles andere abqualifizieren. Aber die heutige Realität – weder in der Natur, noch in der Gesellschaft und schon gar nicht in der Technik – lässt sich nicht mehr einfach abbilden, sondern im günstigsten Falle in einigen Aspekten modellieren. Eine Bioethik auf dem Boden der Life-Sciences ist heute unausweichlich geworden.

1.2 Der menschliche Leib und der Wert menschlichen Lebens

Die Fragen nach Menschenwürde und ihrer Unantastbarkeit, nach Lebensqualität und Lebenswert werden oft abstrakt gestellt. Hier sollen diese an ihren leiblichen Kontext zurückgebunden werden. Von besonderem Interesse für eine anwendungsorientierte Ethik sind Fragen leiblichen Lebens und leiblichen Sterbens als Anfang und Ende eines personal-leiblichen Lebens, die nicht identisch sind mit dem Beginn und Ende eines menschlichen Körpers. Ein rein empirischer Tier-Mensch-Vergleich erfasst die existenziale Dimension des Menschseins nicht und trägt damit auch nichts zur Erhellung der Bedingungen der Möglichkeit des Menschseins bei. Letztlich ist es der Zusammenhang des menschlichen Praxisvollzuges inklusive der Möglichkeit, sittlich zurechenbar handeln zu können, der in philosophischer Reflexion herausgearbeitet werden muss, um die ethikbegründende Differenz zwischen Mensch und Tier überhaupt in den Blick bekommen zu können. Unsere Interpretation von Welt ist von Sprache und Theorie durchgriffen. Dies begründet ein anderes in-der-Welt-Sein des Menschen als das z.B. von Tieren, auch wenn bei der empirischen Zuordnung, welcher Mensch mit welchen Kompetenzen noch als Mensch gelten darf, Probleme entstehen können.

Die Leiblichkeit und ihre Unerklärbarkeit ist ein zentraler Grundzug einer existenzialen Anthropologie im 21. Jahrhundert. Menschenwürde ist in diesem Kontext auch keine abstrakte Idee, sondern der Wert des Menschen in seiner verletzlichen Leiblichkeit. Zu ihr gehört die Geburtlichkeit wie die Sterblichkeit. Daher ist vorgeburtliche Leiblichkeit als Sonderfall von Leiblichkeit zu betrachten. Die phänomenologische Wende impliziert eine gewisse Rehabilitation der Natur, auch des menschlichen Körpers, als hermeneutische Aufgabe, allerdings nicht als normative Instanz. Dies gilt trotz Habermas Versuch, für die Unverfügbarkeit des menschlichen Körpers eine Lanze zu brechen (Habermas 2001). Vielleicht bedeutet die Aufwertung des menschlichen Leibes auch eine gewisse Neubewertung des menschlichen Körpers. Sie sollte aber nicht auf eine Fetischisierung des menschlichen Körpers hinauslaufen.

Der Mensch hat Welt, er ist nicht auf eine bestimmte Umwelt festgelegt, sondern er kann die Umwelten wechseln. Weltoffenheit (Gehlen 1972, 50) bedeutet, dass der Mensch nicht festgestellt ist, seine leibliche Verfassung beruht darauf, dass er sein Leben erst führen muss, dass er nicht durch Instinkte geleitet und sein Leben nicht anders als instinktgeleitet gestalten kann (Gehlen 1972, 16). Der Mensch ist ein Wesen, das zu sich selbst Stellung nehmen muss. Er ist sich selbst noch eine Aufgabe (Gehlen 1972, 9). Der Mensch ist damit keine Tatsache, weder biologisch noch soziologisch, er kann nicht aus sich selbst heraus begriffen werden. Nicht zuletzt daran liegt möglicherweise das Misslingen aller anthropologischer Gesamttheorien (Gehlen 1972, 12). Der Mensch ist also kein Faktum, das selbstverständlich wäre, vielmehr ist er das interpretierende Wesen, das sowohl sich selbst wie seine Welt erst deuten muss. Damit steht für Arnold Gehlen der Mensch als handelndes Wesen, als Geist- und Naturwesen im Zentrum seiner Anthropologie (Gehlen 1972, 23). Der Mensch ist nicht programmiert, auch nicht durch seine Gene, obwohl man die Bedeutung der Gene für die Entwicklung biologischer Lebewesen zur Arnold Gehlens Zeit noch nicht im selben Maße abschätzen konnte wie heute.

Dennoch hat Arnold Gehlen ganz wesentliche Impulse für eine Anthropologie auf der Basis von Biologie geliefert. Außerdem ist seine Theorie der Technik bzw. der Kultur interessant, die keineswegs auf der Ebene von Siegmund Freud liegt. Für Arnold Gehlen ist vielmehr Kultur die ins Lebensdienliche umgearbeitete Natur (Gehlen 1972, 38). Hier ist nicht von Triebunterdrückung, Naturunterdrückung, Beherrschung der Natur oder Widernatürlichkeit die Rede wie bei Siegmund Freud, sondern vielmehr wird ein Zusammenhang zwischen Natur und Kultur derart hergestellt, dass Technik als Transformation dazwischen geschaltet ist. Eine solche Konzeption ist durchaus plausibler als die Kulturtheorie von Siegmund Freud, sie hat allerdings nicht die Dialektik von Entfremdung und Beherrschung im Zentrum, wie dies zum Beispiel die kritische Theorie im Verhältnis von instrumenteller bzw. technischer Vernunft und Naturaneignung bzw. Menschenbeherrschung aussagt, sondern Bearbeitung der Natur, Transformation der Natur, Umgestaltung der Natur sind die Grundcharakteristika von Technik und Natur, die damit nicht in einem dualistischen Gegensatz aufgefasst werden.

Die Subjektivität eines Menschen können wir nur aus der Vollzugsperspektive, d.h. aus der Teilnehmerperspektive des halbwegs erwachsenen Menschen erschließen. Die Rekonstruktion geht vom Vollzug einer sittlichen Handlung aus, der allerdings ohne einen menschlichen Körper nicht möglich ist. D.h. kein Mensch kann moralisch handeln, ohne einen Körper zu haben. Insofern ist zur Bestimmung von Personalität das Ineinander-Verwobensein von Teilnehmerperspektive und Beobachterperspektive konstitutiv. Traditioneller könnte die Teilnehmer-Perspektive auch mit dem Begriff der Subjektivität umschrieben werden. Subjektivität kann daher als die im Nachhinein rekonstruierte Teilnehmerperspektive des heranwachsenden Menschen aus der Beobachterperspektive des Erwachsenen im Sinne eines Interpretationskonstruktes verstanden werden.

Der Handelnde versteht sein Handeln im Vollzug primär als Zweckrealisierungs-Versuch, als geplantes Tun. Moralische Kompetenz ist letztlich eine Zuschreibung in der Vollzugsperspektive und somit grundsätzlich prä-diskursive Diskursbedingung. Eine Schwierigkeit, die Unterscheidung sprachlich plausibel zu machen, liegt darin, dass sich Askriptionen und Deskriptionen oberflächengrammatisch oft nicht unterscheiden. Die Askription (Zuschreibung) „ich bin krank" lässt sich also als gleich strukturiert mit „er ist krank" missverstehen. Die Ambiguität zwischen Deskriptionen und Askriptionen gehört zu den Verhexungen der Sprache, auf die Wittgenstein aufmerksam macht. Zu den weittragenden Folgen der Unterscheidung von Beschreibung und Zuschreibung gehört, dass sich das Problem des „naturalistischen Fehlschlusses" in seiner üblichen Deutung auf Beschreibungen bezieht, jedoch nicht ohne weiteres auf Zuschreibungen. Der Handlungsurheber versteht sich in der Vollzugsperspektive selbst als praktisches Subjekt. Moralische Kompetenz ist in erster Instanz eine Zuschreibung. In der praktischen Philosophie muss Unbedingtheit der sittlich-normativen Verpflichtung im Sinne von Unabdingbarkeit gedeutet werden. Der Anspruch auf moralische Kompetenz soll durch nichts ersetzt werden können (Gethmann 1998, 139-141).

Subjektivität ist eine Kategorie des eigenen Vollzugs und kann wie moralisches Handeln empirisch (aus der Beobachterperspektive) nie vollständig eingeholt oder identifiziert werden. Subjektivität im Sinne eines Handlungsurhebers kann ungeborenem menschlichem Leben in einem spezifischen Sinne nicht zugeschrieben werden. Personalität wird mit Unbedingtheit in Verbindung gebracht. Diese Unbedingtheit ist aber nur aus der Vollzugsperspektive adäquat zu beschreiben, denn Handlungen sind (aus der Beobachterperspektive) empirisch in vielfältiger Form bedingt. Der Begriff Leib ist eine der deutschen Sprache eigentümliche Unterscheidung, die einen Körper, insofern er als beseelt gedacht wird, durch ein besonderes Wort aus der Menge der übrigen Körper heraushebt. Es entsteht aus dem Mittelhochdeutschen „lîp" (zunächst undifferenziert Leib und Leben) allmählich die bestimmte Bedeutung von Lebendigem, Beseeltem, eine bestimmte Person darstellenden Körper. In der antiken Philosophie ist wesentlich für den Begriff der Körpers das Moment der sichtbaren Gestalt. In der Gestalt verbindet sich Verschiedenes zu einer Einheit derart, dass das bloß Viele sich zu besonderen Teilen eines Ganzen ordnet. Soma als Leib wird vor allem im Zusammenhang mit Erörterungen über das Wesen des Menschen thematisch. Das Lehnwort Körper kann für alle Bedeutungen von „corpus" verwendet werden, auch für den menschlichen Körper, insofern dieser nur als Naturgegenstand betrachtet wird, wie etwa in der naturwissenschaftlichen Medizin (Borsche 1980, 173-177).

Auch in der frühen Neuzeit verfolgt das philosophische Denken die Frage nach dem Leib in zwei Richtungen: Einerseits wird Leib als besondere Maschine interpretiert, die im Prinzip den für alle Körper gültigen Naturgesetzen unterworfen und deshalb kausal zu begreifen ist. Dieser Ansatz bestimmt die allgemeine Behandlung der Leib-Seele-Problematik im Cartesianismus und bei den französischen Materialisten. Die bedeutendere und interessantere Richtung des philosophischen Nachdenkens über das Leibprinzip jedoch verläuft im Bereich der

Theorie der Subjektivität. Bei Leibniz bestimmt der Leib unsere Situation des Denkens der Welt. Er bildet den Standpunkt, von dem aus jedes individuelle Denken die Welt vorstellt und macht zugleich die Perspektive des Subjekts aus. In anderer Weise wird der Zusammenhang
von Subjektivität und Leiblichkeit unter empiristischen Voraussetzungen hergestellt. Auch hier gelten der Leib und seine Sinnesorgane als
Zugang zur Welt und zwar als Quelle für die Erfahrung erscheinender
Tatsachen. Erfahrung setzt mein Dasein und die leibliche Konfrontati-
on mit den wahrgenommenen Gegenständen voraus; außerdem bildet
sie sich im praktischen experimentellen Umgang mit den Dingen aus,
durch deren Handhabung die Kenntnis von Gegenständen der Welt vermittelt wird.

Ich habe ein unbezweifelbaren und nicht weiter diskutierbaren Anspruch auf meinen eigenen Leib. Das Haben und das Besitzen des Körpers ist davon zu unterscheiden, bedeutet aber die Verfügungsmacht
haben über meinen eigenen Körper. Dies bedeutet aber, dass ich meinen Körper als ein Instrument betrachte. So besteht eine tiefe Verwandt-
schaft zwischen dem Instrument und meinem Körper. Gemäß Gabriel
Marcel darf ich also meinen Körper instrumentalisieren. Dabei ist der
Körper als Objekt betrachtet. Gemäß Marcel müssen wir das Körper-
objekt und das Köpersubjekt unterscheiden. Das Fühlen und die Verkörperung bzw. leibliche Einbettung gehören zusammen. Lange
herrschte im Hinblick auf den Leib die Theorie der passiven Rezeption. Mein Körper bzw. mein Leib als Sein in der Welt zu verstehen ist
ein wesentlicher Zugang. Dadurch wird mein eigener Körper wesens-
mäßig als eigenes gefühlt und wahrgenommen. So wird der Körper als
Mittel betrachtet, ich aber als ein Handelnder (Zaner 1964, 21-43).
Mein Organismus ist das einzige Objekt, welches ich unmittelbar be-
herrsche und regiere. Das kann man als Urgefühl bezeichnen. Ich fühle mich selbst als Handelnder, d.h. ich fühle meinen Körper. Dabei ist
der Habens-Typ vom Könnens-Typ in Hinblick auf das Leib- oder Kör-
perhaben zu unterscheiden (Zaner 1964, 46-55).

Menschliche Erfahrung ist eingebettet in den Körper, ist „einge-
fleischt". Unserer Körper ist sehr selten das thematische Feld von Erfahrungen. Dies folgt aus der Diversität des Körpers selbst (Leder
1990, 1). Ein anwachsendes Interesse finden Wege einer Rückkehr zum
Körper entweder durch sportliche Übung, durch Yoga, durch Körper-
therapien, durch Krafttraining, durch intime Vertrautheit mit der Natur, aber dies ist eine Reaktion auf den allgemeinen Trend hin zu einer
entkörperlichten Existenz. Dem Leib wurde häufig eine zweitrangige
oder oppositionelle Rolle zugeschrieben, während die unkörperliche

Vernunft aufgewertet wurde. Dies manifestiert sich im cartesianischen Dualismus. Dieser nimmt besonders auf Erfahrungen der körperlichen Abwesenheit Bezug. Der Leib, wie er bei Merleau-Ponty beschrieben wird, ist niemals gerade ein Objekt in der Welt, aber ein umfassendes Medium, durch das unsere Welt ins Sein kommt. Zu unterscheiden sind Körper (physical body) und Leib (living body). Leib hat eine tiefere Bedeutung als Körperlichkeit und ist ein generatives Prinzip (Leder 1990, 5).

Ich kann nicht meinen ganzen Körper wahrnehmen. Die Gesamtheit meines Körpers ist mir nicht gegenwärtig. Es kommt zum Nichtaufscheinen bestimmter körperlicher Regionen. Dieses ist begründet in unserer Perspektivität. Das Bild des menschlichen Köpers und seiner Erscheinungsweise ist das leibliche Bild als physiologisches, libidinöses und sozial strukturiertes Phänomen. Das Leiblichkeitsbild informiert uns von Moment zu Moment und in einer stark mathematisierten Art und Weise, wie unser Körper disponiert ist im Raum relativ zu anderen Menschen. Ein reicheres Verständnis wie Rasse, Geschlecht, Klasse, Alter und kulturelle Differenzen können körperlich registriert und verarbeitet werden. Letztlich ist das Körperbild als Gestalt zu begreifen. Der Köper bzw. der Leib hat ein Schema der Welt immanent. Letztendlich beruht dieses Schema auf der Beweglichkeit des Leibes. Die schematische Organisation sowohl des Körperimages wie wahrgenommener Objekte machen einen gewissen Übergang möglich. Im Zentrum steht die narzisstische Libido. Der ganze Habitus des Körpers wird von diesen Faktoren mitbeeinflusst (Weiss 1999, 7-19). Körperbilder dienen der Aufrechterhaltung eines gewissen körperlichen Gleichgewichtes und der Stabilität. Sie sind Ausdruck der Imagination (Weiss 1999, 21-37).

Unsere Vorstellung vom Körper, unsere Bilder von der Verkörperung von Krankheit, Schmerz und Tod sowie vom Entschwinden des Körpers führen zu einem Konzept des Körpers aus der Perspektive der dritten Person. Im Tod werden alle die Verknüpfungen des belebten Körpers unterbrochen: Der belebte Leib stirbt, auch wenn der Körper noch eine Weile existiert. Man muss den Körper verstehen und lesen. Damit erhält er eine kulturelle Bedeutung. Es geht um Bilder des Körpers. So kann man z. B. den konfuzianischen Blick auf den Leib von dem europäischen unterscheiden. Dieser bezieht Mikro- und Makrokosmos aufeinander. Nur der Weise hat die richtige Sicht auf Kosmos und Leib. Er hat Sympathie. So kommt es zu einer ästhetischen Absorption der Welt.

Der Ausdruck Leib wurde erst im Laufe des 20. Jahrhunderts durch die Philosophie rehabilitiert, und zwar gerade deshalb, weil man einen

Ausdruck brauchte, den man dem cartesischen Konzept vom Körper entgegensetzen konnte (Böhme 2003, 9-13). Die übliche Instrumentalisierung des menschlichen Körpers zwingt den Leib in die Unauffälligkeit und hat zur Folge, dass leibliche Kompetenzen gar nicht erst ausgebildet werden. Der Leib wird verdrängt, weil er sich unangenehm bemerkbar macht, weil er ekelhaft ist, hinfällig und überhaupt fremd. Insofern kann von einem Lastcharakter des Daseins gesprochen werden, der insbesondere im Prozess des Alterns erfahren wird. Leibliche Existenz ist daher immer auch Ekelbewältigung (Böhme 2003, 31-33). In der Transplantationsmedizin und speziell im Gehirntodkriterium ergeben sich neue Aufgaben für eine Leibphilosophie. Auch die Gentechnik eröffnet wie kaum ein anderes Wissen Möglichkeiten der Selbstbestimmung. Freilich ist es keine Selbstbestimmung im traditionellen, nämlich moralischen Sinn, sondern eine Selbstbestimmung als Manipulation (Böhme 2003, 171). Der Mensch wird durch diese Techniken potentiell zum Artefakt. Unsere Leiblichkeit ist kein Faktum, sondern eine Möglichkeit, über die wir durch unser Selbstverhältnis und unsere Lebenspraxis entscheiden. Dabei gibt es in diesem Zusammenhang eine Technisierung von Geburt und Tod. Während nämlich die Sterblichkeit des Menschen seit altersher eine große Aufmerksamkeit in der Philosophie erfahren hat und die Charakterisierung des menschlichen Lebens im Ganzen als sterbliches Leben sehr geläufig ist, blieb Geburtlichkeit demgegenüber blass (Böhme 2003, 211-215). Geboren zu sein ist einer der wichtigsten Momente, in denen wir unser Natursein erfahren. Krankheit und Behinderung werden nicht als normal, sondern als Ausnahmen, Zwischenfall, Störung betrachtet, als Einschränkung und Beeinträchtigung des Lebens. Hier sind insbesondere die chronischen Krankheiten zu nennen. Mit wachsendem Alter sind Behinderungen quasi als normal anzusehen (Böhme 2003, 233-239). Jeder Mensch muss mit Krankheit zu leben lernen (Böhme 2003, 249).

Pharmaka, Drogen, Prothesen, Transplantate, Implantate, plastische Chirurgie, genetische Therapie, Eugenik, am Anfang In-vitro-Fertilisation (IVF), am Ende Euthanasie – da wird fraglich, was am Menschen überhaupt noch als Natur angesehen werden kann. Medizinische Technologie hat einen erheblichen Einfluss auf ein modernes Leibverständnis (Böhme 2003, 363-368). Das Mängelwesen Mensch, dem das Existential der Sorge bei Heidegger entspricht, ist ein zentrales Anthropologikum. Folgende Unterscheidungen möchte ich im Hinblick auf Leiblichkeit und Körperlichkeit vorschlagen:

1) Der menschliche Körper als biologischer Organismus. In diesem Bereich greifen die genetischen Rahmenbedingungen für die epigene-

tische Entwicklung. In dieser Ebene gibt es eine Position die besagt, das Naturwüchsige so zu belassen. Es handelt sich um die Idee, Naturschutz so zu regeln, dass keine Eingriffe des Menschen mehr erfolgen. In diesem Zusammenhang kann von einer Art natürlichem Schicksal oder einem natürlichen Geschick des Einzelnen gesprochen werden, an dem man nichts mehr tun kann.

2) Der menschliche Körper als Grundlage für die Entwicklung von Subjektivität, Leiblichkeit, Personalität und die Ausprägung eines eigenen spezifischen menschlichen Charakters. Der menschliche Leib drückt Ichhaftigkeit und Subjektivität aus und ist die Grundlage für eine persönliche Bildungsgeschichte.

3) Der menschliche Leib, der eingebettet ist in eine soziale und kulturelle Praxis und damit auch eine symbolische Bedeutung erhält (Irrgang 2005).

Der übergreifende Zusammenhang, in dem Leiblichkeit entsteht, ist normativer Natur, sowohl sozial institutioneller wie moralisch normativer Art und damit auf Tradition angewiesen. Die Gehirnentwicklung ist die Quelle menschlicher Leiblichkeit, sie ist zugleich die Quelle unserer Kultur. D.h. menschliche Körperlichkeit muss im Lichte der Fähigkeit des menschlichen Gehirns interpretiert werden, um das Phänomen Leiblichkeit physiologisch und anthropologisch, d.h. objektiv und von außen her begreifen zu können. Diese objektive Annäherung an menschliche Leiblichkeit aber ist der zweite Weg. Man kann Transplantationen als Art Kannibalismus, als fleischliche Einverleibung von Artgenossen oder Teilen von Artgenossen ansehen. Sie wird auch abgelehnt insbesondere in Ländern, in denen der Ahnenkult noch lebendig ist. Man kann aber auch die Transplantation als Verlängerung der Tradition der Prothetik ansehen, die eine technische Ersetzung leiblicher Teilfunktionen anstrebt, insbesondere dann, wenn diese ausgefallen ist. Prothetik ist technischer Organersatz und Organüberbietung.

Menschliche Leiblichkeit ist conditio sine qua non für die Entwicklung menschlicher Personalität. Ihr ist daher eine indirekte moralische Würde angemessen und zuzuschreiben. Die eigene Freiheit wird nicht im Hinblick auf Natur, sondern auf das eigene Machenkönnen und Menschsein erlebt. Leiblichkeit ist Bedingung der Möglichkeit von Machenkönnen und Moralität. Menschliche Körperlichkeit ist von der Verschmelzung von Samen- und Eizelle bis zum Zerfall des Körpers im Grab gegeben. Menschliche Leiblichkeit konstituiert sich durch die Ausbildung von Subjektivität und endet mit dem Gehirntod. Gehirn als Ort möglicher Leiblichkeit ist Organ potentieller Selbstempfindung. Leiblichkeit ist an die Ausbildung des menschlichen Gehirns mit seiner Denk- und Empfindungsfähigkeit gebunden. Das Gehirn, speziell die menschliche Großhirnrinde, ist der Ort für die biologische Seite des Tier/Mensch-Unterschiedes und der biologische Ort für Leiblichkeit. Leiblichkeit ist konstituiert durch Zeitlichkeit und Räumlichkeit, durch Veränderung und Endlichkeit, durch Entwicklung, Geburt und Tod. Die Einheit menschlich-leiblicher Entwicklung als Ort der Selbst- und Ich-Empfindung wird anthropologisch durch die Gehirnentwicklung dominiert. Leiblichkeit ist zuförderst ein Erlebens- und Wahrnehmungsphänomen, ein Selbsterlebensphänomen.

Person als Erscheinung eines individuellen Menschen in seiner leiblichen Gestalt bezieht sich auf „persona" im Sinne von Maske, Rolle auf einen Agenten, d.h. auf den handelnden Menschen zurück. Die Rolle ist charakterisiert durch einen bestimmten Charakter, der auf der Bühne im Sinne eines Handlungsraumes dargestellt wird. Person wird also durch die Identität einer Lebensgeschichte konstituiert. Die Genetik kann auf so etwas wie personale Identität im besten Falle hinweisen. Auch die Hirnfunktionen und das Gehirn selbst sind nicht mit Personalität zu identifizieren. Von einem Leib kann erst die Rede sein, wenn sich eine Subjektivität ausgebildet hat. Zunächst entwickelt sich ein menschlicher Körper. Wir können aus dem Begriff der menschlichen Gattung als einem biologischen Begriff keine allzu weitreichenden Schlussfolgerungen ziehen, denn biologische Artbegriffe sind kaum mehr als Interpretationskonstrukte. Menschheit als universaler und möglicherweise sittlich relevanter Begriff bezieht sich intuitiv einleuchtend auf alle geborenen Menschen, die ein menschliches Aussehen und menschlich-leibliche Gestalt haben. Zur Begründung der Menschenwürde brauchen wir den Personbegriff. Ein konkreter Personbegriff ist an menschliche Leiblichkeit als conditio sine qua non gebunden. Für Leiblichkeit ist der menschliche Körper notwendige, aber nicht hinreichende Bedingung. Personale und menschliche Leibhaftigkeit im sittlich zurechenbaren Handlungsvollzug ist der Grund der Zuschreibung der Menschenwürde. Ist personales menschliches Leben Grund für Unantastbarkeit, gilt dies für präpersonale menschliche Körperlichkeit höchstens in abgeschwächtem Maße.

Personal vollzogene Leiblichkeit ist kein naturaler Vorgang, auch wenn er an naturale Vorausbedingungen gebunden ist. Wir greifen medizinisch mit der Zustimmung des Betroffenen in den leiblichen Vollzug erwachsener Personen und mit Zustimmung ihrer Vormünder in den von Kindern ein. Warum sollte dies bei Embryonen anders sein? Die Idee der menschlichen Gattung ist kein biologisches Faktum, sondern ein Vernunftkonstrukt. Sie liegt dann aber nicht vor und umfasst nicht zwangsläufig auch alle ungeborenen Menschen, die biologisch zur Spezies Mensch gehören. Die Frage, wer zur menschlichen Gattung gehört, ist nicht nur biologisch zu beantworten. Der ethische Universalismus umfasst letztlich alle (menschlichen) Wesen, die im Prinzip sittlich zurechenbar handeln könnten. Aus Vorsichtsgründen rechnen wir daher alle Wesen zur Menschengattung, die diese Fähigkeit ausbilden können. Voraussetzung dafür aber ist die Befähigung und die Ausbildung von Subjektivität. Wann diese ausgeprägt und entfaltet ist, können wir gegenwärtig nicht mit Bestimmtheit sagen. Letztlich ist es die Entwicklung des menschlichen Gehirns, eine individuelle menschliche Gestalt und eine entsprechende Leiblichkeit.

Die Entwicklung der Life-Sciences legt nahe, die Natürlichkeit und Schicksalhaftigkeit des menschlichen Lebens zu ersetzen durch das Konzept des Wertes des Lebens, der Lebensqualität und der Lebensdienlichkeit. Eine Lebensverlängerung erscheint medizinethisch nur dann als sinnvoll, wenn eine hohe Lebensqualität erhalten werden kann.

Eine kriterienorientierte Theorie der Qualität des Lebens wie des Wertes des Lebens muss über die Arbeit von John Harris wohl hinausgehen, kann aber an ihn anknüpfen. Sie setzt eine ausgearbeitete Anthropologie des menschlichen Leibes voraus, die in einer Bioethik nicht erarbeitet werden kann. Wir leben mit unserem Körper und müssen ihn gebrauchen. Instrumentalisieren ist hier das falsche Wort. Dazu sollten wir unseren Körper gebrauchsfähig erhalten. Damit ist nicht gesagt, dass ein menschlicher Leib seine Würde verliert, wenn er nicht mehr wert ist, behandelt zu werden, aber möglicherweise, dass medizinische Maßnahmen ihren Sinn verlieren, wenn sie ihr Ziel nicht mehr erreichen können. Realisierbarkeit ist eine weit unterschätzte, handlungsorientierte bioethische Grundregel (Irrgang 1998a). Im Zentrum steht hierbei die Dienlichkeit des menschlichen Körpers für die Leibkonstitution. Es erscheint also durchaus in manchen Fällen sinnvoll und ethisch gerechtfertigt, neben der Würde des Menschen bei der Bewertung der Behandlungspflicht auch die Frage nach dem Wert des menschlichen Lebens zu berücksichtigen.

Das Konzept eines Wertes menschlichen Lebens muss das der Würde des Menschen nicht gleich ersetzen, wie dies John Harris vorschlägt. Im Gesundheitswesen lässt sich die Haltung, die eine Gesellschaft dem Menschen gegenüber einnimmt, am deutlichsten ablesen. Was verleiht dem menschlichen Leben Wert? Das Leben mancher Menschen ist zweifelsohne weniger wertvoll, da es in geringerem Maße wert ist, gerettet zu werden. Menschen sind grundsätzlich gleich, obwohl man fragen kann, welche Gründe wir dafür besitzen, zu bestimmten Zwecken

Unterschiede zwischen ihnen zu machen. Dabei geht Harris von der Unterscheidung von Menschen und Personen aus. Im Personbegriff ist eine Beziehung auf die Gattung nicht zu erkennen (Harris 1995, 33-38). Vielmehr kommt es darauf an, wann ein Ich zu existieren beginnt. Das Ich setzt Harris mit Personalität im Leben, Selbstbewusstsein, Ichempfinden usw. gleich. Außerdem führt das Erkennen eines Ichs durch andere zur Anerkennung (Harris 1995, 40-46). Der Verlust einer Person ist mit dem Verlust einer ganzen Welt verbunden. Daher begründet sich die Verpflichtung Menschenleben zu retten. Entscheidend ist die Fähigkeit, dem eigenen Leben Wert zuzusprechen. Person ist der Grund, warum wir jemandem einen besonderen Wert zuschreiben (Harris 1995, 47-59).

Selektive Behandlung geht mit Verantwortungsfragen einher, auch die schwerstbehinderter Neugeborener, z.B. bei spina bifida. Die Annahme, es sei in einigen solcher Fälle im Interesse des Kindes zu sterben, ist durchaus nicht unrealistisch. Aber es ist hier keineswegs besser, ihnen eine Behandlung vorzuenthalten und sie langsam sterben zu lassen, als sie schnell zu töten. Allerdings stellt dies unsere normalen medizinethischen Intuitionen in Frage. Ärzte sollten eigentlich immer in der Lage sein, den menschlichsten Weg zu empfehlen, für Harris ist das der Weg mit den geringsten Schmerzen. Auch die Unterscheidung in gewöhnliche und außergewöhnliche Behandlung ist nicht hilfreich. Selektive Behandlung ist nicht identisch mit aktiver Euthanasie. Auch die Unterscheidung in Nebenwirkung und Doppelwirkung lösen das eigentlich ethische Problem nicht. Es geht um die Pflege todkranker Menschen, insbesondere um Schmerzbekämpfung (Harris 1995, 62-83).

Die Behandlungspflicht ist aber abhängig von dem, was es heißt, dem menschlichen Leben Wert zuzuschreiben. Teil dieser Wertschätzung ist die Meinung, dass Menschen eher leben als sterben sollten. Dies begründet eine Verpflichtung zur Hilfeleistung. Lebensrettung ist eine moralische Frage. Wir verlangen aber realistischerweise keinen übermäßig riskanten Einsatz bei der Lebensrettung. Außerdem sind Inkommensurabilitäten von Werten zu berücksichtigen und zu erwarten, auch wenn wir kein ausgearbeitetes System von Prioritäten oder eine Rangordnung von Werten benötigen, um handeln zu können. Allerdings spielen Realisierungsbedingungen bei Hilfsverpflichtung eine Rolle, z.B. Ärztemangel nach einer Schlacht (Harris 1995, 86-104).

Der Tod kann in extremen Fällen auch als Beseitigung einer Bedrohung interpretiert werden. Wir erkennen das Prinzip der gerechtfertigten Notwehr an. Der schuldhafte Angreifer hat seinen Wert nicht verloren, aber er ist herabgemindert. Es gibt aber auch schuldlose Bedro-hungen. Menschen, die unter Umständen leben, denen der Tod vorzu-ziehen ist, haben das Recht auf Unterstützung (Harris 1995, 106-131). Notfälle in medizinethischer Sicht treten dann auf, wenn nicht alle Be-handlungsbedürftigen gerettet werden können. Hier stellt sich die mo-ralische Bedeutung des Alters: Sollte man junge Patienten vorziehen? Aber die Diskriminierung des Alters ist ethisch nicht zu rechtfertigen. Der Rest unseres Lebens ist von unbestimmter Dauer. Das ist das Ar-gument für die Irrelevanz des Alters. In Extremfällen spielt das Alter wieder eine Rolle: etwa zwischen einem zweijährigen Kind und einer neunzigjährigen Großmutter. Patienten mit einer längeren Lebenser-wartung sollten wir im Konfliktfall durchaus retten (Harris 1995, 134-145).

Ein lohnendes Leben hängt ab von der entsprechenden Lebensqua-lität. Akzeptiert man, dass das Leben mancher Menschen so schreck-lich ist, dass es sich nicht zu leben lohnt, dann ist das Konzept des Wer-tes des Lebens von Bedeutung. Die Lebenserwartung spielt in diesem Zusammenhang eine Rolle genauso wie die Wünsche von Angehöri-gen, Freunden undvon zu versorgenden Kindern usw.. Allerdings ist die Qualität des Lebens nicht nach Reichtum oder Besitz zu bewerten. Dies führt zu einer systematischen Bevorzugung von Familien. Da-durch wird auch der Gesichtspunkt der Nützlichkeit hinsichtlich der Lebensrettung von Bedeutung. Es geht um Nützlichkeit für das sozia-le Umfeld. Auch Schäden, wenn der Retter stirbt, sind mit zu berück-sichtigen. Häufig wird auch vorgeschlagen, den moralischen Wert ei-nes Menschen zu berücksichtigen. Aber dies scheint nicht das richtige Kriterium zu sein. Außerdem stellt sich die Frage, ob Mörder und Kri-minelle ebenfalls gerettet werden sollten (Harris 1995, 150-163).

Personen sind also Wesen, die die Fähigkeit besitzen, ihrem Leben Wert beizulegen. Es gibt unterschiedliche Meinungen darüber, welche Aspekte des Leben wichtig und wertvoll sind. Die Sorge um das Wohl anderer ist in diesem Zusammenhang sehr wichtig. Die Autonomie ei-nes Individuums drückt sich darin aus, Wünsche stabiler Art zu haben. Bei nicht zu behebenden Mängeln des eigenen Lebenswertes ist das Problem der Selbsttötung möglicherweise adäquat (Harris 1995, 296-310). Harris begründet die Schutzwürdigkeit menschlichen Lebens nicht mit der Würde des Menschen, sondern mit dem Wert eines Men-schen. Im Unterschied aber zum Begriff der Menschenwürde, der im-mer positiv bewertet wird und letztlich keine Handlungsspielräume of-fen lässt, kann man nun menschlichem Leben auch einen Nichtwert zuschreiben. Im Unterschied zum Würdekonzept lässt das Wertkonzept

die Tötung von Menschen unter gewissen Umständen zu. Es ist damit
zumindest pragmatischer. Dies impliziert eine gewisse perspektivische
Verschiebung vom Behandelnten (z. B. Embryo) zum Handelnden
(Mutter, Forscher, Arzt), die beide in der Bewertung der Verantwor-
tungsfrage berücksichtigt werden müssen.

Die Würde des Embryo oder des Patienten ist nur ein Element in der
Bewertung der Verantwortung, die professionell Handelnde in Heilbe-
rufen oder als Forscher übernehmen, wenn sie in einer bestimmten Art
und Weise handeln oder dies unterlassen. Die Würde des Menschen erlaubt nur Gleichbehandlung. Also brauchen wir ein Kriterium, das Si-
tuationsangemessenheit ermöglicht. Das Wertkonzept sollte nicht gegen das Würdekonzept ausgespielt werden. Dem Lebenswertkonzept
liegen fundamentale anthropologische Güter und Werte zugrunde. Es
geht um das Leben in seiner Lustkomponente. Dies ist die erste Ebene. Dann folgt die Ebene der Gesundheit mit seiner Glückskomponen-
te und schließlich die Leiblichkeit, das Verfügen Können über den
menschlichen Körper inklusive klinischer Funktionen und psychischer
Gesundheit. Und als vierte Dimension kommt dann soziale Leiblichkeit mit ihrer Dimension der Sexualität und Kommunikation. Möglicherweise ist noch ein fünfter Bereich zu unterscheiden, nämlich der
künstlerische Ausdruck. Eine anthropologisch leibliche Interpretation
des Natürlichen ist anzustreben, nicht bloß in seiner biologisch medizinischen Dimension.

Das Konzept einer leiblichen Fundierung der Bioethik eröffnet neue
Dimensionen für die Life-Sciences. Besitzen und Verfügen Können
über den eigenen Körper rechtfertigt Eigentumsrechte an körpereige-
nem Gewebe, auch an Präimplantationsembryonen. Mit anwachsender
Schutzwürdigkeit nach der Einnistung beim Embryo gibt es allerdings
Einschränkungen der Eigentumsrechte der Eltern. Diese Sichtweise erlaubt es, den Wert eines zu Forschungszwecken erzeugten Präimplan-
tationsembryo anders zu bewerten als einen natürlich befruchteten Embryo im Mutterleib, ihn vor oder nach der Einnistung anders zu
bewerten (aufgrund einer erheblich größeren Überlebenswahrscheinlichkeit und Entwicklungsmöglichkeit für Subjektivität). Therapeutisches Klonen ist anders zu bewerten als der Versuch, einen Menschen
zu klonen. Es gibt kein Recht eines Präembryos auf Einnistung, weil
es sich nicht realisieren lässt, denn 60-70 % der befruchteten Eizellen
erreichen sie nicht. Schon gar nicht gegen den Willen der Mutter.

Die Konjunktur des Ausdruck Lebensqualität beginnt in den 60er Jahren des 20. Jahrhunderts in den USA. Die für den ersten Bericht des Club
of Rome über die Grenzen des Wachstums grundlegenden Arbeiten von

J. W. Forrester, der Lebensqualität in Form eines Indexwertes definierte, verbreiteten die Formel weltweit. Auch im Deutschen wurde Lebensqualität anfangs der 70er Jahre allgemein geläufig. W. Brandt in seiner Rede vom 13.07.1971 scheint ihn als erster eingeführt zu haben. Mit Lebensqualität wird weniger die generelle Beschaffenheit des menschlichen Lebens beschrieben als – im Sinne des ungebräuchlichen Äquivalenz Qualitätsleben – das bessere oder gar gute Leben eingefordert. Eine mehr als nur negative inhaltliche Definition bereitet die größten Schwierigkeiten. Messung von Lebensqualität wird sozialwissenschaftlich über die Aufstellung und Gewichtung von Sozialindikatoren versucht. Über die Semantik und Pragmatik eines politischen Schlagwortes hinaus involviert die Reflexion auf Lebensqualität eine philosophisch-anthropologische Besinnung, die die menschlichen Bedürfnisse, das Verhältnis menschlicher Umwelt und Mitwelt, den Zusammenhang mit Tendenzen zur Aufwertung des kleinen Lebensraums in Frage stehenden Bedingungen für die Gewährleistung der konkreten kleinen Freiheiten usw. zu ihrem Gegenstand hat (Holzhey 1980, 141f).

Lebensqualität im Rahmen der Bioethik ist nicht unmittelbar ein ethischer Grundbegriff, sondern vielmehr ein ethisch relevanter empirischer Grundbegriff, nämlich in dem Sinne, dass bestimmte menschliche Grundbedürfnisse Aussicht auf Erfüllung haben müssen, damit ein menschliches Leben als ein Gut und nicht als eine Last erfahren wird. Mit Lebensqualität könnte man ein gutes Leben umschreiben im Sinne eines Lebens, das Wert ist, gelebt zu werden, wobei gut hier zunächst in einem vorsichtigen Sinne gemeint ist. Es handelt sich um ein Leben, das gewünscht werden kann. Zu Grunde gelegt wird dabei ein radikal individueller Begriff der Lebensqualität ganz im Gegensatz zur Bestimmung lebensunwerten Lebens eines Volksschädlings in der NS-Ideologie. Lebensqualität im Sinne der Bioethik lässt sich also folgendermaßen näher bestimmen:

(1) Freiheit von unmittelbarer Todesbedrohung, eine gewisse Zukunftsfähigkeit (die eine Reihe von extremen Frühgeburten und Anenzephalen nicht haben).

(2) Freiheit von strukturellen Schmerzen höherer Intensität, die ein Leben des Menschen von Anfang an begleiten. Freiheit vom Zwang eines unerwünschten Leben Müssens, wobei unerwünscht sicher aus der subjektiven Vollzugsperspektive, aber in gewissen Grenzen auch aus der Beobachterperspektive bewertet werden kann, insbesondere deshalb, weil sich das Wünschen hier auf funktionale Güter und Werte bezieht, die das Überleben betreffen und Lebensqualität des Menschen an Kriterien der Überlebenswahrscheinlichkeit zurückbinden.

1.3 Menschenwürde und prozessual-leibhafter Mensch: Anfang und Ende schutzwürdigen Mensch-Seins

Insbesondere die existenziellen Fragen von Leben und Tod beschäftigen die Bioethik. Es sind Fragen der Euthanasie und der Eugenik. Es geht um Wesen und Wert menschlichen Lebens. Neu hinzugekommen ist der Wert des menschlichen Lebens im Reagenzglas. Die natürlichen Grenzen von Leben und Tod haben sich im Gefolge der biomedizinischen Revolution verschoben. Wer tot ist, bestimmt der Arzt. Das Hirntodkriterium ist ethisch gesehen jedoch nicht unproblematisch, da es die Gehirnfunktionen über seine organischen stellt. Denn der Körper kann ohne Gehirn weiterleben, wenn auch nur mit fremder Hilfe. Aber ist der pure Körper menschliche Existenz? Doch nur in naturalistischer Verkürzung. Aus der Perspektive des auf Organspende angewiesenen Patienten ist Organspende Pflicht. Damit haben wir ein Dilemma divergierender Rechte und Interessen vor uns liegen, wie es in der Bioethik häufiger der Fall ist. Im Hinblick auf die aktive Sterbehilfe ist insbesondere zu fragen, ob diese für den Helfer erlaubt ist. Wenn Embryonen Menschen sind, dann ist verbrauchende Embryonenforschung schlecht. Die biotechnische Verfügbarkeit des Embryos stellt neue ethische Fragen. Die Stammzellenforschung braucht ihn als Rohstoff. Die Frage nach dem Embryo wird damit in der Bioethik in den Mittelpunkt gestellt (Prüfer/Stollorz 2003, 32-36).

Nicht jede befruchtete Eizelle besitzt das Potential, ein (geborener) Mensch zu werden. Die meisten werden nicht geboren (auch ohne Abtreibung), weil sie sich nicht richtig entwickeln (ca. 70 %), andere werden zu Anenzephalen oder sogar zu tumorartigem Gewebe. Forschungen zur Embryonalentwicklung greifen wie jede experimentelle Untersuchung in diese ein. Darf aber frühes menschliches Leben benutzt werden, um das Leid geborener Menschen zu lindern? (Prüfer/Stollorz 2003, 38). Der Anfang des menschlichen Lebens ist für Kant klar: Die Würde des Menschen beginnt mit dem Akt der Zeugung. Die künstliche Befruchtung hat aber die Zeugung eines Menschen zu einem technischen Vorgang gemacht (Prüfer/Stollorz 2003, 42). Das menschliche Leben selbst in seiner biologischen Identität ist vor dem 16. Tag noch keineswegs eindeutig bestimmt. Insofern gibt es ein gewisses Recht, embryonale Zellen vor der Nidation anders zu behandeln als spätere Formen menschlichen Lebens. Für den Utilitarismus beginnt der Lebensschutz mit der Empfindungsfähigkeit. Das entscheidende Kriterium ist dabei das Vorhandensein von Interessen. Als drittes Modell wird die Geburt des Kindes betrachtet. Insgesamt muss man aber sagen, dass, um Embryonen zu schützen, nicht unbedingt mit den Menschenrechten argumentiert werden muss. Für den Utilitaristen ist der Schutz des Lebensrechtes höchst wichtig (Prüfer/Stollorz 2003, 45-50).

Die Position des Lebensschutzes von Anfang an ist konsequent, aber fragil. Sie kriminalisiert die Abtreibung und die Verhinderung der Einnistung, die als Abtreibung betrachtet wird. Das Instrumentalisierungsverbot betrifft dabei jeden technischen Umgang mit Embryonen und ist letztendlich zu unspezifisch. Die Gattungssolidarität wird pragmatisch begründet, stellt aber de facto nur einen schwachen Schutz dar. Das abgestufte Lebensrecht enthält gemäß Prüfer und Stollorz mehr Fragen als Antworten. Es führt zum Dammbruch und rechtfertigt die Instrumentalisierung der Lebenserzeugung. Warum sollten Embryonen nicht Grundlage für Medikamente abgeben? Voraussetzung für das abgestufte Lebensrecht ist die Einsicht in die Prozesshaftigkeit der Entstehung und Entwicklung der befruchteten Eizelle zum Menschen (Prüfer/Stollorz 2003, 54-61). Sloterdijk propagiert die Selbstermächtigung zum Zwecke der Selbststeigerung. Die medizinische Optimierung der Lebenschancen ist denkbar geworden (Prüfer/Stollorz 2003, 73-80).

Bereits in der Abtreibungsdiskussion wurde der moralische Status des Embryos kontextlos und metaphysisch diskutiert. Menschenwürde gehört nicht zu den Hauptthemen der philosophischen Ethik. Mit Freiheit, Glück, Tugend, Willen oder Lust kann es jedenfalls nicht konkurrieren. Dazu kommt die Befürchtung, das Prinzip sei so stark an die europäische Kultur, insbesondere ihren jüdisch-christlichen Anteil gebunden, dass es nicht interkulturell gültig sei (Höffe 2002, 111). Die Sonderstellung des Menschen ist ein Privileg, das man schon mitbringt, und eine Verantwortung, die man noch tragen muss; sie ist ein Mitbringsel und eine Aufgabe zugleich (Höffe 2002, 116). Deshalb könnte man die Sonderstellung als angeboren bezeichnen. Als angeborenes Privileg ist sie eine unverdiente Würde, die allen Menschen zukommt, während sie als angeborene Verantwortung von jedem noch verdient werden muss. Die Menschenwürde ist ein Privileg, dessen man durch seine Lebensweise würdig werden soll und dass trotzdem auch der Unwürdige nie verliert (Höffe 2002, 117). Einen absoluten Wert besitzt dagegen niemand, es sei denn ein Wesen absoluter Vollkommenheit. Das ist jedoch nicht der Mensch, sondern allein ein Gott (Höffe 2002, 120). Nicht schon als animal rationale, sondern erst als animal morale, besitzt er absoluten inneren Wert (Höffe 2002, 130).

Dass Abtreibung in den meisten Ländern mittlerweile rechtlich unter bestimmten Auflagen zulässig ist oder zumindest straffrei bleibt, ist nicht ohne Auswirkungen auf die Bioethik geblieben. Dies war eine wesentliche Voraussetzung dafür, dass bestimmte Grenzen überhaupt übeschritten werden konnten. Problemkreise der Bioethik sind Lebensanfang, Lebensende und gentechnische Eingriffe. Menschenwürde hat Vorrang vor wissenschaftlich-ökonomischem Rationalismus, das ist Grundlage der bisherigen Argumentation. Andererseits muss der Gedanke der Menschenwürdc so bestimmt werden, dass er tatsächlich tragfähig für eine ethische Argumentation ist. Dies ist das sogenannte semantische Problem der Menschenwürde. Die Menschenwürde und ihre Begründung ist das eine Problem, die Frage nach der Menschenwürde als Entscheidungshilfe für bioethische Fragen ist das andere Problem (Knoepffler 2004, 1-6).

Die Pluralität moralischer Einstellung hat neue Freiheitsspielräume gebracht. Auf der anderen Seite hat sie die Suche nach einem gemeinsamen Band zwischen den unterschiedlichen weltanschaulichen Basisüberzeugungen erforderlich gemacht. Der normative Begriff der Menschenwürde nimmt in der deutschen Verfassung und wichtigen internationalen Übereinkommen eine prominente Stellung ein und wirkt damit auch rechtlich normorientierend. Er findet sich auch in der Charta der Vereinten Nationen aus dem Jahre 1945 und in der allgemeinen Erklärung der Menschenrechte der Vereinten Nationen aus dem Jahre 1948. Menschenwürde als Konstitutionsprinzip umfasst das Recht auf Leben und körperliche Unversehrtheit (GG Art. 2), das Recht auf Selbstbestimmung (GG Art. 2), das Recht auf Gleichheit (GG Art. 3), das Recht auf Glaubens- und Gewissensfreiheit (GG Art. 4) und das Recht auf Forschungsfreiheit (GG Art. 5). Dabei kann die Pflichtdimension im Begriff der Menschenwürde als Eindämmung des Selbstbestimmungsrechtes interpretiert werden (Knoepffler 2004, 7-13).

Ein Problem stellt die Vieldeutigkeit des juristischen Menschenwürdebegriffs dar. Das Konstitutionsprinzip der Menschenwürde kann nur als regulatives Prinzip ausgelegt werden. Es stellt keine Begründung für konkrete Handlungsanweisungen dar. Das Prinzip der Menschenwürde ist zum Unterschied zu Prinzipien im Sinne der Menschenrechte ein Prinzip besonderen Typs. Stellt es eine unbedingte Sollensforderung dar, auf eine vollständige Instrumentalisierung der eigenen wie anderen Personen zu verzichten? Die Selbstzweckformel gilt als inhaltliche Auslegung des Menschenwürdeprinzips, ist aber als solches problematisch. Man muss zwischen ethisch legitimen und illegitimen Instrumentalisierungen unterscheiden. Das Begründungsproblem der Menschenwürde ist als ein bleibendes anzusehen. Hier versucht der Personbegriff und die naturrechtliche Begründung Unterstützung anzubieten. Es bleibt aber auch ein Extensionsproblem, wem Menschenwürde zugesprochen werden muss und ob die frühen Embryonalstadien des Menschseins mit einbezogen werden müssen. Es ist umstritten, ob das ungeborene Leben im juristischen Prinzip ein- oder nicht eingeschlossen ist. Auch der Gebrauch des Begriffs Leben ist vieldeutig. Schließlich muss auf das bleibende Implementationsproblem, d. h. das Problem der gesellschaftlichen Durchsetzung, hingewiesen werden (Knoepffler 2004, 13-23).

Der Mensch wird biologisch durch die Gattung, molekularbiologisch durch das Genom, anthropologisch durch seine Mängelhaftigkeit usw. definiert. Menschsein ist nicht eindeutig zu bestimmen. Ob mit der Gattung und dem Genom der Mensch nur biologisch definiert ist, ist unklar. Insofern können auch mehrere Formen von Menschenwürde unterschieden werden, ästhetische, soziale und verliehene, expressive, moralische und gattungsbezogene Würde. Man kann aber auch anders argumentieren: Wenn wir nicht genau wissen, ob Ungeborene die volle Menschenwürde verdienen, sollten wir die reproduktive Freiheit wie die Forschungsfreiheit als kontextuell eingebettete Autonomien betonen. Das Verständnis der unverlierbaren und unantastbaren Menschenwürde ist umstritten. Menschenwürde umfasst a) grundsätzliche Subjektstellung und b) grundsätzliche Gleichheit aller Menschen. Somit gibt es eine Folgenindifferenz des Menschenwürdeprinzips. Unbedingtheit und Unverlierbarkeit der Menschenwürde lassen sich in gewisser Weise auf die Gottebenbildlichkeit und das Modell der inhärenten Menschenwürde zurückführen. Die Würde begründet sich bei Kant auf der Menschheit als Ganzes (Knoepffler 2004, 25-41).

Die Argumente, die in der Embryonendebatte im Vordergrund stehen, sind das Speziesargument, das Kontinuumsargument, das Identitätsargument und das Potentialitätsargument (kurz: SKIP-Argumente). Das Speziesargument lautet: (1) Jedes Mitglied der Spezies Mensch hat Würde, (2) jeder menschliche Embryo ist Mitglied der Spezies Mensch; also (3) jeder menschliche Embryo hat Würde. Das Kontinuitätsargument lautet: (1) Jedes menschliche Wesen, das aktual Person ist, hat Würde, (2) jeder menschliche Embryo wird sich, unter normalen Bedingungen, kontinuierlich (ohne moralrelevante Einschnitte) zu einem menschlichen Wesen entwickeln, das aktual Person ist; also (3) jeder menschliche Embryo hat Würde. Das Identitätsargument lautet: (1) Jedes Wesen, das aktual Person ist, hat Würde, (2.1) viele Erwachsene, die aktual Person sind, sind mit Embryonen in moralrelevanter

Hinsicht identisch, also (2.2) die Embryonen, mit denen sie identisch sind, haben Würde, (2.3) wenn irgendein Embryo Würde hat, dann alle, also (3) jeder Embryo hat Würde. Das Potentialitätsargument: (1) Jedes Wesen, das potenziell Person ist, hat Würde, (2) jeder menschliche Embryo ist ein Wesen, das potenziell Person ist, also (3) jeder menschliche Embryo hat Würde. Diese Argumente gehören in gewisser Weise zusammen (Damschen/Schönecker 2003, 1-5).

Die sogenannten SKIP-Argumente umschreiben die Problematik im Rahmen der Extensionsfrage der Menschenwürde. Gattungssolidarität und Rechtsgemeinschaft sind die Grundlagen dieser Fragestellung. Die Menschenverachtung des Nationalsozialismus hat nichts mit den Fragen nach Lebensanfang und Lebensende zu tun. Wir können hier unbeeindruckt durch die geschichtlichen Ereignisse ethisch argumentieren. Das Kontinuitätsargument weist darauf hin, dass die Entwicklung des Embryo ohne moralrelevante Einschnitte vorangeht und greift implizit auf das Identitätsargument zurück. Identität unter moralischer Rücksicht ist aber nicht identisch mit genetischer Identität. Wer mit der genetischen Identität argumentiert, erreicht das Gegenteil von dem, was er eigentlich will. In der religiösen Tradition ist die Seele als Identitätsfaktor zu sehen, nicht die Natur eines Lebewesens. Hinsichtlich des Potentialitätsargumentes muss passive und aktive Potentialität unterschieden werden. Dabei ist es interessant zu überprüfen, inwiefern sich aktive Potentialität gradualistisch verfeinern lässt. Eine dispositionelle Potentialität ist die grundsätzliche Fähigkeit, eine Fähigkeit auszubilden. Der Gebrauch des Begriffs Individuum für die frühen Embryonalphasen ist nicht gerechtfertigt. Das Potentialitätsargument ist abhängig von einer bestimmten Ontologie. Und das semantische Argument rekurriert auf die Unterscheidung von etwas und jemand (Knoepffler 2004, 59-71).

Gegen das Identitätsargument spricht, dass Identität relativ ist. Zu fragen ist: Inwiefern gibt es größere Übereinstimmungen zwischen einem gestrigen und heutigen Ich, als zwischen mir und einem Embryo. Nun ich bin meinem gestrigen Ich ungleich ähnlicher als einem Embryo (Damschen/Schönecker 2003, 135-144). Es gibt verschiedene Lesarten von Potentialität, nicht alle überzeugen (Damschen/Schönecker 2003, 173). Zu unterscheiden sind: (1) Potentialität als logische Möglichkeit (Positivität), (2) Potentialität als Wahrscheinlichkeit (Probabilität) und (3) Potentialität als dispositionelle Möglichkeit (aktive Potentialität; Damschen/Schönecker 2003, 223). Dabei ist insbesondere die dispositionelle Möglichkeit im Hinblick auf die Embryonalentwicklung interessant. In dieser Form kann es Abgrenzungsprobleme lösen, spricht dann aber eher für einen Gradualismus.

Der Präferenzutilitarismus Peter Singers begründet das Tötungsverbot mit zwei Argumenten: (1) dem Schadensargument, wonach der Tod eines Menschen ein großes Übel sei, weil er seinen Lebenswunsch durchkreuze, und (2) das utilitaristische Nutzensummenargument, wonach man die Menge an Lust- und Wunschbefriedigung in der Welt verringere, wenn man ein Wesen töte. Beide Argumente sind aber miteinander nicht so leicht zu vereinbaren. Schaden könne man einem Lebewesen nur, wenn es über bestimmte relevante Fähigkeiten verfügt, z. B. über die Fähigkeit, einen Lebenswunsch zu entwickeln (Holzhey/Leyvraz 1991, 145f). Erlaubt sei daher das Töten eines dauerhaft empfindungslos gewordenen und bleibenden Wesens, z. B. eines anenzephalen Säuglings. Und dies gelte, obwohl er zur vernunftbegabten Spezies homo sapiens gehört, individuiert und genetisch einzigartig ist und mit Beginn des 4. Schwangerschaftsmonats auch empfindungsfähig ist. Die Schmerzempfindlichkeit begründet nur ein prima-facie-Recht auf Schmerzfreiheit, aber kein Lebensinteresse und kein Lebensrecht. Auch das Potentialitätsargument kann nur in Verbindung mit einem Identitätsargument auftreten. Doch was besagt schon die organismische Identität zwischen einem Embryo und einem geborenen Menschen für moralische Fragen (Holzhey/Leyvraz 1991, 118)? Legt man eine utilitaristische Argumentation zugrunde, dann lassen sich Lebens(un)wert-Urteile nicht vermeiden, wenn sie auch im Unterschied zum NS-Programm aus der Perspektive des Betroffenen gefällt werden. Da es inkonsequent ist, bei vollem Lebensschutz für das Ungeborene mit der Zumutbarkeit für die Mutter zu argumentieren, ist Schutzwürdigkeit abzustufen.

Bei der Frage nach dem moralischen Status des Embryos will der Sinn, in dem der Ausdruck „Status" verwendet wird, genau beachtet sein. Denn Status kann einerseits die Verfassung von etwas meinen, wie sie deskriptiv erfasst ist. Oder andererseits die Stellung bzw. der Standard, der jemandem zugemessen wird bzw. den jemand einnimmt. Dabei wird diese Frage gestellt, um die Antwort auf die Frage auszudrücken, als welches Gut der menschliche Embryo in vitro zu betrachten ist. Offenkundig ist, dass wir in Bezug auf den geborenen Menschen den Ausdruck „Mensch" nicht nur in einem deskriptiven Sinne verwenden (Honnefelder 2002, 80-82). Die Vernunftbegabtheit wird als eine Art spezifische Eigenschaft verwendet, die für diese Art von Lebewesen nicht annähernd gilt bzw. kennzeichnend ist. Insofern es zum Menschen gehört, ein Lebewesen zu sein, das seiner Natur nach das Vermögen besitzt, selbst gesetzte Zwecke zu verfolgen, können wir den Menschen mit Kants Sprachgebrauch auch Person nennen und ihn im

Hinblick auf den konkreten Willen, der ihm als Zweck an sich selbst zukommt, eine Würde zuschreiben. Damit wird deutlich, dass Zugehörigkeit zur menschlichen Spezies, Identität, Kontinuität, Personalität und Potentialität nicht voneinander getrennt werden können (Honnefelder 2002, 84-91), allerdings nicht als Lebewesen (mit einem spezifischen Genom), sondern als leibhaft verfasster Mensch. Honnefelders spezifische Verknüpfung von naturalistischen und metaphysischen Schlüssen heben den Fehlschlusscharakter allerdings nicht auf, wie Honnefelder zu meinen scheint, sondern potenzieren ihn. Das Vermögen der Subjekthaftigkeit, das den moralischen Status des Menschen begründet, schreibt Honnefelder bereits bei der Verschmelzung von Samen und Eizelle dem Embryo zu (Honnefelder 2002, 109). Honnefelder interpretiert Subjektivität naturalistisch und metaphysisch, wenn er einer menschlichen Zelle nach ihrer Konzeption bereits Subjektivität zuspricht (Honnefelder 2002, 101).

Die Frage, wann menschliches Leben beginnt, unterstellt bereits eine biologistische Sichtweise. Die entscheidende Frage ist vielmehr die: ab wann wird der menschliche Körper zum schutzwürdigen menschlich-personalen Leib. Die biologische Embryonalentwicklung des Menschen und ihr anthropologisches Potential (welche die Würdezuschreibung zu begründen vermag) sind bei der Bewertung der Schutzwürdigkeit der menschlichen Leibesfrucht zu berücksichtigen. Das anthropologische Potential der biologischen Entwicklung bemisst sich an der Ausbildung von Kompetenzen und Dispositionen spezifisch menschlicher Art und an einer Konzeption ethisch relevanter empirischer Kriterien. Es gibt keinen Punkt in der biologischen Entwicklung, an dem sprunghaft Neues im Rahmen der Evolution entsteht. Es sind viele Punkte, die zusammengenommen den Entstehungsprozess des Neuen ausmachen. Und Schwierigkeiten bei der Urteilsfindung sind kein Indikator für Willkür. Zeugung ist die Schaffung einer biologischen und einer sozialen Tatsache. Die scheinbare Klarheit ist nicht minder willkürlich als jede andere Form des Gradualismus.

Die ethische relevante Differenz von Tier und Mensch liegt in der Gehirnausbildung bis zu einem Grad, der den Vollzug (bzw. Kompetenz oder Disposition zum Vollzug) von Ichhaftigkeit, Selbstbewusstsein, Todesbewusstsein und Leibbewusstsein zumindest als impliziter Vollzug erlauben könnte. Den genauen Zeitpunkt, wann dies geschieht, kenne ich nicht. Vielleicht bringt die fortschreitende Gehirnforschung mit weiterer Forschung zur Fetalentwicklung in Zukunft mehr Klarheit. Bis dahin müssen wir von unserem leiblichen Vollzug ausgehen, in dem wir uns vorfinden, wenn wir reflektieren. Eine vorsichtige Rekonstruktion früherer Vollzüge in Parallelität zur Ausbildung körperlicher Kompetenzen möglicherweise bis in vorgeburtliche Zustände, ist alles, was wir bislang haben. Der Vollzug begründet menschliche Leiblichkeit und ihre Verletzbarkeit. Das Schadensverbot hat Verletzlichkeit zur Voraussetzung. Potentialität als dispositionelle Möglichkeit setzt aber den menschlichen Leib voraus, d.h. also ein zumindest implizites Wissen um sich selbst. Aus diesem Grunde möchte ich das Konzept einer anthropologisch-leibhaften Potentialität, die über die biologisches Potentialität des Embryos hinausgeht, einführen, das sich nicht am biologischen Prozess, sondern am menschlichen Vollzug der eigenen Körperlichkeit als menschliche Leiblichkeit (auch im Embryonalstadium) orientiert, um den Übergang vom deskriptiven Status (Beschreibung der vorgeburtlichen Entwicklung des menschlichen Körpers) zum askriptiven Status (Zuschreibung von Schutzwürdigkeit und Menschenwürde) begründen zu können. Menschliche Leiblichkeit ist conditio sine qua non für den Vollzug von Freiheit (Autonomie) und Sittlichkeit (kategorischer Verpflichtung), so Kant (Irrgang 1998). Die Mitgliedschaft in einer Gattung Mensch begründet nicht die Zuschreibung sittlicher Menschenwürde, möglicherweise eine speziezistische Begründung des Wertes des Menschen. Vernunftbegabtheit oder Moralität als artspezifische Zuschreibungen sind abstrakt und haben nicht den gleichen Wert wie individuelle menschliche Dispositionen oder Kompetenzen.

Menschliche Körperlichkeit unterliegt nicht einem prinzipiellen Instrumentalisierungsverbot, vielmehr begründet seine Leiblichkeit Würde und Wert. Im Gehirntod stirbt aus der Perspektive einer phänomenologisch-hermeneutischen Bioethik ein menschlicher Leib in seiner Ich-Haftigkeit und Subjektivität, der korrespondierende menschliche Körper kann erhalten und kann zwar nicht völlig beliebig behandelt (sondern als menschliche Leiche) werden, aber doch in größerem Umfang instrumentalisiert werden. Der umgekehrte Fall – ein menschliches Gehirn ohne Körper in einer Nährlösung – wäre aus der Sicht einer solchen Ethik die grausamste Form der Vergewaltigung eines Menschen. Das ist bislang technisch nicht möglich und Gegenstand eines anderen Buches (Irrgang 2005). Wie beim leiblichen Tod bedarf es auch beim Anfang des leiblichen menschlichen Lebens einer gewissen definitorischen Festlegung (insbesondere aus juristischen Gründen), denn ethisch reicht die Würde des menschlichen Leibes als Kriterium durchaus aus. Biologische Prozesshaftigkeit der Embryonalentwicklung ist zu unterscheiden von anthropologischer Potentialität, die weit über biologische Prozesshaftigkeit hinausgeht und an die Vollzugsperspektive menschlicher Leiblichkeit gebunden ist. Diese anthropologische Potentialität beginnt nicht vor der Gestaltwerdung des menschlichen Körpers, wahrscheinlich nicht einmal vor der Ausbildung der ansatzweisen Integration des menschlichen Gehirns und der Ausbildung der Kompetenz des Vollzugs von Ichhaftigkeit und Subjektivität. Sie ist selbst bei der Geburt nicht sicher vorhanden. Die Zuschreibung von Menschenwürde ist ein Anerkennungsakt, man kann die Verpflichtung für diesen nicht aus der Embryonalentwicklung ablesen.

Das Klonen von Säugetieren 1997, die Stammzellforschung 1998 und die Erkenntnis der Bedeutung nichtkodierender DNA und RNA im Jahre 2002 haben eine neue Sicht der Entwicklung von Leben vorbereitet. Gerade die frühe menschliche Embryonalentwicklung ist noch hinreichend unbekannt und birgt vermutlich Überraschungen, die nicht im Sinne der konservativen Lebensschützer ausfallen werden. Mit der Befruchtung ist ein genetisches Programm festgelegt, aber nicht die konkrete leibliche Kompetenz oder Disposition (anthropologische Potentialität) zu einem individuellen und subjekthaften Menschsein. Solange zwei konkrete individuelle Menschen aus einem genetischen Programm entstehen können, ist die individuell-personale Schutzwürdigkeit dieses genetischen Programms gering. Das traditionelle metaphysische Denken betont den zeitlichen Anfang und den Potentialitätsgedanken zu stark. Das menschliche Genom ist keine Leibniz'sche Monade. Der genetische Code ist weder mit einer spezifischen individuellen Leiblichkeit noch mit Personalität zu identifizieren. Die genetische Individualität bestimmt nicht den Spielraum, in dem sich menschlich-personale Identität entwickelt, schon gar nicht naturgesetzlich.

Menschenwürde und die aus ihr abgeleiteten Schutzansprüche müssten jedem menschlichen Individuum zukommen. Aber eine befruchtete Eizelle ist kein menschliches Individuum. Es gibt zwar eine naturale Basis für Menschenwürde, wenn sie aber gemäß dem Identitätsargument aufgefasst wird, liegt ein naturalistischer Reduktionismus und ein metaphysischer Ursprungsmythos zu Grunde. Es gibt bestenfalls natürlich-biologische Bedingungen oder Voraussetzungen für Leiblichkeit. Ein phänomenologisch-hermeneutisches Denken ist hier erheblich differenzierter. Der menschliche Leib ist nicht identisch mit dem menschlichen Körper und dieser nicht mit dem genetischen Programm. Der menschliche Körper ist an die menschliche Gestalt gebunden, die biologische Voraussetzung für die Ausbildung von Leiblichkeit ist die Ausbildung des menschlichen Gehirns.

Kant hat Menschenwürde aus der sittlichen Zurechenbarkeit menschlicher Handlung und der damit verbundenen Personalität begründet. Dieses Modell setzt den aufgeklärten Erwachsenen voraus. Dessen unmittelbare Identifikation mit der befruchteten Eizelle ist phänomenologisch höchst unplausibel und nur mit metaphysischer Begrifflichkeit zu erschleichen. Im übrigen ist der Begriff der Würde falsch gewählt, es geht eher um den moralischen Status oder den ethischen Wert, der Schutzwürdigkeit begründen könnte. Das Menschsein ist keine automatische Konsequenz eines genetischen Programms, sondern von menschlichen Kompetenzen und ihren biologischen Voraussetzungen. Menschliche Leiblichkeit setzt in gewissem Sinne subjektive Verletzbarkeit voraus und diese wiederum setzt menschlich-leibliche Empfindungsfähigkeit voraus, was eine gewisse Parallele zum Gehirntod darstellt. Die Potentialität eines genetischen Programms liegt weit hinter dispositionellen Fähigkeiten und Kompetenzen (anthropologische Potentialität), die eine ausgebildete Leiblichkeit aufweist. Dabei müssen Normen und eine paradigmatische Humanität in weitestmöglicher Konsistenz miteinander begründet werden.

Einen Präformismus in der Embryonalentwicklung hat insbesondere Blechschmidt (Blechschmidt 1976) vertreten, nämlich die Auffassung, dass mit der Befruchtung das Wesen des Menschen in seiner individuellen Eigenheit einschließlich seiner seelischen Komponente gegeben sei. Entgegen diesem Fundamentalismus genetischer Art betont die Forschung heute (genauer nach Dolly) gemäß dem Modell Epigenese die völlige Neubildung aller Teile des Organismus. Mit Blechschmidts Auffassung und der älteren Genetik wird das Wesen des Menschen mit der Codierung seiner Anlagen im Genom gleichgestellt, also eine Art von Präformismus vertreten. Angesichts der scheinbaren Kontinuität des Entwicklungsvorganges unterstellt man jedem Versuch einer Unterteilung nach bestimmten Merkmalen Willkür. Es geht aber nicht um Zäsuren, sondern Entwicklungsstrukturen und die sich jeweils ändernden Rahmenbedingungen. Daher lassen sich gewisse Phasen der Entwicklung unterscheiden. Nur wenige Merkmale sind monogen. Hier erscheinen Vorstellungen eines strengen genetischen Determinismus noch einigermaßen berechtigt. Die meisten Merkmale hingegen sind polygen geprägt mit einer außerordentlichen Variationsbreite der Merkmalsauslösung. Der rätselhafteste Grundvorgang der Entwicklung ist die Morphogenese. Die Ausbildung der Form des Körpers im Ganzen wie in seinen Teilen ist eine Leistung embryonaler Zellverbänden, die von vielen Faktoren abhängt.

Zur angemessenen Interpretation der Biologie menschlicher Embryonalentwicklung aus anthropologischer Perspektive sei aufmerksam gemacht auf:

(1) Menschliche Lebewesen sind vollständig und in umfassender Weise ähnlich allen anderen Formen des Lebens, dennoch aber in profunder Art unterschiedlich. Also haben wir die Frage zu modifizieren: wir fragen nicht mehr nach dem Beginn des Lebens, sondern danach: Wann erreicht ein Fetus diejenigen Eigenschaften, die menschliche Lebewesen einzigartig und unterschieden von anderen Formen der Lebewesen macht (Morowitz/Trefil 1992, 8f).

(2) Genau genommen manipulieren wir in gentechnischen Experimenten auch am Menschen nicht unmittelbar ein Lebewesen oder Lebendiges (oder Menschen), sondern einen biochemischen Prozess, der selbst noch nichts Lebendiges darstellt, der allerdings die Information für die Generierung von Lebewesen enthält. So wie die Moleküle, aus denen eine Zelle aufgebaut ist, selbst noch nicht Lebendiges sind, ist auch die DNA nichts Lebendiges, auch wenn sie den Replikationsmechanismus darstellt, auf dem letztendlich Lebendes basiert. Die genetische Information ist zudem eine Blaupause, nicht das Gebäude selbst (Morowitz/Trefil 1992, 48-52).

(3) Schon vor langer Zeit haben die Forscher die Natur der DNA-Sequenzen herausgearbeitet, die die Entwicklung der Plazenta ausrichten. Es war nur eine Frage der Zeit, bis es gelang, ein unbefruchtetes Ei zu stimulieren, sich zu teilen und eine neue Entwicklung anzustoßen. So lässt sich ein Menschen produzieren aus einem einzelnen unbefruchteten Ei. Mit dem Klonierungsexperiment von Dolly war die ungeschlechtliche Vermehrung auch adulter Säuger möglich geworden. Der Beginn neuen Lebens ist nur dann möglich, wenn diese Zelle durch Transfer in eine Eizelle oder eine ähnlich geartete Zelle in ihrem Genom reprogrammiert wird. Wir verstehen diese Prozesse noch nicht, aber wir wissen, dass hier bestimmte Vorgänge an den Chromosomen ablaufen müssen. Dadurch werden Blockaden aufgehoben, die sich in somatischen Zellen gebildet hatten. Insofern ist der Genotyp nach der Reprogrammierung nicht der gleiche wie der Genotyp der somatischen Ausgangszelle, selbst wenn er dieselben Gene und dieselben Mutationen umfassen sollte. Den Vorgang nennt man Methylierung. Die somatischen Zellen, die durch die Reprogrammierung wieder in die Startposition kommen, sind wesentlich stärker methyliert als normal befruchtete Eizellen. Betrachten wir den Genotyp funktionell, dann existiert ein großer Unterschied zwischen dem Genotyp einer somatischen Zelle und einem Individuum, das sich via Klonierung aus einer

solchen somatischen Zelle herausentwickelt. Wir dürften hier durchaus Chancen haben, Ansatzpunkte der Entwicklung einer eigenen Individualität zu finden, wenn wir uns nur lang genug mit diesem Phänomen beschäftigen. Es lässt sich nämlich auch für das geklonte Lebewesen präzise fassen, wann dieses Leben beginnt – nämlich nach der Reprogrammierung in der Eizelle (Wuermeling 2000, 137f).

(4) Nach Watson und Crick konnte man sagen, dass der Zeitpunkt des Beginns menschlichen Lebens jeweils das erstmalige Vorhandensein der individuellen DNA sei, in die das Programm des neuen Lebewesens eingeschrieben ist. Franz Büchner hat sogar erwogen, in der Doppelhelix die Entelechie des Aristoteles zu erblicken, also das dem Lebewesen innewohnende Gestaltungsprinzip. Ob man nun solchen Projektionen philosophischer Begriffe auf die biologischen Fakten folgen will oder nicht, der skeptische Gedanke, der Anfang eines neuen Lebewesens falle vielleicht gar nicht mit der Befruchtung zusammen, standen bis heute so eingehende Kenntnisse des Befruchtungsvorganges gegenüber, dass es eigentlich ausgeschlossen erschien, aus den biologischen Vorgängen einen anderen zeitlichen Beginn eines Lebewesens herauslesen zu können. Aber Totipotenz lässt sich auf drei verschiedenen biologischen Ebenen betrachten: (1) Auf der Ebene eines Zellwandels, also einer Keimscheibe oder einer Blastozyste. Hier stellt Totipotenz die Systemeigenschaft eines Zellverbandes dar, die dessen einzelnen Zellen deswegen keineswegs aufweisen müssen. (2) Auf der Ebene einer Zelle. (3) Kann man Totipotenz auf der Ebene eines Zellkerns betrachten (Wuermeling 2000, 133f).

Artspezifisches menschliches Leben entsteht mit der Befruchtung bzw. der Reprogrammierung im Falle des Klonens. Der genetische und biologische Beginn der Entwicklung eines genetischen Programms für einen Menschen liegt in der Befruchtung bzw. Reprogrammierung. Jedoch ist schon diese in sich kein bestimmbarer Moment, sondern ein Vorgang, der immerhin 24 Stunden braucht, bis sich die mit dem väterlichen und mütterlichen Chromosomenhalbsatz eingebrachten Erbanlagen in der ersten Furchungsteilung zum neuen Genom formieren. Das Genom ist aber noch nicht der Embryo, sondern seine codierte Anlage, die Furchungszellen sind in ihrem Schicksal noch nicht determiniert (Hinrichsen 1993, 32). Bei der Befruchtung werden die väterlichen Mitochondrien vollständig vernichtet. Die Mitochondrien (und darin die mitochodrieneigene DNA) des neuentstandenen Kerns sind also mütterlicher Herkunft, d.h. das mitochondriale Genom wird von Generation zu Generation mütterlicherseits weitergegeben. Im Verlauf des Befruchtungsvorganges kommt es zur Aktivierung eines Entwick-

lungsprogramms, das im Zytoplasma der Eizelle in Form von mütterlicher RNA gespeichert ist, sowie der Herstellung des normalen (diploiden) Chromosomensatzes und zur Festlegung der genetischen Ausrüstung des neuen Individuums, darunter auch des Geschlechts, wobei
jeweils nach der Konstellation der Geschlechtschromosomen ein weib-
licher (XX) oder männlicher (XY) Embryo resultiert. Erst im Vier- oder
Achtzellstadium setzt die Transskription des neu zusammengesetzten
Zygotengenoms und damit die Produktion von embryoeigenen Protei-
nen ein. Erst von diesem Zeitpunkt an kann also das Genom des Embryos Einfluss auch auf seine eigene weitere Entwicklung nehmen.
Man spricht daher vom möglichen Beginn der genetischen Selbststeu-
erung. Vermutlich werden zu diesem Zeitpunkt zum ersten Mal unterschiedliche genetische Programme aktiviert. Man spricht hier von der
Furchung (Damschen/Schönecker 2003, 269-273).

Am Ende der zweiten Woche schließt sich die Gebärmutterschleim-
haut über der eingedrungenen Blastozyste. Die Entwicklungsphase
zwischen Anheftung und Schleimhautverschluss wird unter dem Begriff Implantation oder Nidation (Einnistung) zusammengefasst. Sie
beginnt am sechsten Tag nach der Befruchtung und ist etwa am 16. Tag
abgeschlossen. Das ist der eigentliche Beginn der Schwangerschaft.
Der Embryoblast hat in dieser Phase der Entwicklung die Form einer
Scheibe und wird auch als Keimscheibe bezeichnet. Auf der Grundlage der ersten Achsenorganisation kommt es schließlich zwischen der
ersten und vierten Entwicklungswoche durch lokale Wechselwirkung
zwischen den drei Keimblättern zur Entwicklung der Organsysteme
und zur Ausprägung der embryonalen Körperform. Gegenwärtige Vorstellungen über die Zwillingsbildung aus einer Zygote (eineiige oder
genetisch identische Zwillinge) gehen davon aus, dass sich in einem
Keim zwei Organisatorbereiche (Primitvknoten) ausbilden (Dam-
schen/Schönecker 2003, 273-275). Die eigentliche Individuation ist
erst am 16. Tag abgeschlossen, mit der Ausbildung der ersten axialen
Strukturen und der Zuordnung des Materials der Keimscheibe zu einer
künftigen (oder zwei zukünftigen) körperlichen Gestalten, zugleich der
letzte Zeitpunkt einer möglichen Bildung eineiiger Zwillinge, ist nach
der Befruchtung der wohl entscheidende Vorgang, der den Beginn der
Entwicklung eines menschlichen Individuums morphologisch anzeigt.

Der Kontraktionsbeginn des noch kapilären Herzens zu Beginn der
4. Woche markiert den Beginn jener Organtätigkeit, die am Lebensende ohne maschinelle Hilfe ihre finale klinische Bedeutung hat. Die Ablösung von der Keimscheibe ist als entscheidender Vorgang, der eine
Embryogenese im Sinne der Bildung einer körperlichen Gestalt defi-

nitiv vorbereiten soll. Es ist durchaus angebracht, über die Vorentwicklung des zentralen Nervensystems hinaus diesen Grundvorgang einer Körperbildung als Individuation zu bezeichnen. Die Ordnung allen Zellmaterials in den Grundplan einer zukünftigen körperlichen Gestalt ist der eigentlich entscheidende Vorgang der Embryogenese. Die Neuralplatte kann bei menschlichen Embryonen bereits am 16. Tag nachgewiesen werden. Die kritische Periode für den Schluss des Neuralrohres ist der 22. bis 24. Tag. Am 24. Tag entsteht Anenzephalie (Hinrichsen 1993, 445).

Zwischen der 6. und 14. Woche wird der Embryo zum Fetus. In der 12. Woche liegt die menschliche Gestalt vor, aber die Organe haben ihre Funktion noch nicht übernommen. Das erste Auftreten der Großhirnanlagen in Form der Hemisphärenbläschen ist der Entwicklungsbeginn jenes Hirnabschnittes, der für die Entwicklung geistiger Möglichkeiten und personalen Sein unerlässlich ist. Die Zellen der Hemisphärenbläschen waren aber schon zuvor Bestandteil der proenzephalen Hirnwand, sie werden sich noch vielfach teilen und weite Wanderungswege zurücklegen, ehe sie die definitive Hirnrinde zu bilden beginnen. Die Funktion der Hirnrinde beginnt erst in der Phase des unreifen Kindes und ist zur Zeit der Geburt noch nicht voll entwickelt. Erste Anzeichen einer Differenzierung der definitiven Hirnrinde ergeben sich, wenn um den 54. Tag erste Neurone ihre Wanderung beenden. Immerhin kann man den Beginn der Bildung definitiver Neurone oder den Beginn synaptischer Verschaltungen zwischen dem 70. und 80. Tag als vorgeburtlichen Zeitpunkt heranziehen, der in Analogie zum Hirntod bei der Todeszeitfeststellung die Bedingungen der Möglichkeit eines Funktionsbeginns der Großhirnrinde markiert. Nach 10 – 12 Wochen sind auch die Organe ausgebildet, das menschliche Gesicht und die menschliche Gestalt (Knoepffler 2004, 53-55).

Goldering schlug vor, das menschliche Gehirntodkriterium als Ende der Gehirnfunktionen dem Beginn dieser Funktionen in der achten Woche zu parallelisieren, um so den Moment zu identifizieren, an dem das eigentlich menschliche Leben beginnt. Es ist damit kontrovers, ob es eine Symmetrie gibt zwischen dem Gehirnleben und dem Gehirntod. Die embryonale Entwicklung ist ein langandauernder komplexer Prozess unter genetischer Kontrolle, während der Tod oder besser gesagt das menschliche Sterben ein Prozess ist, der verschiedene Ursachen hat und von sehr unterschiedlicher Dauer ist (Chadwick 1998, 48f). Es gibt aber keinen klaren Hinweis auf Bewusstsein, wobei sich in der 25. Woche eine im EEG deutlich als Gehirnstrommuster erkennbare organisierte elektrische Aktivität feststellen lässt. So kann man da-

von ausgehen, dass das menschlich-personale und leibhaft konstituier-
te Leben irgendwann nach der 25. Woche entsteht. Bewusstsein entwickelt sich allem Anschein nach sehr früh, aber niemand weiß genau
wann. Es gibt keinen isolierten Augenblick, an dem menschlich-per-
sonales Leben beginnt (Silver 1998, 71-85). So lässt sich klarer formulieren, wann vorhandenes menschliches Selbstbewusstsein erloschen
sein muss als der Zeitpunkt, ab dem es vorhanden sein muss.

Eine allmähliche Ausbildung der Voraussetzungen für den Vollzug
von Subjektivität ist denkbar. Die hier vorgeschlagene Untersuchung
der Subjektivität des werdenden menschlichen Lebens in seiner Leibhaftigkeit geht von der Unterscheidung zwischen einer Beobachterperspektive und einer Teilnehmerperspektive eines handelnden Menschen
aus. Die nur hypothetisch zu beantwortende Frage, ab wann menschlichem Leben in seinem embryonalen oder fetalen Status Ansätze einer Teilnehmerstruktur menschlichen Handelns unterstellt werden
kann, lässt sich nur mit einiger Unsicherheit beantworten. In Situationen der Bewertungsunsicherheit wird man auf „nicht – ohne" – Argumentationen zurückgreifen. Ohne die Ausbildung einer Gehirnstruktur
mit Großhirnrinde kann ein Embryo oder ein Fetus eine Teilnehmerperspektive menschlichen Handelns nicht entwickeln. Daher ist es aus
einer solchen Perspektive heraus nicht sinnvoll, vor der Ausbildung solcher neuronalen Strukturen von menschlichem, leibhaftig subjektiven
Leben auszugehen. Diese liegen frühestens in der 25. Woche vor. Erst
wenn es sich seines Selbst deutlicher bewusst wird und in der Lage ist,
Empfindungen in Emotionen zu übersetzen, wird das Kind zunehmend
durch den rein emotionalen Inhalt der mütterlichen Botschaften geprägt. Ein anderes Wort für diesen Prozess ist Ich-Entwicklung (Ver-
ny/Kelly 1981, 52-54), der allerdings kaum das Stadium impliziten
Wissens übersteigen dürfte. Neue Untersuchungen zeigen auch, dass
das Ungeborene von der 24. Woche an ununterbrochen hört (Ver-
ny/Kelly 1981, 30f).

Der Erwerb der vergrößerten Großhirnrinde setzt die Menschheit in
die Lage, sich vom Rest der Lebewesen zu unterscheiden. Die Großhirnrinde ist das Zentrum all unserer personalen Manifestationen und
Aktivitäten. Von ihr hängt die Qualität der Menschlichkeit und des
Menschseins ab (Morowitz/Trefil 1992, 80). Die Gehirnentwicklung
ist keinesfalls mit der Geburt abgeschlossen. Die Menschen sind nicht
nur darin vom übrigen Tierreich und Pflanzenreich unterschieden, dass
sie eine Großhirnrinde haben, sondern sie haben vor allen Dingen eine große Großhirnrinde. Einiges qualitativ Verschiedenes passiert,
wenn die Großhirnrinde eine bestimmte Größe erreicht, etwas, das nur

Menschen bisher erreicht haben. In der Sprache der Biologen und Ingenieure ist das das eigentümlich Menschliche (Morowitz/Trefil 1992, 99f). Die Periode von der 25. zur 32. Schwangerschaftswoche ist gemäß der Entwicklung des Kortex die Zeit, während der der Fetus die Eigentümlichkeit des Menschseins erwirbt (Morowitz/Trefil 1992, 119).

In der 24. bis 26. Woche erreicht der Fetus die Lebensfähigkeit, das Gehirn vernetzt sich und beginnt die Atmungsfunktion. Auch mit den besten Methoden der Neonatalmedizin kann der Zeitpunkt der Überlebensfähigkeit nach Frühgeburt nicht mehr nach vorne verlegt werden. Eine andere Möglichkeit wäre noch theoretisch eine künstliche Gebärmutter. Die extrauterine Überlebensfähigkeit scheint mir ein wichtiges ethisches Kriterium zu sein, das bislang in der Diskussion eher vernachlässig worden ist. Die Geburt begründet eine neue Form der anthropologischen Potentialität durch die Unabhängigkeit von der Mutter. Der Mensch ist nun von einer Mutter nicht mehr organisch, sondern sozial abhängig. Damit wird der Leibvollzug auch anders konditioniert. Dies eröffnet eine neue Dimension im Vollzug von Freiheit, eine eigene Persönlichkeit zu entwickeln und Personalität zu realisieren.

Nicht mit einem Schritt, sondern mit einer Vielzahl aufeinander bezogener und voneinander abhängiger Schritte erreicht der sich entwickelnde Mensch die biologischen Voraussetzungen für die potentielle Entwicklung von Subjektivität bzw. Ichhaftigkeit oder einer personalen Existenz. In der frühen Embryonalentwicklung liegt auch beim Menschen nicht nur Wachstum oder Ausdifferenzierung vor (wie etwa nach der Geburt), sondern echter Gestaltwandel. Scharfe zeitlich bestimmbare Zäsuren liegen nicht vor, aber unterschiedliche Organisationsstrukturen des Menschseins (anthropologische Potentialitäten). Der Augenblick, in dem ein Jugendlicher rechtsmündig wird, ist nicht weniger willkürlich gewählt als die Frist bei der Fristenlösung. Daher hat sich gemäß der epigenetischen Deutung menschlicher Embryonalentwicklung in der ethischen Diskussion der Gradualismus herausgebildet (Irrgang 1995, 207-231).

Für diesen ist menschliches Leben unter der Perspektive der sich phasenweise entwickelnden leib-seelischen Grundlage für Personalität und sittlich zurechenbares Handeln schutzwürdig, und zwar in wachsendem Maße, beginnend mit dem menschlichen Keim mit einem individuellen genetischen Code, dem menschlichen Embryo als Individuum nach der Einnistung, der Ausbildung der menschlichen Gestalt, der Entwicklung des Gehirns als Voraussetzung für die Ausbildung der Schmerzfähigkeit bzw. Empfindungsfähigkeit und der Gehirnaktivitäten für die Unterstellung von Subjektivität bis zur Geburt. Der menschliche Keim bzw. der Embryo (vor allem vor der Einnistung) bis zur Ausbildung der menschlichen Gestalt (Fristenlösung) oder der Fetus bis zur 25. Schwangerschaftswoche genießt nicht dieselbe Berücksichtigungswürdigkeit in einer Güterabwägung wie ein geborener Mensch. Forschung an embryonalen Stammzellen, ihre Verwendung zu therapeutischen Zwecken, Präimplantationsdiagnostik oder pränatale Diagnose sind gemäß diesem Ansatz apriori weder erlaubt noch verboten, sondern bedürfen einer jeweils eigenen und spezifischen Bewertung hinsichtlich Handlungsziel, Konsequenzen und methodischer Mittel. Der Gradualismus war 1995 noch eine ethische Option. Sie ist heute empirisch in einem so hohen Maße bestätigt und bewährt wie nie zuvor in der Geschichte der Biologie.

Der Gradualismus geht von folgenden Stufen (Graden) von Schutzwürdigkeit aus:

(1) Die Spezifität eines individuellen menschlichen genetischen Codes mit Abschluss der Verschmelzung von Samen und Eizelle (nach dem 1. Tag). Dieses genetische Programm ist in einem Keim material realisiert, aus dem sich nicht nur der neue Mensch, sondern auch die Gebärmutter herausbildet. Es realisiert sich gemäß dem epigenetischen Modell nicht linear-deterministisch, sondern auch aufgrund von Außeneinflüssen aus dem mütterlichen Organismus ab dem Vier-Zellen-Stadium. Dieses genetische Programm muss nicht zwangsläufig zu einem menschlichen Individuum werden. Viele der in einem Keim vorliegenden genetischen Programme erreichen nicht einmal das Stadium der Einnistung und eines biologisch-menschlichen Individuums (ca. 50 bis 60 %), andere werden zu Anenzephalen (ohne Möglichkeit der Ausbildung von Subjektivität), zu zwei menschlichen Individuen oder gar zu Tumorgewebe.

(2) Biologische Individualität eines menschlichen Organismus nach Abschluss der Nidation und Ablösung von der Keimscheibe (14.–16. Tag).

(3) In der 12. Woche liegt die menschliche Gestalt vor, aber die Organe haben ihre Funktion noch nicht übernommen.

(4) Gehirn mit funktioneller Aktivität von Synapsen, EEG-Tätigkeit messbar; biologische Voraussetzung für die Fähigkeit, Subjektivität auszubilden; extrauterine Überlebensfähigkeit (24.–26. Woche).

(5) Geburt; „autonomes" menschliches Individuum, Unabhängigkeit von der Mutter mit den biologischen Voraussetzungen dafür, Subjektivität auszubilden (36. Woche).

Der Gradualismus geht auf den Warnock-Bericht zurück, den „Depart-
ment of Health and Social Security Report of the Community of Inqui-
ry into Human Fertilisation", der 1984 formuliert der Rechtsprechung
in Großbritannien im Bereich der Bioethik zu Grunde liegt (Warnock
1985). Es ist die Rechtsregelung, die scharfe Zäsuren verlangt und damit Dezisionen erzwingt. Gegen den Gradualismus wird das Kontinuitätsargument angeführt, das biologisch einsichtig sein mag, damit aber
nicht automatisch einsichtig ist für die menschliche Entwicklung der
Personalität. Dieses Kontinuitätsargument ist selbst Gegenstand von
Zweifelsargumenten. Außerdem muss zur Begründung von Personalität ein Vollzug unterstellt werden, der an ein menschliches Gehirn gebunden ist. Es ist nachweislich bei der Konzeption noch nicht vorhanden. Der Beginn des Hirnlebens kann medizinisch nicht mit der
gleichen Eindeutigkeit wie der Hirntod beschrieben werden. Dies ist
allerdings kein Einwand gegen eine philosophische Position.

Potentialität wird in der naturrechtlichen Argumentation immer als
positiv unterstellt. Dies ist unrealistisch. Viele menschliche Keime tragen negative Potenzialitäten in sich und werden daher von der Natur
nicht zur Einnistung „zugelassen". Wenn wir schon die Natur nachah-
men sollen, warum nicht eben diese weise Einrichtung? Wir bewerten
die Potenzialität eines Keimes auf seiner potenziellen Lebensqualität
und versuchen einzugreifen. Der menschliche Keim vor der Einnistung
(Präembryo) und danach als Embryo (aber noch ohne menschliche Gestalt) sind zu unterscheiden. Hier z.B. wird die Kontinuität der Entwicklung fragwürdig. Bei der PID sollen bestimmte negative Potenzialitäten des eigenen Kindes für Extremrisikopaare ausgeschlossen werden.

Anthropologische Potentialität (als Grund für den Wert des menschlichen Lebens) und der Grad der Schutzwürdigkeit (ein Diskussionsvorschlag):

(1) menschlicher Keim vor der Einnistung
    (16. Tag)   gering.
(2) Embryo zwischen Individuation
    und Gestaltwerdung 3.-12. Woche)   eher gering.
(3) Embryo zwischen Gestaltbildung
    und Ausbildung des Gehirns,

Schmerzfähigkeit (13.-25. Woche)	deutlich anwachsende Berücksichtigungswürdigkeit, aber Abwägungen sind immer noch möglich.
(4) Ansatzweise Gehirntätigkeit u. Verschaltung (26.-36. Woche)	dringliche Berücksichtigungswürdigkeit, Abtreibung nur in Ausnahmefällen erlaubt.
(5) Geburt	hohes Maß an Schutzwürdigkeit, (möglicherweise) aktives Sterben Lassen oder Sterbebeschleunigung erlaubt.

Gemäß (1) wären Spirale oder die Pille danach in der Regel keine größeren ethischen Probleme, auch die Präimplantationsdiagnostik (PID) als solche und an sich betrachtet. Auch Embryonen- und Stammzellforschung lassen sich je nach Therapie- und Forschungsziel möglicherweise rechtfertigen oder als das jeweils kleinere Übel erscheinen lassen. Die Fristenlösung wäre ebenfalls unter gegebenenfalls in Güterabwägungen zu rechtfertigen, da sie nur wenig über die Phase (3) hinausgeht. In der Phase zwischen (3) und (4) wiegt das Überlebensinteresse schon schwerer, eventuell verknüpft mit Argumenten hinsichtlich zu erwartender schwerer Einschränkungen bei der Lebensqualität des Fetus eventuell bei genetischen Indikationsstellungen. Aber bei entsprechend dringlichen und hochrangigen Gründen auf Seiten der Eltern lässt sich in einzelnen schwierigen Situationen eine Entscheidung zur Abtreibung noch rechtfertigen. Der Wert des Menschen mit der Geburt (5) begründet ein hohes Maß an Schutzwürdigkeit, aber nicht Unantastbarkeit, wie es das „Intrinsice"-Modell verlangt. Bei schwer(st)geschädigten Neugeborenen z.B. gibt es keine Verpflichtung, alle Anstrengungen zu unternehmen, um ein Überleben zu garantieren. Aspekte der Lebensqualität sind neben Würdegesichtspunkten zu berücksichtigen. Neugeborene mit schweren Abtreibungsverletzungen und einer erheblichen Krankheitsanlage (die den Grund für den Abtreibungsversuch darstellten), sollten nicht mehr um jeden Preis gerettet werden müssen. Diese Fragestellungen sollten – wenn auch sehr behutsam – aus der Sicht des betroffenen Paares wie aus gesamtgesellschaftlicher Sicht (besteht vielleicht noch eine Adoptionsmöglichkeit?) reflektiert werden, wobei das Patientenwohl eine wichtige Rolle spielen sollte.

Rudolf Neidert plädiert aus juristischer wie aus medizinischer Sicht für ein zunehmendes Lebensrecht des Embryo in vitro und unterscheidet das Leben des geborenen Menschen als oberstes Rechtsgut von dem erst werdenden Leben des ungeborenen Menschen. Er unterscheidet grundsätzliches Lebensrecht des Embryos ab der Befruchtung mit Rücksicht auf seine Möglichkeit, Mensch zu werden, geringe Berücksichtigungswürdigkeit bis zur Einnistung (mit Erlaubnis zur Embryonen und Stammzellforschung ohne Verpflichtung zur Implantation in die Gebärmutter, jedoch zwischen Nidation und Geburt ein entwicklungsbedingtes Anwachsen anthropologisch-leibhafter Potentialitäten, Dispositionen und Kompetenzen mit anwachsender Schutzwürdigkeit bis zu einem mit der Geburt sich vollendendem Rechtsstatus – ein zwischen den Extrempositionen vermittelndes Konzept (Neidert 2000, B 2929). Der Personstatus ist ein juristisches und ein legalistisches Konzept. Im Gesetz ist eine Person definiert als eine juristische Person, die anerkannt wird durch das Gesetz als etwas, das Rechte und Pflichten hat. In den Begriffen von Individualität ist eine Person jemand, der berechtigt ist, spezifischen juristischen Schutz zu genießen (Morowitz/Trefil 1992, 11-17).

Der instrumentalistische Blick auf die menschliche Embryonalentwicklung geht davon aus, dass der Mensch über in vitro gezeugte Keime verfügen kann, weil er sie selbst gemacht hat. Ein Embryo vor der Einnistung hat nicht annähernd einen menschlichen Leib, sicher keine Personalität, keine menschliche Gestalt, eine abstrakte, genetisch-naturalistisch definierte Potentialität, einen menschlichen Leib zu entwickeln, kurzum es gibt kaum vernünftige Argumente, ihm einen leibhaft-personalen Wert zuzuschreiben, der Unantastbarkeit begründen könnte. Tier-Mensch-Unterschiede zeigen sich erst im späteren Lebensstadien, wenn sich das Gehirn auszubilden beginnt. Bestimmte Formen der Anenzephalie verhindern die Ausbildung menschlicher Leiblichkeit als Disposition, nicht aber wohl das Down-Syndrom. Artspezifisches menschliches Leben liegt möglicherweise bei der Konzeption vor, aber nicht Leiblichkeit als Dispositionsbegriff. Insofern scheint hier eine Abtreibung bei schweren Beeinträchtigungen bei der Ausbildung menschlicher Leiblichkeit nicht unter allen Umständen verboten zu sein. Vielmehr sind Güterabwägungen ethischer Art unabdingbar. Allerdings lässt sich eine Unantastbarkeits-Verpflichtung im

Sinne einer deontologischen, Handlungsverbote ohne Ausnahme umfassenden Ethik, nicht begründen.

Erforderlich ist eine grundsätzliche Perspektivenveränderung. Die Frage nach dem moralischen Status des Embryos ist notorisch unsicher und möglicherweise nicht sicher entscheidbar. Vielmehr müsste unter Überwindung der Angst vor der Freiheit die Frage nach der wissenschaftlichen, medizinischen oder technischen Handlung und ihrem Handlungsziel in den Vordergrund gestellt werden, wobei die Mittel- und Zielbewertung menschlicher Handlung keineswegs willkürlicher oder unsicherer sein muss als die Bewertung des Status des menschlichen Embryos. Allerdings können Forschungsziele am Anfang eines neuen Forschungspfades häufig noch nicht klar und realistisch formuliert werden, sondern müssen sich in der Forschung selbst genauso präzisieren, wie die Mittel, die dazu verwendet werden sollen. Vorabverurteilungen (genauso wie Persilscheine) im Hinblick auf Forschungspfade ethischer Art sind nicht kunstgemäß, weil sie am Anfang neuer Forschung auf stets ungewissen Urteilen beruhen müssen, auf die sich kategorische Urteile nicht stützen können. Sie sollten daher auch unterlassen werden. Von einer beliebigen Verfügbarkeit der eigenen Existenz oder Leiblichkeit ist keineswegs die Rede, vielmehr müssen bestimmte Gründe eingefordert werden, die sowohl die Lebensqualität wie das Forschungsziel berücksichtigen.

1.4 Grundriss einer phänomenologisch-hermeneutischen Bioethik

Eine hoch professionalisierte und institutionalisierte Bioethik, die sich in das politische Alltagsgeschäft verstrickt, kann nicht das Ideal sein. Der reflektierte Common Sense bleibt ein zentraler Maßstab auch für Bioethik. Ihm müssen die vorgeschlagenen bioethischen Urteile vermittelbar bleiben. Eine akademische Schultradition mit scholastisch anmutenden Distinktionen wird sich auch keine Meriten um die Bioethik erwerben können. Bioethik umfasst eine medizinische Ethik für die Hightech-Medizin einschließlich Intensivmedizin, Organtransplantation und Fortpflanzungsmedizin. Sie enthält eine biomedizinische Ethik inklusive einer Forschungsethik für Biotechnologie. Sie ist keine ärztliche Berufsstandsethik oder Ethik der Pflegeberufe. Als anwendungsorientierte und praktische Ethik beschäftigt sie sich insbesondere mit dem Menschen, genauer gesagt mit dem leiblichen Menschen. Bioethik steht im Kontext des Lebens und der Technik als Kulturfaktor. Die medizinische Behandlung hat in der Regel eine technische Komponente, die mehr oder weniger stark ausgeprägt ist. Jüngste Technik, insbesondere die Medizin im letzten Drittel des 20. Jahrhunderts und am Beginn des 21. Jahrhunderts wird immer mehr an Technologie und Technik ausgerichtet. Insofern Technik eine zentrale Rolle im Rahmen einer Bioethik spielt, ist auch die Ethik etwas anders zu strukturieren. Sie hat zwei Perspektiven, die in komplementärer Art und Weise miteinander zusammengebracht werden müssen. Es handelt sich zum einen um die Dimension des Nutzens und des Gelingen Könnens wie der Effizienz. Die zweite Dimension ist die des Guten, des Gerechten, der Autonomie, kurzum des Ethischen. Erforderlich ist eine komplementäre Betrachtungsweise.

Die Bezeichnung „hermeneutische Ethik" (Irrgang 1998, Irrgang 2000; Irrgang 2002b; Irrgang 2002d) verdankt ihre Herkunft dem Erstarken von Problemen praktischer Ethik und anwendungsorientierter Moralphilosophie und einer Abwendung von prinzipienorientierter oder verfahrensorientierter Ethik, ohne sie ganz zu vernachlässigen. Mit der Wende zur praktischen Ethik ist nun nicht mehr Handlung an sich Gegenstand der Ethik, sondern alltägliche Entscheidungsprobleme, aber auch berufsspezifische Konfliktfälle. Um konkrete ethische Verpflichtungen und ethische Rechte formulieren und begründen zu können, reicht eine logisch-argumentative Analyse sittlich-normativer Rede nicht aus. Vielmehr müssen sittlich verpflichtende Urteile immer bereits voraussetzen, dass der Adressat als Handelnder Verpflichtungserfahrungen gemacht hat und über ein zumindest implizites Umgangswissen mit Verpflichtungen verfügt. Er muss wissen, dass sie eine Aufforderung an den Handelnden implizieren, in einem ganz bestimmten Sinne zu handeln. Bei der Formulierung sittlicher Verpflichtungen liegt eine Grundstruktur vor, die große Ähnlichkeiten mit dem hermeneutischen Zirkel des Verstehens aufweist, insofern es um das Verstehen von Handlungen und nicht nur um das Verstehen von Texten geht. Immanuel Kant hat in der „Grundlegung zur Metaphysik der Sitten" von der Zirkelstruktur sittlicher Verpflichtungen gesprochen, da diese nur aus anderen sittlichen Verpflichtungen abgeleitet werden können (Irrgang 1998, 64-70).

Hermeneutische Ethik entwickelt eine Konzeption des wechselseitigen Bezugs des Prozesses von Deuten und Werten. Sittliche Verpflichtungen sind gemäß dieser Konzeption ausgezeichnet durch folgende metaethische Kriterien (Irrgang 1998, 120-126):

1. Universalisierung im Sinne empirischer und nicht-empirischer
   Verallgemeinerung,
2. Sein-Sollen-Unterscheidung (Verbot des naturalistischen Fehlschlusses) und
3. Realisierbarkeitsregel.

Die Realisierbarkeit – sowohl ethischer Rechte wie Verpflichtungen –
als wichtiger methodischer Gesichtspunkt einer anwendungsorientierten hermeneutischen Ethik bedeutet: Die Analyse des Anteils instru
menteller und sittlicher Rationalität bei der Durchführung von Handlungen ergibt, dass instrumentelle und sittliche Rationalität nicht als
Gegensatz begriffen werden sollten, jedenfalls nicht unter allen Umständen. Eine Entgegensetzung von hypothetischen und kategorischen
Imperativen erfolgt auch bei Kant nicht, außer in methodischer Hinsicht, um den sittlichen Verpflichtungscharakter von Aufforderungen
hervorzuheben. Hermeneutische Ethik verknüpft den instrumentellen
strategischen Anteil an Handlungen mit dem sittlichen Verpflichtungscharakter in der Zielbewertung, unter dem Handlungen stehen. Anders
als in der Kantischen Ethik sind Situationsanalyse, Mittelanalyse und
Folgenabschätzung konstitutive Rahmenbedingungen für die Bewertung einer Handlung. In zunehmendem Maße werden technisch-öko-
nomische Rahmenbedingungen für die Eruierung und Formulierung einer sittlichen Verpflichtung in einer konkreten Situation relevant.
Geltungsfragen müssen mit der Analyse der Realisierbarkeit verknüpft
werden. Es sind realisierbare sittliche Verpflichtungen für konkrete Situationen zu erarbeiten. Zwar ist die Realisierbarkeit kein Kriterium
für die Geltung einer Norm an sich, zur Beurteilung der Anwendbar-
keit einer sittlichen Verpflichtung sind aber Situation- und Mittelwahl,
potentielle Folgen und nicht intendierte Folgen ganz entscheidend und
dürfen nicht übersehen werden.

Die Hoffnung auf Auflösung theoretischer Konfliktsituationen im
konkreten Handeln vermittelt das Umgangswissen mit sittlichen Verpflichtungen trotz des Bewusstseins, dass in bestimmten Situationen
eine allseits befriedigende Handlungsmöglichkeit nicht besteht. Bei der
Entscheidung von Eltern über die Abtreibung von Feten mit schwersten Behinderungen z.B. können solche Verpflichtungskonflikte oder
zwischen Rechten und Pflichten auftreten, dass eine glatte ethische Lösung nicht möglich erscheint. Eine hermeneutische Ethik erkennt diese Möglichkeit an im Gegensatz zu den meisten Prinzipienethiken.

Ethische Reflexion des sittlichen Umgangswissens mit sittlichen Verpflichtungen und Werten bzw. Rechten sowie mit Verfahren ist genauso erforderlich wie diese in bestimmten Situationen aufzufinden und zu realisieren. Dazu bedarf es der Entwicklung eines ethischen Verfahrens, das eine konkrete Situation im Lichte von verschiedenen ethischen Prinzipien, Werten, Normen, Faustregeln und Anwendungskriterien interpretiert, wofür ein bestimmtes Stufenschema zu entwickeln ist. In einem hermeneutischen Verfahren werden die jeweils spezifische Situation der Handlung mit dem Instrumentarium einer hermeneutischen Ethik in wechselseitiger Interpretation präzisiert und kritisiert. Je komplexer Handlungen durch den technisch-ökonomischen Kontext werden, desto professioneller muss das Verfahren der Präzisierung der sittlichen Verpflichtung für eine konkrete Situation sein.

Grundlegend für eine hermeneutische Verfahrensweise ist die Hin- und Herbewegung zwischen Einzelfall und faktisch (sozial) geltenden Normen, die vor dem Hintergrund und unter Einbezug ethischer Prinzipien und Deutungsschemata (Kriterien und Regeln) einer wechselseitigen Kritik und Präzisierung unterworfen werden. Der Einzelfall (Handlungen im Kontext) wird durch Situationsanalyse im Sinne eines Handlungsentwurfes im Möglichkeitsfeld anderer Handlungen und durch Folgenabschätzung des Feldes von potentiellen Folgen einer Handlung im Hinblick auf ein Handlungsziel in seiner Kontur herausgearbeitet. Dieses Handlungsziel wird im Hinblick auf konkrete Handlungsverpflichtungen sittlicher Art präzisiert und überprüft. So werden Handlungsentwurf und Handlungsziele reflexiv präzisiert und modifiziert. So lässt sich z.B. eine Theorie ethisch-reflexiver, die Technikentwicklung begleitende Form der Technikgestaltung begründen, die präskriptive Urteile (Verpflichtungen) für bestimmte Formen von Technikentwicklung herausarbeitet. Dabei sind angesichts der Pluralität ethischer Prinzipien, Werte und Normen im Verfahren der Aufstellung und Begründung sittlicher Verpflichtungen für Einzelhandlungen oder für Felder bestimmter Handlungen (Handlungsbereiche), insbesondere Interpretationskonflikte bei der Bewertung von Handlungen zu bearbeiten und akzeptierbare bzw. realisierbare Interpretationsvorschläge zu entwickeln. Der Prozess der Klärung unterscheidet Rechte und verpflichtende oder verbietende Urteile von weiter zu klärenden Fragen, für die ein Stufenschema entworfen werden soll. Diese weitere Klärung kann im Dialog oder im Diskurs erfolgen, da präskriptive Urteile für Handlungen der Rechtfertigung oder Begründung bedürfen. Bei der Klärung des Verpflichtungsgehaltes eines ethischen Urteils für eine konkrete Situation sind im Sinne der hermeneutischen Ethik eini-

ge methodische Verfahrensregeln und ein Stufenschema zur Klärung
bestimmter Verpflichtungsgehalte und ihre graduale Abstufung für
konkrete Situationen heranzuziehen und herauszuarbeiten (Irrgang
1998, 24-30).

Hermeneutischer Ethik geht es um die Strukturierung der Bewertung
von Handlungen oder Handlungsbereichen (Praxisbereichen)als Ineinander von Deuten und Werten. Dazu ist die Verallgemeinerungsidee
in sich zu differenzieren. Verallgemeinerungen können auf folgenden
Ebenen vorgenommen werden:

1. Auf der Ebene allgemeiner Prinzipien und Leitbilder,
2. Auf der Ebene bereichsspezifischer und temporaler Handlungsregeln,
3. Auf der Ebene der Anwendungsregeln im Sinne von Handlungsregeln und
4. Auf der Ebene der Anwendungsregeln für Handlungskriterien
   durch Etablierung ethisch relevanter empirischer Kriterien.

In der Bioethik ist die erste Stufe im ethischen Prinzip der Menschenwürde zu sehen, die zweite Ebene enthält als Leitbild die Patientenautonomie (im Kontext), in der dritten Ebene ist die Kompetenz zur sittlichen Entscheidung näher zu klären. In der vierten Ebene sind
empirische Kriterien zur Bestimmung der Entscheidungskompetenz
einzelner Menschen bei Demenz, psychischen Erkrankungen usw. erforderlich. Bei dem konkreten Fall einer Bewertung ist es dabei zunächst gleichgültig, von welcher Ebene ausgegangen wird. Bei der Bewertung einer sittlichen Verpflichtung in einer konkreten Situation
wird man zunächst in der vierten Ebene anfangen. Lässt sich die Frage mit den hier zur Verfügung stehenden Mitteln nicht lösen, ist ein
Rückgang auf eine fundamentalere Ebene erforderlich. Lässt sich auf
der fundamentalsten oder ersten Ebene keine Einigkeit erzielen, ist To-
leranz erforderlich. Zumindest der zur Diskussion stehende Wertkon-
flikt kann herausgearbeitet werden, es können aber auch gesellschaftliche Entscheidungs- bzw. Abstimmungsprozesse erforderlich sein.
Hermeneutische Ethik beruht so auf einer abgestuften ethischen Argumentation von der Prinzipienreflexion bis zur ethisch reflektierten Empirie und umgekehrt. Es handelt sich dabei nicht um eine Deduktion
von oben herab. Es gibt höchstens Verfahren der „Herleitung" in einem
schwachen Verständnis, in dem Argumentationszusammenhänge zwi-

schen den einzelnen Stufen, also zwischen Prinzipienreflexion und ethisch reflektierter Argumentation entwickelt werden müssen. Ein zentrales methodisches Kriterium ist die Konvergenz der Argumentation zugunsten einer bestimmten sittlichen Verpflichtung in einer konkreten Entscheidungssituation. Dabei betont hermeneutische Ethik die Geschichtlichkeit des Handelns wie die Geschichtlichkeit des Prozesses der Interpretation und der Bewertung. Sie ist eine Ethik für sich wandelnde Probleme und deren ethische Bewertung.

Spätestens seit der industriellen Revolution im 18. Jh. ist die Technik höchstens noch indirekt Dienerin der gesellschaftlichen Entwicklung. Die Technik dient nunmehr der ökonomischen Entwicklung, und diese beherrscht die Gesellschaft. Zu klären ist, welche Steuerungsmöglichkeiten bestehen, um die Technik in den Dienst einer wünschenswerten gesellschaftlichen Entwicklung zu stellen. Hierfür brauchen wir Organisierungswissen das uns Auskunft darüber gibt, welche Technologien dem Gemeinwohl dienen und welche nicht (Falkenburg 2004, 45f). Cassirer und Heidegger forderten, dem verselbständigten technischen Fortschritt eine freie Beziehung zur Technik entgegenzusetzen. Nicht Technikkritik oder Technikpessimismus, sondern kritische Analyse und Technologiereflexionskultur (Irrgang 2003b) sind die richtige Antwort. Es geht um eine Philosophie der Wissenschaft und Technik in ihrer sozialökonomischen Einbettung. Der Wert des Nutzens, genauer gesagt des Dinglichen im Sinne eines ethisch qualifizierten Nutzens, eines am Humanen orientierten Nutzens, ist definiert durch das technisch Machbare, durch das Gelingen, durch das Können; der Wert des Dinglichen oder einer Technik lässt sich in einer zweiten Hinsicht ethisch bewerten durch das Glücken. Wenn etwas nicht gelingt, kann es auch nicht glücken. Technikethik, also auch moderne Bioethik, bedarf dieses doppelten Maßes des Gelingens und Glückens, auch wenn dieses nicht immer leicht zu beurteilen ist. Leiblich eingebettete, kontextuelle Autonomie geht aus von der Mangelhaftigkeit der menschlichen Natur, der Krankhaftigkeit des menschlichen Körpers sowie von körperlicher und seelischer Verletzbarkeit. Hilfe, Therapie inklusive Verbesserungen aus dem Geiste der Kompensation heraus ist das Ziel. Wo geholfen werden kann, und zwar mit vertretbarem Aufwand, so soll geholfen werden. Eine phänomenologisch-hermeneutische Bioethik ist damit als Antwort auf die „condition humaine" zu verstehen.

In der medizinischen Ethik neuerer Prägung hat sich inzwischen weitgehend das Prinzip der informierten Zustimmung („informed consent"; Malcolm 1988, Beauchamp/Childress 1989) oder der Einwilligung nach Aufklärung (Sass 1989, 13) bzw. der einsichtigen Einwilligung (Sass 1991, 207) durchgesetzt. Es besagt, die Entscheidung der Betroffenen gilt als letztgültige Instanz für die Legitimität oder gar Sittlichkeit einer Behandlung durch den Arzt. Die Formulierung des Modells des „informed consent" entstammt nicht eigentlich der medizinischen Ethik, sondern der Rechtssprechung hinsichtlich ärztlicher Kunstfehler bei der Behandlung von Patienten. Es genießt wegen seiner scheinbaren Klarheit bei Juristen seit etwa 1950 Respekt, bei den Ärzten weniger, weil es zu Konzepten der Defensiv-Medizin führt (Malcolm 1988, 102). Zwar schützt der Patientenwille den Arzt, allerdings lässt er sich im Krankenhaus-Alltag, insbesondere bei schwer erkrankten Patienten oftmals nicht durchführen (Malcolm 1988, 93). Auch zum Schutz des Patienten wurde das Recht, eine Behandlung zurückzuweisen, juristisch abgesichert und das Prinzip des „informed consent" (der Einwilligung in eine Behandlung nach Aufklärung des Arztes über die Risiken) 1957 in den USA eingeführt, wobei das Recht keinen Vorschlag macht, wie die Spannung zwischen voller Aufklärung und Diskretion aufzuheben ist (King 1988, 47).

Das Konzept des „informed consent" umfasst folgende Komponenten: (1) Aufklärung und Information, (2) Verstehen der Information, (3) Freiwilligkeit, (4) Kompetenz und (5) Zustimmung und Autorisierung des Arztes zu einer bestimmten Behandlung (Beauchamp/Childress 1989, 78f). Dieses Prinzip hat nun auch Eingang in die medizinische Praxis gefunden im Bewusstsein, dass die Partizipation des Patienten an der Entscheidung medizinische wie psychologische Vorteile in der Behandlung bringt (King 1988, 54). Dies gilt insbesondere deshalb, weil die häufigsten Todesursachen lebensstilbedingt sind und die Einbeziehung des Patienten die größte Chance bietet, dass der Lebensstil sich ändert (King 1988, 117). Nun ist nicht zu leugnen, dass das Prinzip der Patientenautonomie eine bessere Kommunikation zwischen Arzt und Patient bewirkt, die Autonomie des Patienten und seine eigene Entscheidungsfähigkeit betont und einen Schutz gegenüber einem paternalistisch-fürsorgenden und übermächtigen Arzt schafft (Malcolm 1988, 82). Doch andererseits fehlen Kriterien dafür, wann genug Information für eine begründete Zustimmung gegeben wurde. Zudem setzt dies Krankheitseinsicht und ein Mindestmaß an medizinischem Wissen beim Patienten voraus. Zudem gibt es Situationen am Krankenbett, in denen die Information und ihre Eröffnung gerade den Schaden anzurichten vermag, den zu vermeiden Aufgabe des Arztes ist (Malcolm 1988, 63). Aus der Sicht der hier vorgestellten Bioethik, die von einem körperlich-leibhaft eingebetteten und personalen Selbstbestimmungsrecht aller Beteiligten (und nicht nur des Patienten ausgeht), ist das traditionelle Prinzip der Patientenautonomie zu leibvergessen und idealistisch.

Zentraler Ansatzpunkt medizinethischer Fragen ist die Behandlung. Allen Weisen medizinischer Behandlung ist das Anwenden einer „Technik" gemeinsam, die kausalanalytisch begründet wird, sich auf einzelne Gegebenheiten am Menschen richtet und dabei ein funktionales Verständnis menschlicher Wirklichkeit voraussetzt. In diesem Zusammenhang entsteht das medizinethische Grundproblem der Vermittlung von technischem Handeln am Menschen mit dessen Anspruch auf freie Selbstbestimmung. Technisches Handeln am Menschen ohne personale Kommunikation im Anspruch freier Selbstbestimmung ist Gewalt, die der Kranke im Sich-ausgeliefert-Fühlen an Technik bis hin zum Ertragen sog. „aggressiver" Diagnostik und Therapie als heteronom empfindet. Medizinische Behandlung als verantwortete Praxis ist nur dann möglich, wenn der Entschluss, bestimmte technische Mittel anzuwenden, Ergebnis von Gegenseitigkeit und Gespräch ist (Eser u.a. 1989, 159-162).

Auch das Patientenwohl, der Grundsatz des Heilens und Helfens, hat weiterhin seine Berechtigung. Daher ist zu fragen, wie beide Paradigmen, die zwar häufig als Alternativen gedacht werden, sich aber eigentlich ganz gut ergänzen, in ein angemessenes Verhältnis gebracht werden können. Bereits der hippokratische Eid formuliert eine Förderungsbzw. Erhaltungspflicht gegenüber dem Patienten. Es darf niemandem geschadet werden. Die Perspektive des „salus aegroti" beinhaltet eine Gesundheitssicherungspflicht, also die Verpflichtung zur Behandlung im Notfall, ohne z. B. auf die eigene Bezahlung zu schielen (Marquard 1988, 29). Der Arzt kann aus der salus-Perspektive im Notfall z.B. kraft mutmaßlicher Einwilligung des Patienten handeln, als ob das Selbstbestimmungsrecht des Patienten nicht gelten würde. Hier greift die Unterstellung, dass das Selbstbestimmungsrecht des Patienten wie die ärztliche salus-Perspektive am Willen, möglichst gut zu überleben orientiert ist. Der Arzt darf dies vermuten, solange der Patient im vollen Bewusstsein nicht Gegenteiliges erklärt, und zwar in der entsprechenden Situation. Dies hat z. B. Auswirkungen auf die ethische Bewertung des Patiententestamentes. Da man die spätere Situation nicht vorwegnehmen kann, ist das Patiententestament aus ethischer Perspektive nicht zwingend zu berücksichtigen, obwohl es in letzter Zeit aufgewertet wird.

Die Patientenautonomie als Grundprinzip einer medizinischen Ethik hat ihre Schwierigkeiten. Dies liegt nicht zuletzt an ihrem unklaren Begriffsinhalt. Der Begriff der Autonomie wurde in der ethischen Diskussion bislang herangezogen, um ein Set verschiedener Bedeutungen zu bezeichnen unter Einschluss von Freiheitsrechten, von Selbstbestimmung, von Privatheit, von individueller Wahl, von der Freiheit, dem eigenen Willen zu folgen oder sein eigenes Verhalten hervorzubringen oder die eigene Person zu sein. Autonomie verlangt Schutz und Berücksichtigung, selbst wenn die Wahl einer Person nicht individuelle oder soziale Wohlfahrt fördert (Beauchamp/Childress 1989, 67-75). Der Gedanke der Patientenautonomie kann nun in vier unterschiedlichen Versionen im Rahmen diverser Ethik-Typen ausgelegt werden:

(1) Die erste Interpretation greift im Sinne des Emotivismus auf Stimmungen und Neigungen des Patienten zurück. Diese sind mangels einer verbindlichen, rational begründeten Ethik, die eine solche Entscheidung kritisieren könnte, zu akzeptieren, auch wenn sie irrational und nicht verständlich erscheinen. Wenn diese Einstellung auch weit verbreitet ist, den Namen Ethik verdient sie nicht.

(2) Die zweite Position legt das Selbstbestimmungsrecht des Patienten im Sinne der Vertragsfreiheit aus, wobei der Erkrankte als schwächerer der Vertragspartner in besonderer Weise geschützt werden muss und daher das Recht auf letzte Entscheidung über eine Behandlung hat. Diese Konzeption kann sich auf den alten juristischen Spruch berufen: „volenti non fit iniuria" (Dem, der etwas will, kann (durch die Erfüllung seines Wunsches) kein Unrecht geschehen).

(3) Modell 3 greift auf den Präferenzutilitarismus zurück und erkennt jedes Interesse, Bedürfnis, jede Entscheidung eines einzelnen an, wenn er sie geäußert hat.

(4) Das vierte Konzept erkennt ebenfalls die Entscheidung eines jeden an, wenn sie im sittlichen Sinne autonom getroffen wurde, also frei von allen äußeren Einflüssen, auch den eigenen Interessen und dem Sittengesetz übereinstimmt (Irrgang 1995, 75f).

Entscheidend für das Modell der Patientenautonomie ist der Begriff der „Kompetenz", eine Entscheidung (Zustimmung) überhaupt vollziehen zu können, bzw. insbesondere die mangelhafte oder fehlende Fähigkeit hierzu. Folgende drei Standards haben sich in der Diskussion um Kompetenz herausgebildet: (1) Die Fähigkeit, zu einer Entscheidung auf der Basis rationaler Überlegungen zu kommen, (2) die Fähigkeit, zu einem vernünftigen Ergebnis durch eine Entscheidung zu kommen und (3) die Fähigkeit, überhaupt eine Entscheidung fällen zu können. Voraussetzung für Kompetenz ist (1) die Evidenz einer Wahl oder eines Vor-ziehens, (2) das Verständnis für eine Situation oder für relevante, ähnliche Situationen, (3) Verständnis für aufklärende Information, (4) in der Lage zu sein, Gründe anzugeben, (5) vernünftige Gründe angeben zu können, (6) Risiko-Nutzen-orientierte Argumente formulieren zu können und (7) die Fähigkeit, eine vernünftige Entscheidung vollziehen zu können (Beauchamp/Childress 1989, 83-85).

Verschiedene Formen von Schwachsinn, geistiger Zurückgebliebenheit, Gehirnschädigungen durch Tumore, Traumata, Gewalteinwirkung oder Alkoholismus oder durch spezifische psychische Erkrankungen können Menschen zeitweise oder auf Dauer zu inkompetenten Personen werden lassen (Buchanan/Brock 1989, 1). Hinzu kommen Personen mit aktueller Bewusstlosigkeit nach Unfällen und Kinder inklusive Föten und Embryonen, die nicht in der Lage sind, kompetente Entscheidungen zu treffen. Kriterien für kompetente Entscheidungen sind die Fähigkeit zum Verstehen und zur Kommunikation, die Befähigung zum vernünftigen Nachdenken und Abwägen (Buchanan/Brock 1989, 20). Entscheidend ist die Frage, wie eingeschränkt die Fähigkeiten eines Individuums sind, eine bestimmte Entscheidung treffen zu können, so dass ersatzweise jemand bestimmt werden muss, dies stellvertretend zu tun. Besonders schwierig sind Grenzfälle (Buchanan/Brock 1989, 28). Kompetenz ist schließlich nicht etwas, was wir entdecken könnten (Buchanan/Brock 1989, 47). Vielmehr ist Kompetenz ein sozialer Zuschreibungsbegriff und ein Interpretationskonstrukt.

Besonders im Alter ist fehlende Kompetenz im Anwachsen begriffen Dazu tragen (1) degenerative neurologische Störungen wie Parkinson und Alzheimer, (2) einzelne oder mehrfache cerebrovaskuläre Unfälle, (3) schwere akute oder chronische Depressionen, die die kognitiven Fähigkeiten beeinträchtigen, (4) zeitweises oder andauerndes Koma, (5) geistige Zurückbildungen, (6) Psychosen und (7) schwere Persönlichkeitsstörungen bei (Buchanan/Brock 1989, 267f). Hinzu kommen Nebenwirkungen von Medikamenten, die Verhaltensdispositionen weitgehend beeinträchtigen können (Buchanan/Brock 1989, 333). An die Kompetenz von älteren Menschen dürfen nicht generell die Maßstäbe des Erwachsenen in den besten Mannesjahren angelegt werden.

Patientenautonomie ist Kompetenz, die Fähigkeit, sittlich selbständig und eigenverantwortlich handeln und entscheiden zu können. Da dies eine Fähigkeit ist, die sich im Laufe der Entwicklung eines Menschen erst stufenweise herausbildet und sich krankheitsbedingt bisweilen auch wieder zurückbildet, müssen für Inkompetente Vertreter oder Vormünder eine Entscheidung treffen. Für Embryonen, Kleinkinder, Kinder und Jugendliche dürfen wohl in erster Linie die Eltern entscheiden. Sie sind aber verpflichtet, diese Entscheidung nach Kriterien der

Sittlichkeit abzuwägen und den anwachsenden Grad der Selbständigkeit ihrer Kinder bei ihrer Entscheidung zu berücksichtigen. Denn auch
Kinder wollen selbst bestimmen (Buchanan/Brock 1989, 230). Aber
auch in den anderen Fällen erfordert es das Prinzip der Patientenautonomie, den Inkompetenten so weit wie möglich in die Entscheidung
mit einzubeziehen, vor allem immer wieder zu überprüfen, ob die In-
kompetenz überhaupt noch vorliegt. Letztlich sind Angehörige und
Freunde als Vormünder zu bevorzugen, da sie Werteprofile und Lebens-
einstellungen des Patienten kennen und berücksichtigen können, da diese gemäß der Patientenautonomie bei der stellvertretenden Entscheidung einen hohen Stellenwert haben. Da gemäß der Position der
Patientenautonomie der Lebenssinn und die Idee der Qualität des eigenen Lebens nicht dem Menschen von außen aufgezwungen werden
darf, hat der Vormund die Wertwelt des Patienten und allgemein ethische Überlegungen in Einklang zu bringen, um eine Entscheidung im
Sinne des Lebensentwurfes des Patienten zu treffen.

Wenn der Betroffene selbst nicht mehr in der Lage ist zu entscheiden, muss ein Vormund diese Aufgabe übernehmen. Vormund kann
jedes moralisch kompetente Wesen werden, von dem erwartet werden kann, dass es den vermutlichen Willen seines Mündels herauszufinden gewillt und dazu auch in der Lage ist. Wer für andere entscheidet, ist im besonderem Maße zur Einhaltung ethischer Grundsätze,
Maßstäbe und Kriterien verpflichtet. Jeder Vormund ist so zu wählen,
dass er sittlich kompetent ist. Er sollte zweckmäßigerweise auch in
der Lage sein, ethisch zu argumentieren, um die stellvertretend ge-
troffene Entscheidung rechtfertigen zu können. Für Kinder können
Eltern, Vormünder, Angehörige, Ärzte, Pflegepersonal, gesellschaftliche Gruppen und Institutionen Entscheidungen treffen, für Erwachsene Angehörige, Vormünder, Ärzte, Pflegepersonal, gesellschaftliche Gruppen und Institutionen. Primäres Entscheidungsrecht wird
dabei Angehörigen oder bestellten Vormündern eingeräumt. So hält
man am traditionellen, familienorientierten Begriff des Angehörigen
fest, konstituiert aber zugleich einen Begriff sonstiger nahestehender
Personen (Marquard 1988, 105). Aber auch fremde Personen können
bei Eignung zu Vormündern bestellt werden. Dabei kann die Vor-
mundschaft gesetzlich geregelt werden. Auch ist zu überlegen, ob eine (rechtliche) Instanz geschaffen werden sollte, die Entscheidungen
von Vormündern im Hinblick auf Einhaltung der Sorgfaltspflichten
gegebenenfalls überprüfen darf. Wichtigste Entscheidungsgrundlage
für Vormünder ist das Prinzip, im besten Interesse des Patienten zu
handeln.

Man könnte sich überlegen, ob gesellschaftliche Institutionen, – etwa Ethik-Kommissionen – zu Vormündern in medizinethischen Konfliktfällen gemacht werden sollen. Ethik-Komitees sind ein Teil der Krankenhaus-Bürokratie geworden (King 1988, 191). Sie zur Entscheidung in der Behandlung von Patienten zu machen, kann als ein Schritt hin zur Tyrannei der Institutionen über Individuen gedeutet werden (King 1988, 216). Doch dies ist nicht impliziert: Ethik-Komitees spielen keine Rolle, wenn kompetente Patienten involviert sind. Sie beschäftigen sich gewöhnlich mit den schwierigsten Fällen, nämlich mit denen, die eine dramatische Entscheidungs-Unsicherheit und höchst konfligierende Verpflichtungen beinhalten. Ethik-Kommissionen haben (1) eine politisch-institutionelle Funktion, wobei Leitlinien medizinischer Behandlung für die Öffentlichkeit aufgestellt und durchsichtig gemacht werden, (2) sollen eine vernünftige Entscheidung in Konfliktfällen vorbereiten, (3) den Angehörigen Verständnis für medizinische Fakten vermitteln und (4) Entscheidungen überprüfen, bevor diese endgültig werden (King 1988, 225-228).

Patientenverfügungen, die z. B. ein dementes Dahinvegetieren verhindern wollen, stehen vor grundsätzlichen Schwierigkeiten. Bekanntlich können sich Menschen an vieles anpassen. Und liegt bei Demenzen überhaupt noch dieselbe Person vor? Die moralischen Probleme der Patientenverfügung verstärken sich noch bei einem Stellvertreter oder Vormund. Der mutmaßliche Patientenwille ist nicht immer leicht zu eruieren. Er setzt Kenntnisse der tiefsten Wertüberzeugungen des Patienten, der nicht mehr einwilligungsfähig ist, voraus. Ein weiteres Problem sind Entscheidungen für schwerstbehinderte kleine Kinder. Gerade bei Entscheidungen zum Tod ausschließlich auf einen mutmaßlichen Willen zurückzugreifen, ist moralisch gesehen heikel. Auch Überlegungen zur Lebensqualität des Betroffenen sind dabei nötig. Die schwierigsten Entscheidungen liegen bei Patienten vor, die niemals kompetent sein werden und von Geburt an geistig Schwerbehinderte oder Anenzephale (Schramme 2002, 42f). Forschung an einwilligungsunfähigen Menschen ist ebenfalls ein Problem. Hier stellt sich die Frage, wie das Interesse eines Patienten am besten von außen objektiv bestimmt werden kann. Kann der Tod jemals im vorrangigen Interesse eines Patienten sein? Kann er eine Wohltat sein? Wir stoßen also allenthalben an Grenzen der Autonomie. Die Verweigerung von medizinischen Eingriffen könnte als passiver Paternalismus beschrieben werden. Die Fehler einer objektiven Theorie des Patientenwohls sind offenkundig. Außerdem ist problematisch, was als Schädigung zu verstehen ist. Die Medizin hat die primäre Aufgabe, Krankheiten zu heilen und nicht auf andere Bereiche auszugreifen. Biowissenschaften werden dann problematisch, wenn sie alle Lebensbereiche medikalisieren wollen (Schramme 2002, 44-48).

In der Bioethik sollten sich Theorie und Praxis verknüpfen. Das Selbstbestimmungsrecht des Patienten kann in Konflikt geraten mit dem Patientenwohl. Das Patientenwohl bestimmt sich nicht allein durch rein medizinische Parameter. Insofern hängt dieses Prinzip sehr eng mit der Patientenautonomie und dem Grundsatz des informierten Einverständnisses zusammen. Patientenautonomie setzt Kompetenz, Freiwilligkeit, Informiertheit, Zustimmung voraus, wobei es ebenfalls ein Recht auf Nichtwissen impliziert. Unbenommen bleibt dabei das therapeutische Privileg in seltenen Situationen, in denen die Aufklärung des Patienten diesem selber schaden und in denen die „barmherzige Lüge" gerechtfertigt erscheinen könnte. Ein gewisser Paternalismus im Sinne eines Handelns zugunsten einwilligungsunfähiger Patienten lässt sich ebenfalls begründen. Allerdings sollte ein starker Paternalismus, der auch über einwilligungsfähige Patienten verfügen möchte, abgelehnt werden. Der Versuch, die Einwilligung des Patienten zu umgehen, ist ethisch gesehen nicht statthaft. Auch die Frage, ob Gesundheit nicht wichtiger ist als Selbstbestimmung, geht hier an dem ethischen Problem vorbei. Auf jeden Fall sollte das scheinbar objektive medizinische Kriterium des Wohlergehens aus ethischer Perspektive nicht unbedingt höher bewertet werden. Die Patientenverfügung ist insbesondere eine Frage der Einwilligungsfähigkeit, wenn sie hinsichtlich ihrer Legitimität überprüft wird. Der Vorteil des Patiententestamentes besteht in der Wahrnehmung des Selbstbestimmungsrechtes, Nachteile erwachsen aus der zeitlichen Verschiebung. Diese kann dazu führen, dass nicht der aktuelle Wille dokumentiert wird (Schramme 2002, 30-41). Der Wert des Lebens, traditionell das Patientenwohl und Perspektiven der Lebensqualität sind letztlich eine Folge der Leibperspektive und der damit verbundenen Aufwertung auch menschlicher Körperlichkeit.

Der Wert menschlichen Lebens begründet sich daher in dreifacher Weise:

1. Gattungsmäßig in der Befähigung zu sittlich zurechenbarem Handeln, die bei einzelnen Mitgliedern der Menschheit noch nicht, momentan nicht oder nicht mehr aktuell ausgeprägt ist.
2. Individuell aus der erste Person-Perspektive im eigenen Lebensentwurf, der eigenen Vorstellung von einem guten Leben und dem Lebenssinn. Diese Idee vom Wert des eigenen Lebens kann man

dem Menschen nicht vorschreiben. Hierzu ist der Betroffene, um dessen Lebensentwurf es geht, zu befragen.

3. Aus der wertenden Beobachterperspektive in einer Lebensperspektive (Zukunftsfähigkeit) ohne große konditionell bedingte Schmerzhaftigkeit.

Paradigmen hermeneutisch-phänomenologischer Bioethik:

1. Patientenautonomie im Kontext; eine leiblich bzw. leibhaft realisierte Würde des Menschen als Grundlegung eines Selbstbestimmungsrechtes aller Beteiligten im Kontext; (Entscheiden für Andere); schwacher Paternalismus.

2. Verpflichtung zur Realisierung des Patientenwohls; Wohltun und Helfen im Sinne des Ineinandergreifens von Therapie und Unterstützung bis hin zur Verbesserung menschlicher Kompetenzen (Lebensqualität; Wert eines Lebens, gelebt zu werden aus der Teilnehmer- wie der Beobachterperspektive).

3. Vorsichtsregel: die Vermeidung von Schädigung, von Schmerzen und Verletzungen (auch für Tiere im Sinne im Sinne der Pathozentrik) ist grundlegend im Hinblick auf Therapie und Technik bzw. auch auf die Verbesserung.

4. Fairer Ausgleich unterschiedlicher Rechte und Verpflichtungen in Konfliktfällen soweit möglich (im Hinblick auf Wiederbeleben, Gesundheit, Behandlung, Tötung auf Verlangen bzw. der Organverteilung und Gesundheitsleistungen).

Die traditionelle medizinische Ethik auf der Basis des ärztlichen Ethos begründet eine Reparaturethik des Heilens und des Pflegens. Die Bioethik für moderne Life-Sciences fasst neben dem Heilen und Helfen auch Prävention und Verbesserung bzw. Verhinderung negativer Potenzialitäten ins Auge. Die moderne Biomedizin wird darüber hinaus das individuelle menschliche Leben in nicht unerheblichen Maße verlängern und kommt damit individuellen Patientenwünschen durchaus entgegen. Ob diese Erfolge allerdings gesamtgesellschaftlich genauso wünschenswert sind wie individuell, ist eine andere Frage. Sie wird die moderne biomedizinische Ethik in zunehmenden Maße beschäftigen. Im Zeit alter der Life-Sciences, in der bald der perfektionierte Nach- und Neubau von Organismen oder Teilen des menschlichen Körpers möglich sein wird, die (als technische Artefakte) sogar funktionstüch-

tiger, besser oder brauchbarer als die natürlichen Vorbilder sein könnten, genügt Natur als Maßstab nicht mehr. Folgende Kriterien einer
Konzeption des Wertes menschlichen Lebens wie menschlicher Lebensqualität könnten einem therapeutischen Prinzip mit Verbesserungsoption zugrunde liegen:

(1) Überlebensfähigkeit und Zukunftsfähigkeit des zu erwartenden
menschlichen Lebens (Lebensfähigkeit);

(2) Qualität und subjektiver Wert eines Lebens (Schmerzhaftigkeit,
Belastung, Beschädigung und ihre Entwicklung);

(3) Bestimmte moralische subjektive Rechte sind an Interessen gebunden, wobei diese bewusst rational begründbare Präferenzen
sein müssen;

(4) Objektive moralische Rechte sind gebunden an Überlebensfähigkeit (sonst müsste eine Lebensverpflichtung postuliert werden).

(5) Der Personbegriff mit seinen Unterbegriffen Subjektivität, Ichhaftigkeit und Rationalität, wobei diese zumindest dispositionell
vorliegen müssen.

2. Medizinethische Konfliktfälle: ethisch reflektierte Patientenautonomie im Kontext

2.1 Experimente am Menschen?

Bioethische Fragen entstehen nicht zuletzt daraus, dass Medizin heute nicht nur ärztlicher Umgang mit dem Patienten, sondern auch wissenschaftliche Forschung ist. Es handelt sich um Fragen des Behandelns von und des Experimentierens mit Menschen. Letztere werden nach wie vor als unverzichtbar angesehen, obwohl sie in der öffentlichen Meinung wie in der Tierethik immer kontroverser diskutiert werden. Wie bei chronischen Erkrankungen auch bemüht sich die biomedizinische Forschung intensiv darum, in diesen Bereichen kausales Wissen zu erarbeiten, um die Grundlagen für Prophylaktika wie Therapeutika zu entwickeln. Humanexperimente gelten als erlaubt, solange keine Straftatbestände gegeben sind, wobei Körperverletzung oft auch nachträglich feststellbar ist, nicht hingegen die seelischen Schäden, die durch inhumane Humanexperimente hervorgerufen wurden. Die Legitimität eines Experimentes beruht auf der Einwilligung des Probanden (Knessl 1989, 75-77).

Die Einwilligung zu einem Humanexperiment ist von einer adäquaten Aufklärung abhängig. Diese kann z. B. bei einem Doppel-Blind-Versuch (Arzt und Patient wissen nicht, wer aus einem bestimmten Kreis von Personen Placebos, wer das zu testende Medikament erhält) durch den Versuchsleiter nur höchst allgemein ausfallen. Daher dürfen Doppel-Blind-Versuche mit keinem Risiko verbunden sein (Knessl 1989, 77f). Zudem sollten Unwissende, leicht Beeinflussbare und Abhängige am wenigsten durch die medizinische Forschung herangezogen werden (Knessl 1989, 82). Heilversuche im Übergangsbereich zwischen reinem Experiment und reinem Heileingriff sind vor dem Experiment zu bevorzugen (Knessl 1989, 75). Experimente am Menschen erscheinen damit ethisch nur vertretbar unter der Bedingung, dass die Risiken für den Menschen aufgrund von Tierversuchen abschätzbar geworden sind (Schaefer 1983, 236).

Aus ethischen Gründen wird die Abschaffung des Humanexperimentes gefordert, andererseits sehen Ärzte keine Alternative zu naturwissenschaftlichen Experimenten mit Trägern von Krankheiten. Humanexperimente seien im besten Interesse ihrer Patienten. Dabei müsste allerdings genauer diskutiert werden, welche Risiken einem Patient aus

Gerechtigkeitsgründen noch zugemutet werden können, wenn er von den Experimenten keinen Vorteil hat, sondern der wissenschaftliche Fortschritt oder künftig therapierbare Patienten. Alle Ärzte seit Beginn dieses Standes probierten Dinge an ihren Patienten aus. Und bereits unter den Ptolemäern wurden in Alexandrien vivisektorische Experimente am Menschen vorgenommen. Es handelte sich um verurteilte Verbrecher, aber Ergebnisse ließen sich mit diesen Experimenten nicht gewinnen (Spicker u.a. 1988, 33). Wissenschaftler oder Forscher zu sein, ist aber in der Zwischenzeit zu einer beruflichen Karriere auch in der Medizin geworden. So kann ein Konflikt zwischen Humanismus und Wissenschaft gesehen werden (Spicker u.a. 1988, 20-24).

Die Wissenschaft betrachtet den Menschen als Bündel von Messdaten, eine entfremdende Perspektive. Unter dem Einfluss des Positivismus entstand die Idee der Labormedizin, ab 1870 wurde die Idee der klinischen Wissenschaft vertreten. Immer deutlicher wurde die wechselseitige Abhängigkeit von klinischer Wissenschaft und experimenteller Medizin (Spicker u.a. 1988, 40-42). Im Humanexperiment machen wir den Menschen zu einem puren Ding (Spicker u.a. 1988, 126). Andererseits können Ärzte nur gut behandeln, wenn sie genau wissen. Das ärztliche Ethos des Wissens verlangt nach Humanexperimenten (Spicker u.a. 1988, 131-134). Die Spannung entsteht heute mit der Suche nach neuem und nützlichem Wissen einerseits und den ethischen Problemen andererseits, verbunden mit dem Forschungsprozess selbst in einem Bereich, in dem der Forscher mit lebendem Material oder gar dem Menschen selbst arbeitet (Spicker u.a. 1988, 145f).

Folgende forschungsethische Maximen sind bei Humanexperimenten zu berücksichtigen: (1) Ziehe keine Risiko-Patienten zu Untersuchungen heran, (2) Schädige keine Patienten, riskiere nichts außer minimalen Risiken wie bei randomisierten klinischen Versuchen (Versuchen, bei denen ein 50%iges Risiko besteht, entweder der Testgruppe für ein neues Präparat oder der Gruppe zuzugehören, die die Standard-Behandlung genießt), (3) Setze keine Versuche fort, bei denen Patienten ein anwachsendes Risiko einer Schädigung oder gar des Todes tragen, (4) Belästige keine Patienten mit Methoden, die nachweislich unwirksam sind, (5) Schütze den Patienten vor Toxizität, (6) Verwende eine Kontrollgruppe ohne Behandlung nur dann, wenn keine Therapie vorhanden ist und (7) Verwende möglichst keine Placebos bei Kontrollversuchen (Spicker u.a. 1988, 148).

Gemäß der Ethik des Wissens gelten unkontrollierte Versuche und Experimente, die nicht durch „Blind"-Bedingungen überprüft werden, als unsachgemäß und als Verletzung der Grundprinzipien wissenschaftlicher Medizin (Spicker u.a. 1988, 150). Forschung im Bereich der Biomedizin wurde als therapeutisch unterstellt. Reine Forschung an gesunden oder kranken Menschen wird von einer Ethik des „Wohlwollens" aber als nicht vertretbar angesehen. Eine Ethik des Wissens geht von folgenden Grundannahmen aus: (1) Die Suche nach Wissen ist wertvoll und damit Medizin wirklich eine Wissenschaft wird, sind Laborversuche notwendig, die allerdings nicht schädigen dürfen, (2) Wissen ist per se unschuldig (aber das Bild des objektiven Wissens ist eine Idealisierung), (3) es gibt wissenschaftliche Probleme mit größerer oder geringerer Dringlichkeit, (4) Menschen sollten bei Humanexperimenten sparsam eingesetzt werden und nur dort, wo eine Evaluierung mit ausreichender Ergebnissicherheit und minimalen Risiken zu erreichen ist, (5) Suche nach der besten Forschungsstrategie, um Irrtümer auszuschließen, (6) die Wahl der korrekten wissenschaftlichen Methode kann standardisiert werden, wobei vor allem zu fragen ist, ob die neue Behandlungsmethode eine Verbesserung darstellt und verfügbar ist (Spicker u.a. 1988, 164-181). Angesichts der enormen Macht eines ungezügelten Utilitarismus muss das Individuum vor Menschenversuchen geschützt werden. Die Armen, Kranken und Minoritäten scheinen eher zu Humanversuchen herangezogen zu werden, wenn keine unmittelbaren und umsetzbaren Ergebnisse zu erwarten sind (Spicker u.a. 1988, 231-234). Andererseits wird argumentiert, dass der, der die bessere Ausstattung von Forschungskrankenhäusern in Anspruch nehmen möchte, letztlich auch bereit sein müsse, die Unbequemlichkeiten und Risiken dieser Häuser in Kauf zu nehmen (Spicker u.a. 1988, 241).

Auch wenn es zum ärztlichen Berufsethos gehört, sich manchmal berufsbedingt gefährlichen Situationen auszusetzen, kann daraus nicht das Recht oder die Verpflichtung abgeleitet werden, bei Selbstversuchen nicht auf das damit verbundene Risiko zu achten (Spicker u.a. 1988, 249). Die Verpflichtung, Leben zu retten, gilt auch für den Arzt (Spicker u.a. 1988, 253). Er sollte daher bei Selbstversuchen höchste Vorsicht walten lassen und keine nicht-notwendigen Risiken eingehen. Es ist ethisch nicht positiv zu bewerten, wenn ein Arzt krank wird und dann mit seiner Krankheit experimentiert (Spicker u.a. 1988, 257). Das Humanexperiment verfolgt rein wissenschaftliche Fragestellungen, von deren Beantwortung der Patient unmittelbar nichts hat. Davon zu unterscheiden sind die Beobachtungen und Erfahrungen, die der Arzt bei der Behandlung seines Patienten gewinnt (Eser u.a. 1989, 488). Dazwischen steht der Heil-Versuch, der sowohl der Behandlung des Patienten als auch zukünftigen Patienten dient. Es gibt sehr unterschiedliche Arten von Versuchen mit und an Menschen. Vom erstmaligen

Behandlungsversuch einer Neulandoperation mit offenem Ausgang bis hin zur Randomisierung (Sicherstellung der Objektivität von Experimenten) und Doppel-Blind-Placebo-Technik einer kontrollierten klinischen Prüfung, von der quasiexperimentellen erstmaligen Humananwendung eines potentiellen Arzneimittels bei gesunden Probanden bis zum intensiven Experiment im psychologischen Labor, formalisiert und objektiviert, ist es eine große Bandbreite. Besondere Probleme stellen Heilversuche bei Nichteinwilligungsfähigen dar, wenn z. B. bei einem Suizidanden ein neues Entgiftungsverfahren durchgeführt werden soll (Eser u.a. 1989, 493-495).

Placebos nannte man zunächst Substanzen, deren Darreichung das Wohlbefinden des Empfängers steigern sollten. Die Identifizierung von Placebos mit Schein- oder Leer-Medikamenten erfolgte erst mit der Entwicklung systematischer Arzneimittelprüfungen in der Mitte des letzten Jahrhunderts. In der Medizin hat die Verwendung von Placebo-Präparaten als bewusst eingesetztes Therapeutikum, aber auch als Vergleichssubstanz bei kontrollierten Arzneimittelprüfungen Bedeutung. Unter einem Placebo versteht man eine pharmakodynamisch unwirksame Substanz, deren Verabreichung unter bestimmten Bedingungen eine Wirksamkeit bei Gesunden und Kranken zukommt. Die Wirksamkeit von Placebodarreichungen ist vielfach belegt. Sie bezieht sich in absteigender Häufigkeit auf psychologische, physiologische und biochemische Parameter. In zahlreichen Untersuchungen haben sich subjektive Erscheinungen wie Kopfschmerzen, Schlafstörungen, Angstzustände, Müdigkeit usw. als am stärksten beeinflussbar erwiesen. Die Wirksamkeit eines Placebos ist mit der Persönlichkeit des Probanden oder Patienten, mit seiner Beziehung zum Therapeuten und mit dem therapeutischen Kontext eng verknüpft. Es hat sich nachweisen lassen, dass unter Placebogabe körpereigene Substanzen freigesetzt werden, die eine der Morphinwirkung entsprechende Schmerzlinderung bewirken (Eser u.a. 1989, 812-814). Als unethisch müssen demnach gelten: (1) unvollständige oder täuschende Information der Versuchsperson, (2) Verletzung ihrer Selbstachtung, Würde, Privatsphäre und Vertraulichkeit, (3) schädliche Nebenwirkungen (Eser u.a. 1989, 491f). Kriterien für die ethische Erlaubtheit eines Humanexperimentes sind daher (1) Freiwilligkeit, (2) wahrhaftige Aufklärung, (3) Sicherheit vor Risiken/Nebenwirkungen und (4) Verhältnismäßigkeit der Untersuchung (Eser u.a. 1989, 499f).

Eine große Rolle kommt der Verwendung von Placebogaben im kontrollierten Arzneimittelversuch zu. Der Vergleich der Wirkung von Placebos mit einer Substanz definierter pharmakodynamischer Wirkung hat dabei das Ziel, die pharmakologische Wirkung von arzneimittelunabhängigen Veränderungen im Befinden und in der Symptomausprägung abzugrenzen. Voraussetzung zum placebokontrollierten Versuch ist die Aufklärung des Patienten bzw. Probanden über die Versuchsplanung und sein förmliches Einverständnis, an der Untersuchung teilzunehmen. Ein Placeboversuch ist ethisch nicht vertretbar, wenn durch den Entzug einer bekannten wirksamen Therapie mit vertretbarem Nutzen-Risiko-Verhältnis eine Verschlechterung des Leidens, erst recht eine Lebensbedrohung oder auch nur eine wesentliche Verzögerung hinsichtlich Besserung oder Heilung zu befürchten ist. Damit beschränkt sich die Anwendung auf zwei Gruppen, leichtere Krankheitserscheinungen einerseits und solche, bei denen keine anerkannte wirksame Therapie verfügbar ist (Eser u.a. 1989, 817f). Oder je lebensbedrohender, quälender oder langandauernder eine Krankheit ist, je weniger spezifische Therapien geholfen haben oder je riskanter sie sind, umso eher werden Arzt und Patient bereit sein, eine aufgrund theoretischer oder empirischer Argumente Nutzen versprechende Arzneimittelprüfung durchzuführen und auch ein bestimmtes Maß an Risiken in Kauf zu nehmen (Eser u.a. 1989, 102).

Besondere Schwierigkeiten treten bei Doppel-Blind-Versuchen unter Verwendung von Placebos auf, wenn Patienten – krankheitsbedingt wie in der Psychiatrie – nicht zustimmen können. Medikamente in der Psychiatrie können in einigen Bereichen helfen, könnten aber bei bestimmten Krankheiten auch weggelassen werden. Neurosen lassen sich ohne Medikamente behandeln, auch Psychosen könnten ohne Medikamente belassen werden. Längere Behandlungsdauer, die von den Patienten meistens nicht als angenehm empfunden wird, und intensivere Betreuung wären dann erforderlich. Grundsätzlich kann aus ethischer Sicht der Forderung nicht zugestimmt werden, der Natur ihren Lauf und Patienten ihre Psychose durchleben zu lassen, es sei denn, ethisch relevante Gründe sprächen dafür. Zwar sind Tierversuche auch bei der Testung von Psychopharmaka eine gewisse Hilfe, dennoch ist die Übertragbarkeit der Ergebnisse hier problematischer als in anderen Bereichen der Medizin.

Medikamente im Tierversuch lassen sich nur in ihren Auswirkungen auf sekundäre Merkmale testen. Einen Wahn bei einer Maus oder einem Hund hat man bislang nicht gemessen. Experimente am Menschen sind daher methodisch gesehen wohl unumgänglich, wenn man auch in der Psychiatrie auf Medikamente nicht verzichten will. Zudem gibt es meßtechnisch bedingte Problemfälle, die für die Verwendung von Placebos sprechen. Antidepressiva liegen mit 60% Wirkungsrate

nur knapp über der Spontanemissionsqote (40%). Eine Quote von 20%
ist im Experiment zwischen zwei Therapeutika nur schwer auszutes-
ten. Wenn keine Placebos genommen werden dürften, müssten Medikamente mit einem Wirkungsgrad von 50% herangezogen werden.
Hier signifikante Ergebnisse zu erzielen, ist nicht leicht.

Auch wenn Doppel-Blind-Versuche mit Placebos methodisch erfolgreicher sind, ist zu fordern, dass bei Patienten, deren Zustimmung
zum Experiment aus methodischen Gründen nicht eingeholt werden
kann, nicht Placebos verwendet werden, es sei denn, eine anerkannte
Therapie stünde nicht zur Verfügung, sondern andere Medikamente, so
dass kein Patient unbehandelt bleibt. Dies gilt, auch wenn grundsätzlich Experimente zur Wissensgewinnung in Anwendungsabsicht als
erlaubt erscheinen und durch diese Forderung sich die Anzahl der Experimente vergrößert und die Ergebnisse mit einem größeren Unsicher-
heitsfaktor verbunden sind. Nicht aussagefähige Studien unter Einbezug von Experimenten am Menschen wären allerdings sittlich nicht zu
vertreten. Auch Alternativenlosigkeit ist eine der grundlegenden ethischen Forderungen. Dass bei Experimenten mit Menschen besondere
Vorsicht geboten ist, zeigten auch die MILGRAM-Versuche, bei denen auf Anweisung des Versuchsleiters Experimentatoren auch fiktive
Versuchspersonen getötet hätten, ganz zu schweigen von gravierenden
Verletzungen durch Stromstöße (Lenk 1985, 88f).

Angewandte Wissenschaften werden oft als Praktiken gesehen, die
fortlaufende Innovationen erzeugen, die den wechselnden Umständen
angepasst werden müssten. Daher sei es nicht einfach zu bestimmen,
wo die Forschung beginnt und wo die Standardpraxis endet. In der medizinischen Forschung gibt es viele Behandlungsarten oder Praktiken,
die zugleich schmerzerzeugend und hilfreich sind. Chemotherapien
sind gewöhnlich sehr unangenehm und ihre Effektivität liegt darin, dass
sie toxisch sind – am meisten toxisch zu den Krebszellen und den nicht-
normalen Zellen. Das Ziel des Selektionsprinzips in diesem Fall besteht darin, Patienten herauszufinden, für die die Vorzüge der Innovationen in einer Proportion stehen zu den Schäden, die sie aktuell
erleiden oder für das Risiko, das sie eingehen (Chadwick 1998, 261f).

Humanexperimente und ihrer Ethik geht es um die Auswahl der Probanden. Die Regeln des effektiven Experimentierens sind zu beachten,
da sonst keine glaubwürdigen Aussagen zu erreichen sind. In Therapie
und Forschung geht es dabei darum, die geeigneten Personen auszu-
wählen. Die biomedizinische Forschung ist dabei möglicherweise mit
unabwägbaren Risiken verbunden. Es geht um die Abschätzung der Risiken des Experimentes für den Probanden. Ein weiteres Kriterium ist

das der Eignung für ein Experiment. Dabei gibt es wissenschaftliche und soziale Kriterien für die Eignung für Ziele im Bereich der Medizin, die auch ethischen Kriterien genügen. Es gilt auch ein besonderer Schutz der Leibesfrucht, der Schwachen und Armen bzw. der Einwilligungsunfähigen.

2.2 Chronisches Kranksein und Intensivmedizin

Während in früherer Zeit die Krisenintervention das primäre Aufgabenfeld ärztlichen Handelns darstellte, sind in den letzten Jahrzehnten zunehmend die chronischen Erkrankungen in den Vordergrund der Behandlungsverpflichtung und des medizinethischen Interesses gerückt. Das hängt mit der heute grundsätzlich anderen altersmäßigen Bevölkerungsstruktur zusammen. Das immer weitere Anwachsen der Lebenszeit hat dazu geführt, dass Krankheiten und Tod Teil des Alterns geworden sind. Chronische Abbauprozesse führen zum Versagen von Einzelorganen und Organsystemen und schließlich zum Tod, der häufig mit langandauernden Schmerzen ohne Hoffnung auf Heilung oder Besserung verbunden ist. Manche chronische Erkrankungen wurden dämonisiert und verteufelt wie bestimmte Formen bösartiger Tumore mit Metastasen. Andere Krankheiten wie Aids sind zwar nicht im strengen Sinne chronisch zu nennen, da ihnen eine Infektion zugrunde liegt. Dennoch ist das Vollbild Aids in vielen seiner Ausformungen den sonst chronisch zu nennenden Krankheiten sehr ähnlich.

Einen weiten Begriff chronischer Erkrankung zugrunde zu legen ist nicht völlig illegitim, darf man doch von einer geringen klinischen Brauchbarkeit des Begriffs „chronisch" ausgehen (Illhardt 1985, 80). Dennoch weist der Krankheitsverlauf vieler chronischer Erkrankungen unter medizinischer Sicht eine Reihe von Gemeinsamkeiten auf. Degenerative Herz-Kreislauf-Erkrankungen, Karzinome, Krankheiten des Bewegungsapparates, der Atmungsorgane und schließlich des zentralen Nervensystems beherrschen heute das medizinische Bild. Zwar handelt es sich bei diesen Erkrankungen um natürliche Entwicklungen im alternden Organismus, dennoch hängen sie zu erheblichen Anteilen vom Lebensstil jedes einzelnen ab und sind daher nicht nur als Geschick zu begreifen (Eser u.a. 1989, 33f). Sie setzen auch immer früher – wie bei bestimmten Karzinom-Patienten oder bei dialysebedürftigen Nierenpatienten – ein und sind mit einer Daseinsverarmung und Daseinsverengung des Patienten verbunden.

Eine Heilung ist meist nicht möglich, so dass hier eine Technologie zur Lebensverlängerung angewandt wird. Fortschritte im Verständnis chronischer Krankheiten führten vielfach zu einer erfolgreichen Symptomkontrolle und damit zu einer Verbesserung der Lebensqualität. Die durch verschiedene Faktoren erhöhte Morbidität und Mortalität im fortschreitenden Verlauf chronischer Erkrankungen werden durch eine bessere Infektionsbehandlung, Intensivtherapie und Chirurgie kompensiert. Krankheiten, die früher rasch tödlich verliefen, können nun auch im hohen Alter überlebt werden. Die Medizin gerät damit in eine Fortschrittsfalle. Tatsächlich ist mit steigendem Alter der noch verbleibende Anteil der Lebenserwartung zunehmend durch Abhängigkeit von Apparatur und Pflegekräften, durch radikale Veränderung von Nahrungs- und Trinkgewohnheiten und schließlich durch Hilfsbedürftigkeit geprägt.

Daher stellt sich die Sinnfrage für derartige medizinische Maßnahmen und zwar mit dem Alter in steigendem Maße. Die Aussicht, durch teilweise erfolgreiche medizinische Interventionen in Hilflosigkeit und Abhängigkeit zu geraten, führt immer mehr Menschen, die von einem solchen Schicksal bedroht sind, dazu, ein Patiententestament zu verfassen oder einen Suizid als letzten Ausweg einer sonst hoffnungslos verengten Lebensperspektive zu sehen. Viele Betroffene schrecken wegen der Langwierigkeit, Ungewissheit, Multimorbidität, Multiplizierung der Behandlungsquantität, nicht abschätzbarem Kostenaufwand und sozialen Folgen vor einer allzu exzessiven Nutzung der vorhandenen Methoden zurück. Wenn eine Heilung nicht mehr zu erreichen ist, kann das Ziel der medizinischen Maßnahmen bei Betagten nur der sein, die Selbständigkeit zu erhalten, die Abhängigkeit von anderen und von technischen Apparaten zu vermindern, nicht eine Lebenserhaltung um jeden Preis. Voraussetzung für das Erreichen dieses Zieles sind exakte Kenntnisse der körperlichen und seelischen Verfassung des Kranken, des natürlichen Verlaufs der Krankheiten und des Patientenwillen (Eser u.a. 1989, 34). So kann z. B. bei Multi-Morbidität oder bei zu großer persönlicher Belastung des Patienten eine Beschränkung auf symptomatische (etwa Schmerztherapie) gegenüber kausaler Therapie ethisch erlaubt sein. Sofern die Kompetenz zur selbstbestimmten Entscheidung nicht eingeschränkt ist, wird man daher auch die Verweigerung einer Weiterbehandlung eines solchen Patienten zumindest im Endstadium seiner Erkrankung als ethisch verpflichtend ansehen und sich auf Schmerzbehandlung beschränken. Auch die Verabreichung von Schmerzmitteln, die implizit lebensverkürzend wirken können, erscheint in diesem Falle in der Regel als ethisch erlaubt.

Ein hohes Alter darf an und für sich nie ein Grund sein, einem Patienten eine medizinische Behandlung zu verweigern. Man wird jedoch der spezifischen Situation, in der sich der ältere Mensch mit seiner chronischen Erkrankung befindet, Rechnung tragen müssen (Eser u.a. 1989, 38). Auch der Betagte selbst sollte in der Auseinandersetzung mit der Krankheit einen Paradigmawechsel vollziehen. Sein klassisches, aufgrund akuter Erkrankung eingeübtes Verhalten erweist sich im Umgang mit chronischen, nicht heilbaren Krankheiten als problematisch. Ein Bewältigungsprozess, der Autonomie und Selbständigkeit bejaht, die Hilfsmittel bei eingeschränkter Funktion akzeptiert, solange die Maßnahmen vom Krankheitsverlauf aus betrachtet sinnvoll sind, muss erst noch erlernt und in vielen Fällen entwickelt werden (Eser u.a. 1989, 35). Vor allem sollte der Helfer einen anderen Umgangsstil mit dem Kranken und seiner Krankheit finden. Angesichts der Aussichtslosigkeit, der erheblichen Arbeit, ohne Erfolge zu sehen, ist es dem behandelnden Personal ethisch dringend angeraten, sich mit dieser Quelle andauernder Frustration auseinanderzusetzen und daran psychisch zu arbeiten. Hier gilt es, die eigene Unsicherheit im Umgang mit derart Leidenden zu überdenken. Denn es setzt viel eigene seelische Kraft voraus, der Lebenskrise eines anderen Menschen zu begegnen (Marquard 1988, 50).

Ethisch verpflichtend ist im progressiven Verlauf einer chronischen Erkrankung nicht die Erhaltung des Lebens um jeden Preis, sondern die Bewahrung eines für die betroffen Personen möglichst sinnvollen Lebens (Lebenswert bzw. Lebensqualität). Wenn ein alter Mensch davon überzeugt ist, dass seine Lebensaufgabe erfüllt ist und dass eine medizinische Behandlung für ihn kein Beitrag zur sinnvollen Lebensgestaltung darstellt, dann sollte seine Verweigerung der Weiterbehandlung grundsätzlich respektiert werden. Diese ist allerdings nicht mit einem moralischen Recht einer Tötung auf Verlangen zu verwechseln, wozu ein Arzt aus ethischen Gründen nicht verpflichtet werden kann. Das Heil im Sinne ganzheitlicher Belange des Patienten und die Ermöglichung eines selbstbestimmten Lebens auch in der Spätphase chronischer Erkrankungen ist das oberste Gebot. Das bedeutet zunächst, dass Verantwortlichkeit und Entscheidungsrecht auch des alten Patienten bezüglich seiner Gesundheitsprobleme und Behandlungen respektiert werden müssen. Die spezifische Situation, in der sich ältere Menschen befinden, kann dabei unter Umständen zu anderen Entscheidungen führen als bei jüngeren Personen (Eser u.a. 1989, 38f). Auch diese sind zu respektieren.

Gerade Dauerpatienten oder chronisch Kranke entwickeln eine Reihe von kognitiven, emotionalen und praktischen Bewältigungsformen, um Autonomie zurückzugewinnen. Teilweise ergänzen und kontrollieren sie die unvermeidliche medizinische Sozialisation durch ein Selbststudium oder durch das Einholen entsprechend relevanter Information bzw. von Zweit- oder Drittmeinungen. Sie experimentieren mit ihrer Behandlung und wenden sich parallel zu schulmedizinischen Therapieformen an alternative oder ergänzende Heilkunden und Außenseitertherapeuten. Auch die Verweigerung der angeordneten Medikamentenverordnung bis hin zum Arztwechsel zeigt gerade bei dieser Patientengruppe, dass sich tendenziell eine gleichberechtigte Partnerschaft zwischen Arzt und Patient herausbilden kann, allerdings mit weiter unterschiedlichen Ressourcen und Optionen (Eser u.a. 1989, 779).

Ein ebenfalls sehr wirksames Instrumentarium zur Unterstützung der Patientenautonomie ist die Etablierung von Selbsthilfegruppen, durch die ein Netz gegenseitiger Unterstützung, sozialer und persönlicher Kontakte und Informationsmöglichkeiten aufgebaut werden kann, das gerade psychische Konsequenzen chronischer Erkrankungen abzumildern in der Lage ist.

Ein Beispiel für chronisches Kranksein stellen dialysebedürftige Nierenkranke dar. Die Dialyse im Falle einer irreversiblen Niereninsuffizienz ist keine Therapie, sondern eine Technik der Lebensverlängerung. An diesem Beispiel wird auch die Ambivalenz zwischen immensem technischen und ökonomischem Aufwand einerseits und den Grenzen der Therapierbarkeit höchst offenkundig, die für viele chronische Erkrankungen im fortgeschrittenen Stadium charakteristisch ist. Verbunden mit dieser Form der Erkrankung ist die Abhängigkeit von Apparaten und Pflegekräften, Diät, Flüssigkeitseinschränkungen und gravierenden Änderungen des Körpergefühls. Trotz aller Verbesserungen der Dialysetechniken und der Entwicklung vielfältiger Hilfe- und Selbsthilfemöglichkeiten konnte die Akzeptanz gegenüber dem Gesamtphänomen kaum verbessert werden (Marquard 1988, 44f). Chronische Erkrankung ist vielfach gleichbedeutend mit einer Existenz zwischen Heilungshoffnung und Todesangst, bei dem die primäre Aufgabe der Medizin darin besteht, das Leben lebenswert zu erhalten. Das Wohl des einzelnen Kranken ist voranzustellen, auch dann, wenn zur Überprüfung neuartiger, unerprobter Therapie- und Medikationsformen Heilversuche mit all ihren Unsicherheiten vorgenommen werden müssen (Marquard 1988, 48f). Chronisch erkranktes Leben wird immer als defektes Leben empfunden, als resignativ getöntes „Sich-abfinden-müssen". Dabei wird weder die Dämonisierung noch die Klinifizierung einer chronischen Krankheit der Situation gerecht.

Vielfältige Möglichkeiten der Behandlung chronisch Kranker sind noch im Entwicklungsstadium. Neben Organtransplantationen werden auch künstliche Organe entwickelt, vor allem als Ersatz für das Herz oder für die Bauchspeicheldrüse bei Zuckerkrankheit. Neue Möglichkeiten der Kausalanalyse zeichnen sich für zwei chronische Erkrankungen ab, die als besonders unangenehm gelten. Dies ist zum einen die rheumatische Arthritis, zum anderen maligne Tumoren und ihre Fähigkeit der Metastasenbildung. Bei Arthritis werden durch die Innenhaut der Gelenke verstärkt Erhebungen gebildet. Es kommt durch wiederholte Anlagerung von Fibrin zu schmerzhaften Schwellungen, zum Abbau von Knorpeln und Gelenken und letztlich zu Versteifungen und Verkrüppelungen, für die bis heute nur Methoden der Symptombekämpfung zur Verfügung stehen, weil eine eigentliche Aufklärung der Krankheitsgenese noch nicht erfolgt ist. Krebs wurde zu einer zeitgenössischen Mythologie des Todes umgedeutet, wobei der durch metastasierende maligne Tumore hervorgerufene Sterbensprozess als heimtückischer, schleichender, unberechenbarer, quälender und angstvoll vorerlebter Gewalttod erfahren wird (Marquard 1988, 47). Bei beiden Arten von Erkrankungen ist man mit Hilfe der Gentechnologie der Krankheitsentstehung auf der Spur.

Für chronische Erkrankungen gibt es zwei grundsätzlich verschiedene Ansätze, die sich häufig als alternativ verstehen, aber eigentlich komplementär angelegt sind. Chronische Erkrankungen sind in nicht geringem Maße lebensstilmitbedingt. Daher fordern die einen ganz vehement Prävention durch Änderung riskanter Lebensstile. Andere setzen eher auf kausale Therapie und damit auf Erhellung der Krankheitsursachen insbesondere durch neue gentechnische und biotechnologische Verfahren. Im Falle der Krebserkrankungen gibt es je nach Art des Tumors und seiner Entstehung Ansätze für beide Vorgehensweisen, bei rheumatischer Arthritis ist hier noch keine erfolgreich, wobei die Bemühungen zunehmen, durch Erforschung des Immunsystems näheren Aufschluss über Krebs, Aids und rheumatische Arthritis zu erlangen. Dabei zeichnet sich ein Paradigmenwechsel ab. Waren in der Krebsbekämpfung noch Strahlenmedizin und Chemotherapie als Formen großtechnologischer Apparatemedizin bevorzugt eingesetzt worden, so setzen sich durch Biotechnologie immer mehr neue Formen kleiner, dezentraler Therapien und neuer Medikation durch, die nicht mehr unter Apparatemedizin subsumiert werden können, dennoch modernste Technologie darstellen. Sie arbeiten im wesentlichen mit Pipetten, Zellkulturen und weiterer kleiner Laboratoriumstechnik.

Erst in den letzten Jahren fand die Erforschung chronischen Schmerzes verstärkt Interesse. Intendiert wird die Unterbrechung der Weiter-

leitung von Schmerzimpulsen in den Fällen, in denen Schmerz keine
biologisch sinnvolle Funktion mehr übernimmt, sondern nur noch als
quälend und bedrohlich empfunden wird. Schmerz signalisiert sowohl
potentielle Schäden von außen als auch von innen. Diesem nützlichen
Aspekt des Schmerz-Sinnessystems steht der Leidensaspekt für den Betroffenen gegenüber (Eser u.a. 1989, 949f). Chronische Schmerzen verlieren diesen biologischen Sinn. Von ihnen spricht man ab einer Dauer von ca. 6 Monaten. Sie werden verursacht durch langwierige
unheilbare chronische Krankheiten wie rheumatische Erkrankungen
oder Krebs oder treten ohne körperlich erkennbaren Grund auf. Auch
häufig wiederkehrende Schmerzen wie Migräne werden zu den chronischen Schmerzen gerechnet (Eser u.a. 989, 958).

Krebs ist ein Sammelname für eine Reihe von Erkrankungen, die
bösartiges Tumorwachstum und Metastasierung (Tochtergeschwülste)
umfassen. Handelt es sich um maligne Tumore, dann ist eine Heilung
oftmals nicht möglich, auch wenn bei einigen der traditionell gefürch-
testen Krebsarten wie Brustkrebs, Gebärmutterhalskrebs oder Hoden-
krebs heute die Diagnose keinesfalls mehr mit einem Todesurteil
gleichzusetzen ist. Anders ist dies bei malignen Tumoren der Leber oder
der Bauchspeicheldrüse. Die traditionellen Therapieformen – Chirurgie, Strahlenbehandlung und Chemotherapie – sind häufig sehr aggressiv, risikoreich, belastend (verstümmelnd) und langwierig mit erheblichen Nebenwirkungen verbunden. Die beiden Therapieziele, nämlich
Lebenszeit-Verlängerung einerseits, Lebensqualitäts-Verbesserung andererseits, widersprechen einander oft und lassen sich nicht gemeinsam verwirklichen. Immer neue sehr spezialisierte Therapien werden
angeboten, für die zumindest Heilversuche zu ihrer Erprobung erforderlich sind. Die palliative, symptomatische Schmerzbehandlung wird
in ihrer Dringlichkeit häufig noch zu gering eingeschätzt (Harrer 1994,
18).

Der eine Ansatzpunkt der Krebsbehandlung ist die Suche nach neu-
en, weniger invasiven Therapieformen. Hier hat die Biotechnologie und
Gentechnik in den letzten Jahren eine Reihe von Teilerfolgen zu ver-
melden gehabt, z. B. durch das Auffinden von Faktoren, die Tumorwachstum bremsen oder Tumorwachstum auslösen können. 1992 wurde ein Gen entdeckt, das bei der Entstehung von Metastasen eine Rolle
spielt. Mit monoklonalen Antikörpern gelang es zumindest im Tierversuch, die Metastasierung zu verhindern. Auch die weitere Erforschung
des Immunsystems mit biochemischen Methoden könnte Aufschluss
über Mechanismen bringen, die Tumorwachstum oder Metastasierung
verhindern. Hier werden im Augenblick erste Tiermodelle für chroni-

sche Erkrankungen erprobt wie Hochdruck-Ratten und Arthritis-Mäuse. Der andere Weg wäre der der Intensivierung der Früherkennung. Die Möglichkeiten der Früherkennung werden aber erschreckend wenig genutzt. Dies hängt sicher auch mit persönlichen Ängsten der Betroffenen zusammen.

Allerdings könnte auch das Krankheitsimage eine Rolle spielen. Darum erscheint es umso erforderlicher, von einer krankheitszentrierten zu einer patientenzentrierten Sicht zu gelangen. Eine Aufklärung mit dem Zeigefinger verfehlt ihre Wirkung. Auch die Angst vor den Mühlen der Medizin sollte stärker beachtet werden. Dabei spielt auch die Angst vor Verlust der Menschlichkeit eine große Rolle . Ganz entscheidend für die Wahrnehmung des Selbstbestimmungsrechtes des Patienten gerade bei chronischen Krankheiten ist die Aufklärung über die Diagnose. Dies ist bei malignen Tumoren oder gar bei Metastasen oft keine einfache Sache, da derartige Diagnosen leicht als Todesurteil empfunden werden. Daher gibt es das therapeutische Privileg einer Einschränkung der Aufklärung, sofern der Patient erst stufenweise in der Lage erscheint, die volle Information über Diagnose und Therapiemöglichkeiten verarbeiten zu können. Oft besteht zwischen dem Informationsbedürfnis des Patienten und der tatsächlich erhaltenen Information eine große Diskrepanz. Die Aufklärung ist besonders schlecht bei Ärzten, die ihre eigene Todesfurcht nicht überwunden haben (Harrer 1994, 23f).

Das Gefühl der Abhängigkeit von der Information, der Zeitdruck und die Intensität der Beeinträchtigung durch die Behandlung können zum Therapieabbruch führen. Es kommt zu Zweifeln an der Realität der Diagnose, die schlechte Verträglichkeit lässt alles als besser erscheinen als diese Therapie, Suizidgedanken kommen auf, die Toxizität der Chemotherapie und die Auswirkungen der Strahlenbehandlung erschrecken und bewirken rapiden körperlichen Verfall und so kommt es in manchen Fällen zur Bevorzugung „natürlicher" Behandlungsmethoden, wodurch die kausale Therapie vernachlässigt wird. Das Bedürfnis nach Information ist umso geringer, je gravierender die Beschwerden sind. Damit das Bedürfnis nach Selbstbestimmung die gemeinsamen Therapie-Bemühungen von Arzt und Patient nicht untergräbt, sind Ansatzpunkte einer psychosozialen Onkologie zu entwickeln (Harrer 1994, 26f).

Dies impliziert die medizinethische Forderung nach Verstärkung psychotherapeutischer Arbeit mit Krebskranken. Die Veränderungen auf der psychosozialen Ebene wie Lebensführung, Beziehungen und Sinnsuche sowie die Schuldfrage müssen verarbeitet werden. Dabei muss auf den Abbau von Angstpotentialen geachtet werden. Von einer Krebspersönlichkeit zu reden ist diskriminierend und wenig hilfreich (Harrer 1994, 28f). Insbesondere bei Tumoren im Kopf-Hals-Bereich ist das Suizidrisiko erhöht. Dabei artikuliert sich paradoxerweise der Wunsch nach Suizid oder Euthanasie bei Patienten mit guter Prognose besonders deutlich. Zwei Pole von Patienten-Reaktionen sind möglich, nämlich der Mut zu kämpfen und das Bedürfnis, sich dem Schicksal zu ergeben (Harrer 1994, 33-35).

Dabei hat das Pflegepersonal Modellfunktion für den Umgang mit dem Tod des Patienten. Doch oft ist das Pflegepersonal selbst überfordert, überlastet, ausgepumpt (burn-out-Syndrom als emotionaler Erschöpfungszustand bei sozialen Berufen mit sozialem Engagement) und bedarf angesichts der Belastungen selbst der Unterstützung und Begleitung. Hier bieten sich Teambesprechung, Supervisions- oder Balint-Gruppen an. In diesen Gesprächen sind implizite normative Werturteile und handlungsleitende weltanschauliche Haltungen zu reflektieren und zu diskutieren. D.h. nicht nur der chronisch kranke Patient, sondern auch ihre Betreuer bedürfen einer psychischen Begleitung, für die eine patientenzentrierte Medizinethik im Interesse der Patienten und des Pflegepersonals plädieren muss. Der enorme Zeitdruck insbesondere in den Vormittagsstunden, der Mangel an Zeit für persönliche Zuwendung zum Patienten, das Unterbrechen von Gesprächen aufgrund „dringenderer" Aufgaben, das Mitleid im Sinne des langen Miterlebenmüssens von Krankheitsgeschichten und unangemessene Lebensverlängerung sind bedrückend (Harrer 1994, 36f). Belastend sind auch geringe Berufserfahrung, hoher Arbeitsumfang und eine hohe Anzahl von Moribunden. Daher bedarf es der besseren Ausbildung auf dem Gebiet der psychosozialen Betreuung im Rahmen des Medizinstudiums wie der Ausbildung in den Pflegeberufen.

Die moderne Apparatemedizin bietet eine Reihe von Methoden der Lebensverlängerung, aber keine geeignete Umgebung für die Sterbebegleitung. Chronische Erkrankungen und die damit verbundenen psychosozialen Probleme werden gerade in der Bundesrepublik mit ihrer überproportionalen Ausbildung der Intensivmedizin nicht ausreichend im Krankenversorgungs-System berücksichtigt. Es besteht damit eher die Gefahr, dass der Patient zum Objekt ärztlicher Überdiagnostik wird. Geschaffen werden immer neue technische Möglichkeiten, die ständig neue Bedürfnisse hervorrufen oder den Wunsch nach aktiver Euthanasie bzw. nach einer Tötung auf Verlangen, weil man mit Leid, Krankheit und Tod oder der technologischen Behandlung nicht umgehen kann. Personaleinsparungen, die normale Rate an Fehlenden aufgrund

Krankheit oder Schwangerschaft (ca. 20 – 30%), der Pflegenotstand in Ballungszentren, dies alles sind Faktoren, die eine angemessene Patientenbetreuung sehr erschweren (Gründel 1990, 96-98).

Daher ist für chronisch Kranke in zunehmendem Maße, vor allem wenn eine Gesundung nicht mehr zu erwarten ist, eine Begleitung im Rahmen einer palliativen Therapie und möglicherweise in einem Hospiz zu befürworten, in dem nicht die kausale Therapie, sondern Schmerzlinderung für den Patienten mit psychosozialer Behandlung des Patienten und seiner Angehörigen verbunden wird. Hier geht es um genaue Symptomkontrolle im Rahmen einer gestuften Schmerztherapie (Gründel 1990, 102). Anders als in der Intensivmedizin, die eine Verabschiedung des Sterbenden von seinen Angehörigen verhindert oder erheblich einschränkt, arbeiten viele Hospize im Normalfalle ambulant, erlauben so dem Patienten ein Sterben zu Hause, was von den allermeistens Patienten als dringlicher Wunsch betrachtet wird. Damit wird dem betroffenen Menschen die Gelegenheit gegeben, im Kreise seiner Angehörigen seinen Sterbeprozess selbst und persönlich zu gestalten. Medizinische Betreuung ist in diesen Fällen Gespräch, Begleitung, humaner Dienst am Menschen.

2.3 Prothetik und Organtransplantation

Prothesen verweisen in ihrem unmittelbaren Bezug zum Überleben sehr spezifisch auf ihre Nutzanwendung bzw. auf die mit ihrem Einsatz möglichen Zwecksetzungen hin (Erlach 2000, 113). Hephaistos, der griechische Schmiedegott, muss verkrüppelt sein, denn nur dann bemerkt er die Notwendigkeit von Hilfsmitteln (Erlach 2000, 117-119). Es ist die fundamentale Mangelsituation, die offenbar die hektische technische Tätigkeit des Menschen bedingt. Insofern hat das Mängeltheorem bei Gehlen zum Modell der Kompensation, der Organentlastung und der Organverstärkung geführt. Eine wichtige Rolle spielt die Art und Weise, wie Werkzeuge bzw. wie Technik gehandhabt wird. Das Werkzeug ist kein intellektuelles, sondern ein biologisches Produkt des homo natura. Aus dem Sarkophag eines ägyptischen Tempelpriesters ist eine Schmuckhand erhalten, die einen körperlichen Makel mit einem fünffingrigen Handschuh aus gewebter Baumwolle, der zur Verstärkung – ähnlich wie bei glasfaserverstärkten Kunststoffen – mit Harz getränkt ist, verbirgt. Der Handersatz von Rosset entfernt sich in der Gestaltung vom biologischen Vorbild und strebt eine andere Realisierung der Handfunktion an. Entwickelt wurde auch ein Arbeitsarm für Landwirte. Eine besondere Konjunktur erhalten funktionale Prothesen nach dem ersten Weltkrieg (Erlach 2000, 131-134).

Götz von Berlichingen und seine Armprothese sind von Goethe hochstilisiert worden. Insbesondere die zweite Hand hatte einen hervorragenden Mechanismus, der ein Schwert festhalten konnte. Arbeitshand und Schmuckhand sind zu unterscheiden. Erste Exemplare der Arbeitshand kommen im 19. Jahrhundert auf (Berr 1990, 11-17). Die Bewegungsmechanik entwickelt sich Anfang des 19. Jahrhunderts und mit ihr die Untersuchung von Funktionen. Die Medizin hat ein Interesse am funktionierenden Körper. Insofern könnte man auch umgekehrt organische Prothesen am unorganischen Körper einsetzen. In der Verschmelzung mit dem Unorganischen verliert sich der Subjektstatus des Organischen. Es kommt zum heimlichen Triumph der technischen Prothese (Berr 1990, 34-40). Schuheinlagen, Zahnspange und Korsett gehören zu den Prothesen, die auch das Aussehen betreffen, nicht einen krankhaften Mangel kompensieren sollen. Zu den Endoprothesen gehören künstliche Knochen und Gelenke, Bauteile für Organe (z.B. Aortenventile, Herzklappen, Augenlinsen, biohybride Systeme aus in die Netzhaut eingepflanzten Fotorezeptoren, Gehörknöchelchen), künstliche Blutgefäße und künstliche Zellen sowie künstliche Organe. Die zentralen Probleme der Implantation bestehen neben den Anforderungen an Formgebung und Anschlussmaße darin, eine ausreichende Verträglichkeit der künstlichen Werkstoffe für den Organismus, die Dauerhaftigkeit der Strukturen und Mechanismen sowie eine infektionsfreie Gestaltung der Grenzzonen zu erreichen (Erlach 2000, 144-147).

Die biologische Verträglichkeit und die langandauernde Stabilität sind wichtige Kriterien, besondere Probleme entstehen beim Kontakt mit Blut. Die Funktion muss sich den Bedürfnissen anpassen (Bücherl 1995, 1-3). Zunächst geht es um die Entwicklung von Biomaterialien als Blut-Kontakt-Werkstoffe für künstliche Organe. Als solche Werkstoffe lassen sich entweder vollsynthetische Kunststoffe oder halbsynthetische, d.h. modifizierte polymere Naturstoffe wie z.B. Zellulose verwenden. Strenge Qualitätskriterien umfassen Biofunktionalität, Ungiftigkeit, mechanische Festigkeit, Dauerhaftigkeit und Blutverträglichkeit (Bücherl 1995, 5-25). 1956 wurden die ersten künstlichen Zellen entwickelt und künstlicher Blutersatz als modifiziertes Hämoglobin konstruiert. Künstliche Membranen ergänzen das Programm. Dabei entstehen künstliche Zellen mit inkorporierten biologischen Zellen und Enzymen. Auch künstliche Zellen zur Medikamentenapplikation wurden entwickelt (Bücherl 1995, 32-39). Das künstliche Herz ist weitgehend bekannt. Das Herz pumpt Blut in Umfang von 20 bis 25 Liter pro Minute durch den Körper. Die rechte Herzkammer pumpt das Blut nur bis zur Lunge, die linke ist sehr viel mehr gefordert. In Deutschland stehen angesichts der benötigten 20.000 nur 1.000 Transplantate zur Verfügung. Insofern sind künstliche Organe hier eigentlich selbstverständlich. Herz-Lungen-Maschinen können eine gewisse Überbrückungsfunktion übernehmen. Aber letztendlich hat auch das Kunstherz eine gewisse Chance. Auch Herzmuskelplastiken sind von Bedeutsamkeit. Allerdings entstehen Probleme mit dem Antrieb (Bücherl 1995, 41-52).

Die künstliche Lunge ist nach wie vor ein Desiderat. Es gibt Herz-Lungenmaschinen im Prinzip seit 1945 zur Aufrechterhaltung der Zirkulation in einem akuten Zustand, aber keine Organe, die implantiert werden könnten. Der biologische Gasstoffwechsel muss in irgendeiner Form technisch nachgebildet werden. Die Atmungsmuskulatur kann dabei wie eine Luftpumpe wirken. Sie unterstützt die Atmung künstlich. Der technische Ersatz der äußeren Atmung ist in gewisser Weise möglich. Aber die künstliche Oxidierung des Blutes ist nicht einfach nachzubilden. Dazu braucht man semipermeable (halbdurchlässige) Membranen. Bei Frühgeborenen mit unreifen Lungen stellt die Beatmung ein ganz zentrales Problem dar. Pumpenergie und Atmungsenergie für eine künstliche Lunge sind erforderlich. Diese sind technisch nicht leicht realisierbar. Es ist denkbar, dass in nicht allzu ferner Zukunft implantierbare kombinierte Herzlungeneinheiten entwickelt werden können für die Einpflanzung. Tatsächlich realisierbar ist das heute aber noch nicht (Bücherl 1995, 54-79).

Hybride Organe und Organunterstützungssysteme sind Gefäßersatz und Leberunterstützung. In ihnen vereinigen sich Materialien von zweierlei Art. Es gibt hormon- oder insulinproduzierende Organunterstützungssysteme. Auch die Neuentwicklung von Prothesenkunststoffen hat erfolgreiche Ersatzorgane geschaffen. Hybride Luftröhrenprothesen und Gefäßprothesen sind heute Stand der Technik. Die Besiedlung mit künstlichen Blutgefäßen, mit Endothelzellen ist nicht immer erfolgreich. Die Verfügbarkeit von Zellen zur Prothesenbesiedelung ist ebenfalls begrenzt. Hybride Leberunterstützungs-Systeme sind sehr kompliziert und noch im Ansatz der Entwicklung. Die Entwicklung einer hybriden Leber mit primär isolierten Zellen ist bereits gelungen. Die Verwendung von Zellkulturen in künstlichen Systemen ist auf einen limitierten zeitlichen Einsatz beschränkt. So gibt es für die beim Ausfall der Leber zum Koma führenden Belastungen im zentralen Nervensystem derzeit keine erfolgreiche Therapie (Bücherl 1995, 82-105).

Die künstliche Bauchspeicheldrüse, die glukosekontrollierte bzw. die kontinuierliche Insulinfusion und implantierbare Glukosesensoren sind noch in Bearbeitung und Erprobung. Insulinpumpenbehandlung mit tragbaren Insulininfusionspumpen gibt es bereits in mehreren Modellen. Kontinuierliche Blutzuckervermessung und Insulin-Infusions-Behandlung sind möglich. Eine Implantation der Nadel in das Gewebe stellt keine größeren Probleme dar (Bücherl 1995, 113-120). Die künstliche Niere vermag nicht die entsprechenden Hormone zu bilden wie das natürliche Organ. Diffusion und Konvektion sind nicht einfach zu modellieren, jedenfalls nicht in der erforderlichen Kleinheit. Die Nierenfunktionen bzw. die Blutwäsche müssen jedenfalls extrakorporeal durchgeführt werden (Bücherl 1995, 130-146). Hautersatz und Hautprothesen bei großflächigen Verbrennungswunden sind erforderlich und vorhanden. Dabei ist die Gewebeverträglichkeit synthetischer Hautersatzmaterialien von besonderer Bedeutung. Fremd- und Tierhaut kann eingesetzt werden, aber auch halb- und vollsynthetisches Gewebe (Bücherl 1995, 178-190).

Die Transplantationsmedizin hat bereits eine nicht unerhebliche statistische Verlängerung des menschlichen Lebens zur Folge, aber der Mangel an Spenderorganen hemmt eine Ausweitung der Methode. Umfangreiche Neuerungen wird es im Bereich nachwachsender Organe geben. Die Züchtung biologisch-synthetischer Ersatzteile, die Regeneration durch Wachstumsfaktoren, Tissue-Technologie, Gewebezucht im Körper und die Etablierung von Knochen-Morphogenesefaktoren werden vorangetrieben (Spektrum 4/99, 6). Die Möglichkeiten, biologisch aktive Moleküle an der gewünschten Stelle bereitzustellen, werden dramatisch anwachsen. Die Stimulation der Gewebe- und Organbildung wird möglich sein. So kann sich das Konzept eines biologischen Ersatzteillagers etablieren (Spektrum 4/99, 8). Bei der Produktion von Organen im Labor sind insbesondere Haut und Knorpel für die plastische Chirurgie gefragt (Spektrum 4/99, 9). Die Rekonstruktion der weiblichen Brust, aber auch die Konstruktion neuer Gefäße sind medizinisch gefragt. Komplette Neo-Herzen werden erst in 10 oder 20 Jahren zu erwarten sein. Teilstrukturen aber können früher bereitgestellt werden. Die Entwicklung von Neo-Lebern soll noch etwa 30 Jahre dauern, ebenso kompliziert ist die Konstruktion eines menschlichen Neodarms (Spektrum 4/99, 11).

Bein- und Hüftprothesen sind gängig, Knieprothesen und Hörgeräte sind dies ebenfalls. Die Chochlea (Hörschnecke) überträgt Schallsignale direkt auf den Hörnerv. Feine Tonhöhenunterschiede können dabei technisch noch nicht übermittelt werden. Das Hauptproblem bei der Nutzung von künstlichen Sinnesorganen ist die Schnittstelle zwischen der Technik und den Nervenenden. Bei Mäusen konnte durchtrenntes Rückenmark bereits geheilt werden. Man kann aber im Hinblick auf die Implantate übernormale Implantate herstellen, d.h. Augenimplantate mit erweitertem Spektrum, Gehör mit erweitertem Frequenzbereich, Nasen- und Zungenerweiterung in Form von Mikrochips für chemische oder DNA-Analysen. Allerdings handelt es sich bei übernormalen Implantaten um schwer realisierbare Konzepte. Bei Gedächtnistechniken ist der Zugriff auf sich selbst angelegte Erinnerungen oder Sprachkompetenzen geplant. In Datenbanken könnte ein menschliches Zusatzgedächtnis angeboten werden und letztendlich strebt die moderne Prothetik auch eine Verbesserung der Körpersteuerung an. Es können dabei künstliche innersekretorische Drüsen konstruiert werden, die willentlich gesteuert z.B. Schmerzmittel oder Drogen ausschütten. Die Akzeptanz solcher Techniken wird möglicherweise bei einer größerer Anzahl erfolgreicher Anwendungen besser werden.

Etwas weiter, aber in die gleiche Richtung, geht die Organtransplantation. Die Intensivmedizin hat Verfahren der sog. Apparatemedizin entwickelt, um Probleme einer (oftmals im Terminalstadium sich befindenden) chronischen Erkrankung zu lösen. Unter Organtransplantation versteht man die Übertragung von Geweben oder Organen eines lebenden oder toten Spenders auf einen Empfänger. Besonders die Transplantation von Niere, Leber und Herz sind etablierte klinische Behandlungsmöglichkeiten. Die Verpflanzung von Lunge, gegebenenfalls kombiniert als Herz und Lunge, sowie die der Bauchspeicheldrüse sind dagegen noch in der Entwicklung. Wegen immunologischer Besonderheiten sind Verpflanzungen der Haut und des Dünndarms bislang nicht längerfristig gelungen. Die Übertragung von Knochenmark mit ihren zusätzlichen Abstoßungsreaktionen kann heute im wesentlichen nur zwischen Verwandten (besonders Geschwistern) mit hoher genetischer Übereinstimmung in den Gewebsantigenen durchgeführt werden. Spender für alle anderen Organtransplantationen sind in der Regel nicht verwandte, an Hirntod verstorbene Menschen, wobei eine größtmögliche Übereinstimmung der Gewebsantigene zumindest bei der Nierentransplantation angestrebt wird (Eser u.a. 1989, 757f).

Ein erfolgreich transplantiertes Organ ist in der Lage, praktisch alle seine normalen Funktionen und Regulationen wieder aufzunehmen. Es ermöglicht somit ein Höchstmaß von gesundheitlicher Rehabilitation, deutlich höher, als dies künstliche Ersatzmethoden zu tun vermögen. Eine Indikation zur Nierentransplantation wird somit vor allem unter dem Gesichtspunkt der damit erreichbaren Lebensqualität gestellt. Dieser Gesichtspunkt ist vor allem bei nierenkranken Kindern wichtig, die nur bei erfolgreicher Transplantation ein normales Wachstum erfahren. Herz-, Leber- und Lungentransplantationen werden hingegen in erster Linie unter dem Gesichtspunkt der anders nicht erreichbaren Lebensrettung durchgeführt. Wenngleich in der Regel ein hoher gesundheitlicher Rehabilitationsgrad erreicht wird, so stellt die zur Unterdrückung des immunologischen Abwehrmechanismus erforderliche dauerhafte Immunsuppression eine ständige Gefahr dar. Ein weiteres gravierendes Problem ist der Mangel an Spenderorganen. Dennoch muss die Behandlung eines jeden Patienten, auch des potentiellen Organspenders stets bestmöglich auf ihn selbst ausgerichtet sein, selbst in erfolglosen Situationen und zumindest bis der Hirntod eingetreten ist. Dieser muss zweifelsfrei festgestellt sein, bevor mit Maßnahmen der Organentnahme begonnen werden darf. Die Wahrung der Pietät des Verstorbenen gehört zu den Selbstverständlichkeiten, ohne die vertrauensbildende Maßnahmen auf dem Gebiet der Organspende ins Leere laufen (Eser u.a. 1989, 759-761).

Man unterscheidet drei verschiedene Arten von Organ- bzw. Gewebeverpflanzungen:

(1) Autogene oder autologe Transplantation; Spender und Empfänger sind identisch. Hier wird z. B. Haut nach Verbrennungen oder Muskelpartien/Knochen nach Unfällen übertragen;

(2) Allogene bzw. homologe Transplantation. Hier sind Spender und Empfänger nicht genidentisch, gehören aber derselben Spezies an; dies ist eigentlich der klassische Fall;

(3) Xenogene oder heterologe Transplantation über Gattungsgrenzen hinweg, z. B. die Transplantation eines Affenherzen bei Baby Fee. Hier kommt es zu Organübertragungen über Gattungsgrenzen hinweg (Eser u.a. 1989, 762). Gerade im dritten Bereich erwartet man sich in Zukunft viel von neuen immunrepressiven Wegen oder gentechnisch veränderten und so dem Menschen angenäherten Organen, den sog. Xenotransplantaten, bei denen nahezu keine Abstoßung auftreten soll. Die damit verbundene Problematik wird am Ende des Kapitels ausführlich diskutiert.

Wegen der Abstoßungsreaktion, die eine Funktion des immunologischen Systems des Empfängers ist, wurde bei den ersten Nierentransplantationen eine Übertragung des Spenderorgans von Angehörigen, vor allem von genetisch identischen Zwillingen vorgenommen. Inzwischen ist man von der Lebendspende wichtiger Organe eher abgekommen. Denn eine Reihe von Gründen sprechen gegen eine Lebendspende paariger Organe unter Verwandten. Unter psychischem Druck und in einer familiären Konstellation kann sich ein Familienangehöriger zum „Opfer" genötigt sehen, um das Leben eines anderen Familienangehörigen zu retten. Dadurch entstehen häufig Beziehungsprobleme zwischen dem Spender und dem Empfänger. Besonders beim Misslingens der Transplantation könnte die Abstoßungsreaktion leicht als „Zeichen der Undankbarkeit" vom Spender gedeutete werden (Eser u.a. 1989, 762f). Aber Altruismus kann nicht zum Gebot gemacht werden. Zudem gibt es durchaus neurotische Formen des Altruismus, bei denen von einer echten Opferbereitschaft nicht die Rede sein kann. Als Ausweg böte sich die anonyme Lebendspende an, wodurch aber die Bereitschaft, sich als Spender zur Verfügung zu stellen, drastisch absinkt. Dies ist nicht zuletzt ein deutlicher Hinweis auf die behauptete Freiwilligkeit der Spende. Das Opfermotiv müsste jedenfalls in vielen Fälle deutlicher überprüft werden, vor allem in kritischer Selbstreflexion der Spender.

Dazu kommt das Risiko für den Spender, künftig nur auf eine Niere angewiesen zu sein (Eser u.a. 1989, 763). Dieses Risiko ist sozial abzusichern aufgrund der ausgeübten Solidarität des Spenders. Es müsste eine Risikoabsicherung durch die Krankenkasse des Empfängers erfolgen. Da eine Dialysebehandlung wesentlich teurer ist als eine Nierentransplantation, kann diese finanzielle Risikoabsicherung von der Krankenkasse durchaus erwartet werden. Auch eine Zusicherung an den Spender, im Bedarfsfalle bevorzugt selbst eine Nierentransplantation vermittelt zu bekommen, ist nicht ungerecht. Eine Aufwandsentschädigung ist durchaus denkbar, während sich eine Entlohnung wegen der Gefahr der Kommerzialisierung verbietet, obwohl eine Bezahlung für den Empfänger eine Entlastung bedeuten könnte. Die in der Medizinethik verbreitete Ablehnung der Lebendspende paariger Organe ist allerdings zu überdenken. Denn Nierenspenden unter Verwandten sind 10 – 15% erfolgreicher als Leichenspenden. Hinzu kommt, dass bei gezielter Spende möglicherweise lange Wartezeiten für den Betroffenen entfallen. Angesichts des eklatanten Mangels an transferierbaren Organe ist die ethische Berechtigung der Lebendspende von Nieren trotz der berechtigten Bedenken gerade in Notsituationen neu zu überprüfen und insgesamt ethisch positiver zu bewerten als dies normalerweise im Hinblick auf die Lebendspende geschieht.

Mit dem Transplantationsgesetz vom 5. November 1997 wurde auch für diesen Bereich in Deutschland eine rechtliche Regelung eingeführt. Dennoch bestehen in der Öffentlichkeit viele, vielleicht sogar wachsende Befürchtungen, über den Missbrauch dieser Therapieform: Es wird befürchtet, dass der Todeszeitpunkt zum Zweck der Organentnahmen manipuliert wird, dass Organe ungerecht verteilt, Leichen ausgeplündert und die Grenzen zwischen Mensch und Tier aufgeweicht oder in Ländern mit großer Armut Menschen zum Gegenstand eines erpresserischen Organhandels gemacht werden. Die Praxis der Transplantation und der Verwertung körpereigener Stoffe führt zu einer zumindest partiellen Instrumentalisierung des menschlichen Körpers. Aber unsere bisherigen moralischen Vorstellungen geben uns in diesen neuen Praxisfeldern oft keine eindeutige Antwort. Einige Vorstellungen änderten sich – nicht alles in der Moral gilt für alle Zeiten. Gleichwohl darf die moralische Entwicklung nicht auf einen bloßen Prozess der Anpassung an neue Techniken verkürzt werden. Es kommt daher auf alle Kriterien einer vernünftigen Änderung an, die allen oder zumindestens einer breiten Mehrheit einleuchten und die Grundzüge unseres Menschenbildes bewahren. Dabei werfen die neuen Möglichkeiten medizinischer Verwendung von Organen und Körperteilen juristische und moralische Fragen nach dem Status des menschlichen Körpers auf (Ach u.a. 2000, 12f).

Zum einen verdankt sich die zum Teil massive Kritik an der Transplantationsmedizin eher dem Zweifel an der Validität des Hirntod-Konzeptes oder den Kriterien für eine gerechte Verteilung knapper Spenderorgane als den Problemen der Organentnahme und Übertragung selbst. Zum anderen besteht in zahlreichen Problembereichen der Transplantationsmedizin ein weitgehender Konsens darüber, welche moralischen Prinzipien jeweils für die moralische Bewertung ausschlaggebend sein sollen. Der Dissens über die korrekte Antwort für die konkrete moralische Frage kann zwei Quellen haben. Die erste Quelle betrifft die Einschätzung von Fakten (z.B. Risiko- oder Wahrscheinlichkeitsannahmen) oder empirische Aussagen (z.B. den Stand der Forschungen über eine Krankheit). Die zweite Quelle für einen möglichen Dissens entspringt abweichenden Auffassungen darüber, welche Prinzipien bei der Behandlung einer konkreten Problemlage einschlägig und wie sie untereinander zu gewichten sind. Man braucht in diesem Zusammenhang eine kontextadäquate Flexibilität. Die ethischen Probleme, die im Kontext der Organtransplantation auftreten, lassen sich in der Mehrzahl der Fälle von vornherein als Konfliktsituationen zwischen divergierenden Interessengruppen beschreiben (Ach u.a. 2000, 19-24).

Wenn ein irreversibler Ausfall aller Hirnfunktionen bei gleichzeitig intensivmedizinisch aufrechterhaltener Herz-Kreislauf-Funktion dokumentiert wurde, kann man von Hirntod sprechen. Die Hirntoddefinition und der Vertrauensverlust, den die Medizin allgemein nicht zuletzt wegen einer zunehmenden Ökonomisierung erfahren hat, verstärken die Zweifel. Neue Nahrung haben solche Befürchtungen im Zusammenhang mit der Todesfeststellung in der BRD erhalten, als der Fall der hirntoten schwangeren Marion P. in Erlangen zum Medienereignis wurde. Das Konzept des Hirntodes, wie es heute verstanden wird und Anwendung findet, geht im wesentlichen auf ein 1968 veröffentlichtes Gutachten des ad hoc Komitee der Harvard Medical School zur Definition des irreversiblen Komas zurück. Dort wird vorgeschlagen, das irreversible Koma als neues Todeskriterium anzuerkennen. Das Harvard Komitee hat, was oft kritisiert worden ist, unterlassen, eine Definition des Todesbegriffes vorzuschlagen. Im Begriff des Komitees ist ausschließlich von Kriterien zur Feststellung des Todes die Rede (Ach u.a. 2000, 29-31).

Die Bundesärztekammer hat in ihrem 1982 veröffentlichten (1986 und 1991 fortgeschriebenen) Dokument „Kriterien des Hirntodes" den Hirntod als den „vollständigen und irreversiblen Zusammenbruch der Gesamtfunktion des Gehirns bei noch aufrechterhaltener Kreislauffunktion im übrigen Körper" definiert. Mit dem Organtod des Gehirns heißt es im Kommentar zu den Kriterien, sind „die für jedes personale menschliche Leben unabdingbaren Voraussetzungen, ebenso aber auch alle für das eigenständige körperliche Leben erforderlichen Steuerungsvorgänge des Gehirns endgültig erloschen". Auch das neue bundesdeutsche Transplantationsgesetz vom 5. November 1997 bestimmt in seinem § 3 Abs. 1 Satz 2, dass eine Organentnahme nur zulässig ist, wenn der Tod des Organspenders nach Regeln, die dem Stand der Erkenntnisse der medizinischen Wissenschaft entsprechen, festgestellt ist (Ach u.a. 2000, 32f). Jonas Kritik an der Gehirntoddefinition hängt zusammen mit seiner Entscheidung für eine biologische bzw. ontologische Strategie, der zu Folge der Tod eines Menschen mit dem Aufhören seiner Existenz zusammenfällt (Ach u.a. 2000, 38).

Häufig als Einwand vorgebrachte Slippery-Slope-Argumente (Behauptungen, mit der Verwendung bestimmter Techniken befinde man sich auf einem abschüssigen Pfad) haben insgesamt einen begrenzten Wert. Die Qualität eines Argumentes dieses Typs hängt davon ab, inwieweit es ihm gelingt, in einer Diskussionssituation die Beweislast umzukehren. Möglicherweise kann das Hirntodkonzept nicht moralisch begründet werden. Es lässt sich aber anthropologisch als Ende des menschlichen Erleben Könnens und personal-leiblicher Verfasstheit plausibel machen. Zudem gab es noch die Auseinandersetzung um den höheren Gehirntod, der sich insbesondere auf die Großhirnrinde des

Menschen bezog (Ach u.a. 2000, 40-45). Verschiedene Autoren haben
in jüngerer Zeit vorgeschlagen, den Hirntod zwar nicht als Zeichen für
den eingetretenen Tod eines Menschen zu deuten, ihn aber gleichwohl
als Entnahmekriterium zu akzeptieren. So sind z.b. Hoff und In der
Schmitten der Auffassung, Menschen mit irreversiblen Ausfall aller
Hirnfunktionen seien sterbende Patienten und eine Organentnahme stelle entsprechend strenggenommen einen tödlichen Eingriff dar. Dennoch
halten sie die Organentnahme von Sterbenden unter bestimmten Umständen für zulässig und auch für wünschenswert (Ach u.a. 2000, 49).

Es geht vor allem um die Frage nach dem moralischen Status des
Körpers zwischen Person und Sache (Ach u.a. 2000, 55). Das Lebensqualitätskonzept unterstützt die Interessen des Organempfängers (Ach
u.a. 2000, 59). Die These, dass Angehörige neben der Funktion, Stellvertreter der Interessen des Verstorbenen zu sein, auch mit eigenen Interessen in eine Organentnahme involviert sind, lässt sich mit verschiedenen Gründen plausibel machen (Ach u.a. 2000, 62). Aus der Sicht
einer interessenorientiert argumentierenden moralphilosophischen
Konzeption kann man das Interesse des toten Spenders als eine Art soziale Konvention verstehen, die die Ansprüche Lebender auf den Umgang mit ihrem Körper nach ihrem Tod schützt. Man kann den Begriff
der Menschenwürde als normativen Bezugspunkt heranziehen, eine
über den Tod hinaus fortdauernde Identität der Person behaupten und
schließlich argumentieren, die postmortalen Interessen des Verstorbenen seien zu berücksichtigen (Ach u.a. 2000, 69).

Dabei lässt sich bei der Frage einer Personalität über den Tod hinaus
zunächst an die christliche Lehre der Wiederauferstehung des Menschen anknüpfen (Ach u.a. 2000, 71). Neben den Interessen der verstorbenen Person, den Interessen ihrer Angehörigen und den Interessen des potenziellen Organempfängers spielt für die Frage, ob und in
welcher Weise ein Zugriff auf transplantable Organe erfolgen kann und
darf, auch die Interessen der Gesellschaft eine gewisse Rolle. Ein bestimmter Umgang mit Toten bzw. mit dem Leichnam ist in jedem Falle für das kulturelle und das soziale Selbstverständnis von Gesellschaften offenbar von erheblicher Bedeutung. Die Organspende muss eine
Spende, ein freiwilliges Geschenk bleiben. Die Betroffenen müssen in
der Lage sein, ihre Entscheidungen für oder gegen eine Organspende
weitgehend ohne sozialen oder gar finanziellen Druck zu treffen. Der
Handel mit Körpersubstanzen oder Körperteilen muss untersagt bleiben (Ach u.a. 2000, 77-81).

Folgende Praxisnormen werden formuliert: (1) Das Überlebensinteresse des möglichen Transplantatempfängers hat in der Regel Vorrang.

(2) Der zu Lebzeiten geäußerte (dokumentierte) Wille des Verstorbenen hat in der Regel Vorrang. (3) Der Konflikt der Interessen des Empfängers an einer lebensqualitätsverbessernden Transplantation einerseits und nicht-zustimmungsbereiter Angehörige andererseits macht Einzelfallabwägungen unverzichtbar. Die Angehörigen sind in diesen Fällen eindringlich, aber nichtdirektiv über die mit einer Transplantation verbundenen Chancen für den Empfänger zu informieren. (4) Die Explantation hat in einer Weise zu erfolgen, die der dem Leichnam geschuldeten Achtung gerecht wird. (5) Die Interessen der Verstorbenen oder ihrer Angehörige dürfen nicht hinter etwaigen Forschungsinteressen zurückgestellt werden. (6) Ökonomische Interessen dürfen bei der Entscheidung für oder gegen eine Transplantation keine Rolle spielen (Ach u.a. 2000, 85-90).

Gegenüber der Leichenspende muss die Spende von Organen durch lebende Spender immer nur zweite Wahl bleiben, weil diese Spende den Gesundheitszustand der Spender verschlechtert. Dabei gehen Ach u.a. von folgenden Prämissen und Aufgabenstellungen aus: (1) Jeder verständige Erwachsene kann entsprechend aufgeklärt eine autonome Entscheidung für oder gegen eine Organspende treffen. Der Begriff der Autonomie im Gegenstandsbereich der Lebendspende muss dieser Tatsache genügen. (2) Andere als entsprechend aufgeklärte, verständige Erwachsene können unter bestimmten Umständen solche autonomen Entscheidungen treffen. Die entsprechenden Personengruppen und Situationen sind auf ihre Möglichkeit zur autonomen Entscheidungsfindung gesondert und konkret zu untersuchen. (3) Es gibt Personen, die zwar zu den vielen verschiedenen autonomen Entscheidungen fähig sein mögen (zeitweise) aber nicht zu autonomen Entscheidungen im Bereich von Organspenden fähig sind, wie es auch menschliche Spender gibt, die vielleicht nicht zu anderen Entscheidungen fähig sind, aber zumindest zeitweise zu einer Entscheidung über Organspenden. (4) Besondere Probleme können sich aber auch bei autonomer Lebendspende ergeben, etwa durch die Einflüsse von unbekannten Risiken und Kommerzialisierung. Es ist zu untersuchen, ob es hier Grenzen des Zumutbaren gibt. (5) Es gibt keinen uneingeschränkten Respekt für die autonome Entscheidung von Personen, Organe zu spenden. Es ist deshalb zu untersuchen, wie weit der Respekt für autonome Spenderentscheidungen geht: Richtpunkte können hier allgemein anerkannte Grenzen der Lebendspende sein, wie etwa das Verbot lebensvernichtender Spende (der Spender stirbt notwendig durch die Spende), aber auch umstrittenere Grenzen, wie ein Verbot identitätsverändernder Spende, das möglicherweise die Spende von Hirngewebe und Keimdrüsen Lebender ausschlösse (Ach u.a. 2000, 91f).

Das Leitbild der individuellen, ganz auf die Bedürfnisse des potenziellen Spenders zugeschnittenen Aufklärung sollte in der Praxis das Ideal sein, muss aber notwendig umgekehrt ein Ideal bleiben: Weder stehen die finanziellen und persönlichen Mittel einer völlig individualisierten Aufklärung bereit, noch findet sich in der angespannten Situation der Organknappheit immer die Zeit, optimal aufzuklären. Die Lebendspende ist kein ärztlicher Heileingriff (Ach u.a. 2000, 98-100). Minderjährige sind inkompetent zu einer Spenderentscheidung. Gerade Minderjährige sind familiär eingebunden und stehen unter dem bei Angehörigenspenden ganz erheblichen Druck der tatsächlichen Verhältnisse (unter dem auch die Eltern als möglicherweise entscheidende Dritte stehen können; Ach u.a. 2000, 115).

Eine Lebendspende, die niemanden verletzt, wie Blutspende oder Knochenmarkspende, ist selbstverständlich erlaubt. Eine Organspende für Fremde durch Minderjährige ist nicht legitim. Ist es möglich, dass Dritte für einen Minderjährigen die Einwilligung zu einer Nähespende geben, die in seinen objektiv besten Sinne liegt? (Ach u.a. 2000, 118f). Der Begriff der Lebensqualität hat seit etwas Mitte der 70er Jahre verstärkt Eingang in den medizinischen Sprachgebrauch gefunden. Dabei hat sich seine Funktion gegenüber der Verwendung in politischen bzw. gesellschaftspolitischen Kontexten in spezifischer Weise verändert. Zielt das Lebensqualitätskonzept in der Wohlfahrtsökonomie vor allem auf die materiellen und normativen Voraussetzungen, die zu einem guten Leben gehören, und hat neben ökonomischen vor allem sozialpolitische, ökologische, sozialpsychologische und moralischpraktische Aspekte, so soll es jetzt als operationalisierbares Bewertungskriterium medizinische Entscheidungen ermöglichen oder doch zumindestens unterstützen. Eine allgemein akzeptierte Definition des Begriffs Lebensqualität gibt es nicht. Der Begriff bleibt unscharf. Es gibt zudem zahlreiche konkurrierende Methoden der Messung bzw. Bestimmung der Lebensqualität (Ach u.a. 2000, 123-125).

Die Auffassung, die Übertragung von embryonalem Hirngewebe auf einen Empfänger könne mit dem Ende der Identität des Empfängerorganismus einhergehen, unterscheidet nicht zwischen der Identität der Person einerseits und der Identität der Persönlichkeit andererseits. Es ist also sowohl möglich, als auch bei den derzeit praktizierten Formen der Neurotransplantation sehr wahrscheinlich, dass die befürchteten Änderungen unterhalb der Aufhebung der Personidentität bleiben und möglicherweise nur Auswirkungen auf die Identität der Persönlichkeit des Empfängers haben werden. Das Hirngewebstransplantationen mit erheblichen Persönlichkeitsveränderungen einhergehen können, stellt dieser Auffassung nach kein spezifisches Problem der Hirngewebs-transplantation dar, ist aber für deren moralische Bewertung zweifellos relevant (Ach u.a. 2000, 150). Um einigen gewichtigen Einwänden gegen die Zulässigkeit der Embryonalgewebespende und –transplantation zu begegnen, ist es erforderlich, die Entscheidung zum Schwangerschaftsabbruch so von der Entscheidung zur Spende von Embryonalgewebe bzw. zur Transplantation zu trennen, dass beide organisatorisch, logisch und personell unabhängig voneinander getroffen werden (Ach u.a. 2000, 155). Wägt man den Nutzen einer Entnahme embryonalen Gewebes oder von Geweben und Organen anenzephaler Neugeborener gegen die damit verbundenen Risiken und Gefahren für die betreffenden Spenderinnen und die möglichen Empfänger gegeneinander ab, dann muss das Fazit eher skeptisch ausfallen. Derzeit ist ein durchschlagender Erfolg in der Embryonalgewebetransplantation nicht abzusehen (Ach u.a. 2000, 159).

Eines der zentralen Probleme der Transplantationsmedizin besteht in der notorischen Knappheit von transplantablen Spenderorganen. Die Nachfrage nach Organen übersteigt das Angebot an zur Transplantation freigegebenen geeigneten Organen beträchtlich. Das gilt zumal für ein Land wie Deutschland. Hier wird die Verteilung von Spenderorganen durch die 1967 gegründete gemeinnützige Organisation Eurotransplant International Foundation im holländischen Leiden organisiert, zu deren Einzugsgebiet außer der Bundesrepublik Deutschland, Belgien, Luxemburg, die Niederlande und Österreich gehören. Regelmäßig werden in Deutschland mehr von Eurotransplant zugewiesene Organe transplantiert als spendetaugliche Leichenorgane nach Leiden gemeldet werden können. Deutschland besitzt damit im Verbund den Status eines Organimporteurs. Weder ist zu erwarten, dass politische Initiativen wie die 1997 erfolgte Verabschiedung des Transplantationsgesetzes in der Bundesrepublik das Organaufkommen wesentlich erhöhen werden, noch ist von medizinisch-technischer Seite eine Entspannung der Situation in naher oder ferner Zukunft zu erwarten (Ach u.a. 2000, 171).

Die Tatsache, dass der Organmangel unaufhebbar ist, führt zusammen mit dem Umstand, dass die Organallokationsentscheidung für die Betroffenen möglicherweise existenziell, eine Entscheidung im Wortsinne um Leben und Tod ist, und der Bedeutung, die dadurch der altruistisch motivierten Spendebereitschaft der Gesellschaftsmitglieder zukommt, zu einem besonders hohen Legitimationsdruck für die Verteilungsmodi, nach denen das knappe Spendeorgan zugeteilt wird (Ach u.a. 2000, 172). Die Eurotransplantregeln:

Ebene (1): Austauschpflicht. Zwangsaustausch bei näher definierter großer Gewebe-Übereinstimmung (und weiteren Faktoren wie Blutgruppenverträglichkeit);

Ebene (2): Allokations-Parameter wie Gewebe-Kompatibilität, nationale Organbilanz, Wartezeit und Entfernung. Die Eurotransplant-Regeln basieren auf dem Prinzip der individuellen Nutzenmaximierung und dem Prinzip der Chancengleichheit. Vorstellbar wäre aber auch ein an der Lebensqualität orientiertes Allokationskriterium (Ach u.a. 2000, 180-184).

Dies ist ein Verfahren, das selbst zu Ungerechtigkeiten führen kann. Die Wertigkeit des Empfängers, die Lebensweise und die Genese der Erkrankung könnten als Vergabekriterien aus ethischer Perspektive genauso berechtigt eine Rolle spielen wie soziale Verpflichtungen. Zwar ist nichts gegen einen Vorrang von medizinischen Kriterien bei der Auswahl von Organempfängern einzuwenden. Andere Kriterien wie Lebensalter, Familienstand, Persönlichkeit kommen u.U. für die Entscheidung mit in Betracht (Eser u.a. 1989, 766). Entscheidungshilfen könnte ein Punktesystem anbieten, in dem Gesichtspunkte wie medizinische Passung, Wartezeit, Grad der Lebensgefährdung, gesundheitliche Chancen nach der Operation oder persönliche Umstände quantitativ bewertet und gegeneinander verrechnet werden könnten. Ein solches Verfahren erscheint aber nur dann ethisch legitim, wenn dadurch die Entscheidung nicht gefällt wird, sondern entscheidungsunterstützende Gesichtspunkte eruiert werden. So könnte man die Organvergabe mittels Computer organisieren. Über ein Punktvergabesystem wäre das Expertensystem zwar ausbaufähig, aber wer legt was fest (Kogan 1991, 186)? Gerechtigkeit hat nichts mit Nützlichkeit zu tun: eine gerechte Verteilung von Organen muss nicht notwendig die mit dem größten Nutzen sein. Medizinische Kriterien können zu Surrogaten für soziale Kriterien werden. Es handelt sich hier um Faktoren, die ein medizinisch gutes Resultat voraussagen (Kogan 1991, 209f). Ein 30jähriger hat einen gerechteren Anspruch auf eine Nierenverpflanzung als ein 70jähriger. Medizinische Gründe sind keine Gerechtigkeitsargumente, sondern Nützlichkeitsgesichtspunkte. Daher kommt es gerade in dieser Frage auf nicht-konsequentialistische Bewertungsprinzipien an (Kogan 1991, 214f).

Im Durchschnitt stehen ein Viertel bis ein Drittel der erforderlichen Organe zur Verfügung. Dies führt z. B. bei Nieren zu einer durchschnittlichen Wartezeit von drei Jahren bei einer Lebenserwartung von 6 bis 7 Jahren. Wie groß die Notsituation ist, zeigen die Formen eines aufkommenden Organhandels. Organangebote kommen aus den Ostblockstaaten, Inder verkaufen aus Armutsgründen eine Niere genauso wie in vielen Ländern Lateinamerikas. Auch gegen den Willen der Betroffenen werden Opfern Organe entfernt, mittlerweile trifft es sogar Touristen. Ein Transplantationstourismus und eine Kommerzialisierung, also der Verkauf von Spenderorganen, und die Bevorzugung finanzstarker Empfänger sind abzulehnen (Eser u.a. 1989, 766). Strafrechtliche Sanktionen sollten erwogen werden, wenn möglich unter besonderer Berücksichtigung der (mehr oder minder kriminellen Art der) Beschaffung des entsprechenden Organs. Die Herkunft eines Organs muss transparent sein, wenn eine Transplantation durchgeführt werden soll. Von manchen wird der Vorwurf erhoben, das Hirntodkriterium sei nur um der Transplantationschirurgie willen entwickelt worden. Selbst wenn dies zutrifft, muss der darin implizierte moralische Vorwurf nicht unbedingt Billigung von ethischer Seite erfahren. Es ist ethisch keineswegs verwerflich, das Todeskriterium so zu wählen und zu formulieren, dass andere Menschen gerettet werden können, sofern die, denen Organe entnommen werden, nicht geschädigt oder in ihrer Würde des Sterbens oder Todes beeinträchtigt werden.

Die größte Gefahr einer Kommerzialisierung der Transplantationsmedizin besteht zweifellos in der Möglichkeit, dass Menschen sich dazu gezwungen sehen könnten, Teile ihres Körpers zu veräußern, um ihren Lebensunterhalt gewährleisten oder sich Lebenschancen offen zu halten. Die Qualität des Spendeblutes in den USA, in den es ein halbwegs kommerzialisiertes Spendesystem gibt, ist eher schlechter als das in England gesammelte Blut, in dem ein auf Freiwilligkeit beruhendes System praktiziert wird. Neuere Untersuchungen aus Ländern, in denen es eine Kommerzialisierung der Transplantationsmedizin offen oder zumindest de facto gibt, scheinen dieses Ergebnis auch für die Transplantationsmedizin zu bestätigen, ein Umstand, der für die Betroffenen Spender ebenso wie für die Organempfänger bedrohlich ist, manchmal katastrophal (Ach u.a. 2000, 196f). Unbenommen davon ist die Debatte, ob die Hergabe eines Organs nicht von monetären oder nicht-monetären Kompensationsleistungen begleitet sein sollte (Ach u.a. 2000, 200f).

Quasi zur Abwehr des Notstandes aufgrund eines eklatanten Mangels an Spenderorganen, der zum unnötigen Tod einer Reihe von Patienten führt, die keine Transplantate bekommen, ist die Überlegung ethisch legitim (obwohl das deutsche Transplantationsgesetz die Zustimmungslösung zugrunde legt), die Zustimmung zur Organentnahme aus mitmenschlicher Solidarität zu unterstellen, es sei denn, der Widerspruch wäre ausdrücklich erklärt (Widerspruchslösung). In dieser sog. Widerspruchs- oder Informationslösung wird das Schweigen eines Patienten als Zustimmung ausgelegt. Liegt eine Widerspruchserklärung des potentiellen Spenders nicht vor, so müssen gemäß diesem Vorschlag die Angehörigen über die Organentnahme informiert werden, aber nicht zustimmen. Nach einer angemessenen Bedenkzeit, in der die Angehörigen Widerspruch einlegen können, darf das Organ entnommen werden. Damit wird die Organentnahme zum Normalfall. Aus der Sicht des Selbstbestimmungsrechtes ist die ethisch sauberste Lösung zweifelsohne die Einwilligungslösung, die bevorzugenswert ist. Wenn allerdings zu Recht mit einer Art Notsituation argumentiert wird, so könnte auch die Informations-Lösung als ethisch erlaubt gelten.

Bei der Einwilligungslösung musste der hirntote Patient zu Lebzeiten eine Einwilligungserklärung zur Organentnahme unterschrieben haben und mit sich führen. Falls diese fehlte, mussten die nächsten Angehörigen ihre Zustimmung erteilen. Diese war in der Schock-Situation der Todesnachricht häufig nicht so einfach zu erhalten, obwohl die Bereitschaft zur Zustimmung unter der Bevölkerung nicht als gering zu betrachten ist. Jedenfalls kam es zu zeitlichen Verzögerungen und nicht alle potentiell übertragbaren Organe standen zur Transplantation rechtzeitig zur Verfügung. Seitdem zudem die Abstoßungsreaktionen immer mehr unter Kontrolle gebracht werden konnten, wuchs die Nachfrage nach entsprechenden Organen sprunghaft.

Hier könnte die Xenotransplantation helfen, die gentechnische Veränderung von Tierorganen zu dem Zwecke, die genetische Verträglichkeit zwischen Spendertier und Empfängermensch so weit wie möglich zu erhöhen. Helmut Grimm führt als Gründe für eine Xenotransplantation an: Die Möglichkeit, mit Hilfe von Tierorganen den Mangel an menschlichen Spenderorganen zu überwinden, verhindert den vorzeitigen Tod von schwerkranken Menschen und die Unabhängigkeit von Maschinen ermöglicht eine bessere Lebensqualität. Die schwerbelastenden Fragen im Zusammenhang der Organspende über Hirntod und die Einholung der Zustimmung bei den Angehörigen, von verstorbenen Personen Organe zu entnehmen, fallen weg. Die Möglichkeiten, dass potentielle Patienten sich aus Drittländern Organe gegen Entgelt verschaffen, würden entfallen. Die Kostenersparnis wäre beträchtlich. Gründe gegen eine Xenotransplantation sind: Das Risiko, dass Krankheitserreger von Tieren auf den Menschen übertragen werden, konnte bisher nicht widerlegt werden. Die Ungewissheit, ob das Tiertransplantat sich der Lebenserwartung des Menschen anpasst, oder ob es die Art spezifischer Lebenserwartung des Tieres aufweist, war bislang nicht zu beseitigen. Die Frage, ob ein Tierorgan langfristig mit den biochemischen Abläufen im menschlichen Körper kompatibel ist, kann gegenwärtig nicht beantwortet werden. Die Einführung einer Vielzahl menschlicher Gene ins Erbgut der Tiere und die möglichen Folgen für deren Wohlbefinden sind nicht abzusehen. Der Tod vieler Tiere müsste in Kauf genommen werden, um dringend gestellte Fragen einer Lösung zuzuführen. Die Bedenken, bis zu welchem Grad Tiere genetisch manipuliert und ob nichthumane Primaten als Organquelle in Anspruch genommen werden dürfen, bleiben. Die Auswahl der Patienten, an denen die ersten klinischen Versuche unternommen werden, da sie mit hoher Ungewissheit bezüglich des Überlebens verbunden sind, kann wegen der vielen ungelösten Probleme unter keinen Umständen getroffen werden.

Konflikte bei der Durchführung von Xenotransplantationen bestehen zwischen dem Lebensrecht des Menschen und dem Lebensrecht von Tieren, zwischen mitmenschlicher und mitgeschöpflicher Solidarität. Allerdings ist Xenotransplantation nicht eine Notlösung, wenn es gelänge, Bioorgane unbegrenzt zur Verfügung zu stellen. Sie würde zur Standardtherapie werden. Betroffene und Nichtbetroffene beurteilen die Xenotransplantation unterschiedlich. Die Bereitschaft, Organe weiterzugeben, hat kontinuierlich abgenommen, weil in unverantwortlicher Weise durch mangelnde Sachkenntnis und gezielte Fehlinformationen Menschen verunsichert worden sind, eine positive Haltung zur Organspende einzunehmen. Der Konflikt, der durch die Vorstellung eines Tierorgans im Leib eines Menschen ausgelöst wird, ist wohl nicht sehr groß, zumindest bei Betroffenen (Grimm 2003, 282-285). Die Frage der Natürlichkeit der Xenotransplantation bemisst sich mithin nicht an Gegebenem, sondern daran, diesen Verfahren die anthropologische Grundbedingung menschlichen Daseins, als Freiheitswesen über sich selbst bestimmen zu können, negativ tangiert ist. Dies wäre dann, aber auch nur dann der Fall, wenn die Übertragung tierischer Zellen, Gewebe oder Organe auf den Menschen dessen Grundverfasstheit als Freiheitswesen einschränken würde. Dies kann aber nur der Betroffene selbst entscheiden (Grimm 2003, 288f).

Unter der Voraussetzung, dass Xenotransplantation als Heilversuch angesehen werden kann, ist eine Rechtfertigungsfähigkeit denkbar unter der Bedingung einer ansonsten aussichtslosen Situation bei der vollständige Alternativlosigkeit der Lebensrettungsmöglichkeiten, ein nicht nur kurzfristiges Überleben des Patienten erreichbar erscheint und vor allem die Zustimmung des Patienten und seines ärztlichen und sozialen Umfeldes nach umfassender Aufklärung vorliegt. Der Umgang mit der Frage des Infektionsrisikos für Dritte zählt zu den schwierigsten ethischen Problemen der Xenotransplantation. Zur Frage nach der Hinnehmbarkeit der Folgen ist darauf hinzuweisen, dass der erhoffte Nutzen nicht nur die relativ kleine Zahl der auf der Warteliste stehenden organbedürftigen Patienten ist, sondern sollte z.b. die Inselzelltransplantation aus dem tierischen Pankreas gelingen, eine in die Hunderttausende gehende Zahl von Patienten betrifft. Legitimationsfähig wäre die Transplantation insoweit nur dann, wenn es gelänge, mit ihrer Hilfe für die betroffenen Patienten eine nicht nur kurze Lebensverlängerung zu erreichen (Grimm 2003, 289-294).

Die tierethische Argumentation umfasst folgende Punkte: (1) Die originär tierethische Frage: Haben Tiere einen so hohen Eigenwert, dass es generell verboten ist, sie zugunsten menschlicher Zwecke zu instrumentalisieren? Die Rechtfertigungsfrage der Gentechnologie kommt hinzu: Stellt der artübergreifende Gentransfer einen unzulässigen Eingriff in die Natur dar? Die Frage der Makroallokation: Verbietet das Wohlstandsgefälle zwischen Industrie- und Dritte-Welt-Ländern die Ressourcen intensiver Entwicklung einer Technologie, deren möglicher Nutzen nur wenigen, privilegierten Menschen zugute kommen wird? Die sozialpolitische Fragestellung: Wieweit ist die Sozialgemeinschaft verpflichtet, medizinische Voraussetzungen zur Lebenserhaltung oder zur Verbesserung der Lebensqualität bereitzustellen? Die Frage nach der Ethik des Humanversuchs: Wann und unter welchen Bedingungen dürfen neue Verfahren erstmals am Menschen erprobt werden? (2) Die speziellen tierethischen Fragestellungen: Verbietet der Wert des Tieres jede Form der Xenotransplantation? (3) Die Fragen der Chimären-Problematik: Ist es ethisch vertretbar, Chimären zu erzeugen? Wird die Personalität von Menschen, denen tierische Zellen, Gewebe oder Organe transplantiert werden tangiert? (4) Die Frage nach gleichwertigen Alternativen: Gibt es gleichwertige Alternativen zur Xenotransplantation, die ethisch unbedenklich sind? (5) Die Fragen der Mikroallokation: Könnte die Einführung der Xenotransplantation zu einer Ungleichbehandlung von Patienten führen, so dass ältere Menschen nur noch billigere Xenotransplantate erhalten und alle Transplantate jungen Menschen vorbehalten bleiben? (6) Die Risikofrage: Ist die Xenotransplantation auch angesichts des Risikos, durch die Technik neue Informationskrankheiten des Menschen zu generieren, ethisch vertretbar? (Grimm 2003, 298).

Wer ein absolutes Verbot der Xenotransplantation aus tierethischen Aspekten fordert, muss die originär tierethische Frage, die Rechtfertigungsfrage der Gentechnologie und der speziellen tierethischen Fragestellung in Form eines deontologischen Verbotes beantworten (Grimm

2003, 299), also die Position der konservativen Lebensschützer einnehmen. Die überwiegende Mehrzahl der Patienten (79 %) steht einer Transplantation tierischer Organe positiv gegenüber – insbesondere unter der Voraussetzung, dass die Ergebnisse denen einer Allotransplantation vergleichbar wären (Grimm 2003, 308). Für Patienten, die eine neue Leber, ein Herz oder eine Lunge benötigen, gibt es keine Alternative zur Transplantation. Insgesamt scheinen also potentielle psychische Probleme keine relevanten Hindernisse für die Einführung der Xenotransplantation darzustellen (Grimm 2003, 311f). Für die Bereitstellung von Xenoorganen wurden zwar noch keine endgültigen Vorschriften erlassen, aber bereits jetzt ist klar, dass Auflagen für Qualitätskontrollen und ein entsprechendes Hygienemanagement die Produktionskosten der Organe entscheidend beeinflussen. Um das Risiko zu minimieren, gemeinsam mit dem Organ auch Pathogene zu übertragen, sind bei der Aufzucht der Schweine für die Xenotransplantation umfangreiche Vorsichtsmaßnahmen und Untersuchungen erforderlich. Gerade wegen der erhöhten Komplikationsrate infolge starker Immunsuppression ist damit zu rechnen, dass die Patienten sich nach einer Xenotransplantation nicht so schnell erholen wie nach einer Allotransplantation und verstärkt intensiv medizinische Maßnahmen erforderlich werden (Grimm 2003, 332).

Das Kostenverhältnis von Allo- und Xenotransplantation wird letztlich durch zwei Eigenschaften der Xenoorgane bestimmt: Dies sind Leistungsfähigkeit und Lebensdauer des Organs, weil diese den Aufwand und die Komplikationsraten am Patienten nach dem Eingriff bestimmen. Zudem werden die mit der Xenotransplantation verbundenen Ausgaben entscheidend durch die Sicherheit der Organe beeinflusst (Grimm 2003, 341f). Schweine werden mit sechs Monaten geschlechtsreif, haben eine nur kurze Tragzeit (durchschnittlich 114 Tage), gebären im Mittel 10 Ferkel und erreichen sehr schnell eine für erwachsene Menschen adäquate Größe. Sie können zu verhältnismäßig geringen Kosten auch unter steril und pathogenfreien (SPF) Bedingungen gezüchtet werden. Hierdurch lassen sich die meisten der bekannten Schweinezoonosen, die von klinischer Bedeutung sind, ausschließen. Ethische Vorbehalte spielen aufgrund der bereits lange bestehenden Domestizierung des Schweines und seiner Nutzung als Nahrungsmittel nur eine untergeordnete Rolle. Die bisher durchgeführten Formen genetischer Modifikationen zeigte zudem keine Auswirkungen auf die Gesundheit der Tiere, auf ihr Wachstum sowie auf ihre sexuelle Reifung und Fortpflanzungsfähigkeit (Grimm 2003, 348).

Obwohl die hyperakute Abstoßungsreaktion bei der xenogenen Lungentransplantation noch nicht verhindert werden kann, bietet eine Kom-

bination verschiedener Optionen die realistische Hoffnung, dass xenogene Lungentransplantate im Menschen überleben können. Während
für Schweinenieren, -lebern und –herzen bereits klinische Versuche angestrebt werden, befindet sich die Xenotransplantation der Lunge lei-
der noch ganz am Anfang (Grimm 2003, 362). Da die Niereninsuffizienz (anders als das Herz- und das Leberversagen) mit der Dialyse gut
behandelt werden kann, besteht allgemeiner Konsens, dass die Nieren-
Xenotransplantation klinisch erst eingesetzt werden darf, wenn in prä-
klinischen Experimenten ein Überleben von etwa einem Jahr mit ak-
zeptabler Immunsuppression erreicht worden ist. Dies entspricht einer
Verzehnfachung der bisher erzielten Überlebenszeiten. Zweitens muss
die Übertragung von Krankheitserregern auf den Xenotransplantatemp-
fänger oder gar Dritte mit hoher Wahrscheinlichkeit ausgeschlossen
werden. Im Zentrum des Interesses stehen momentan porcine endogene Retroviren (PERVs), die nicht durch entsprechende Haltungs-
und/oder Zuchtmaßnahmen aus dem Tierbestand eliminiert werden
können (Grimm 2003, 365f). Bisher scheiterte die Transplantation von
tierischen Organen auf den Menschen an der Hürde der hyperakuten
Abstoßungsreaktion. Mit der Einschleusung humaner Gene in das
Schweineerbgut verbindet sich die Hoffnung, diese Hürde zu meistern
(Grimm 2003, 369). Es ist jedoch noch nicht einmal sicher, in welchem
Ausmaß die porcine Leber Ziel einer akuten Abstoßungsreaktion sein
würde. Unklar bleibt also weiterhin, ob eine Schweineleber vom
menschlichen Immunsystem langfristig akzeptiert wird (Grimm 2003,
371).

Paradoxerweise ist es gerade der Erfolg der Transplantationsmedizin auch auf dem Gebiet der Immunsuppression, der die notorische
Knappheit von Spenderorganen weiter verschärft. Mittlerweile kommen aufgrund medizinischer Möglichkeiten viel mehr Patienten für eine Organtransplantation in Betracht als durch die vorhandene Menge
an Organen behandelt werden können (Quante/Vieth 2001, 16f). Ver-
gleicht man die bisher vorliegenden Studien zum Stand und Perspektiven der Xenotransplantation, so wird ihre Einführung in die bestehen-
de Praxis der Transplantationsmedizin gegenwärtig als problematisch
eingeschätzt. Während die ersten Studien von 1996 noch recht optimis-
tisch mit einer Lösung der anstehenden technischen und ethischen
Probleme rechneten, macht sich im Laufe der Zeit zunehmend Skepsis breit. Neben dem Problem der Abstoßung fremden Gewebes ist es
vor allem die schwer einschätzbare Gefahr xenogener Infektionen, die
zunehmend skeptisch stimmt. Aber auch die mit dem Schutz und dem
Monitoring von Patienten (und ihnen nahestehender Personen) verbun-

denen ethischen Probleme sind beachtlich. Ebenso wenig sind zum gegenwärtigen Zeitpunkt bereits alle tierethischen Fragen hinreichend beantwortet. Gleichwohl wird einhellig vor einem voreiligen Verzicht auf diese Option gewarnt, da der Mangel an Transplantaten humanen Ursprungs langfristig ein kaum lösbares Problem darstellt (Quante/Vieth 2001, 135). Leichter realisierbar als eine endgültige Übertragung von Organen von Tier-Spendern auf den Menschen könnte das sogenannte Bridging sein. Die Interspezies-Transplantation dient dabei als eine Art Überbrückungsmaßnahme für einen anders nicht am Leben zu erhaltenden Patienten, bis ein geeignetes menschliches Organ zur Verfügung steht (Ach u.a. 2000, 162).

2.4 Medizinethische Probleme am Anfang und Ende menschlichen Lebens – Abtreibung und Euthanasie

In einer pluralistischen Gesellschaft wird die Freiheit der Wahl der Mütter sehr hoch eingeschätzt. Feministinnen sehen in jeder Einschränkung der Abtreibung einen Krieg der Männer gegen die Frauen, um sie weiterhin unterdrücken zu können. Aber dies ist genauso falsch wie Abtreibung als Mittel der Geburtenkontrolle zu propagieren (Kogan 1991, 63). Die Schwangerschaft stellt ein besonderes Stadium im Leben der Frau wie auch des werdenden neuen Menschen dar. Sie lediglich als einen besonderen physiologischen Zustand der Mutter zu deuten, ist weder biologisch noch anthropologisch zu rechtfertigen. Wir haben es hier mit einer besonderen Verbindung zu tun, die sich biologisch, medizinisch und psychosomatisch darstellen lässt, wobei allerdings der Mutter bis in ein weit fortgeschrittenes Stadium der Fetalentwicklung die entscheidende, weil für das Kind lebenserhaltende Funktion zukommt (Eser u.a. 1989, 963). Zwei ethisch relevante grundsätzliche Gesichtspunkte im Sinne ethischer Prinzipien werden zur Bewertung des Schwangerschaftsabbruchs angeführt, nämlich das Lebensrecht des werdenden Menschen und seine immanente Würde einerseits und das Selbstbestimmungsrecht der Mutter bzw. der Eltern andererseits.

Die traditionelle Bewertung des Schwangerschaftsabbruchs ordnet die Freiheit der Mutter dem Lebensrecht des Kindes unter und geht von einer Berechtigung des Schwangerschaftsabbruchs nur dann aus, wenn zwei unschuldige Leben in Konkurrenz stehen und nach sorgfältiger medizinischer Abwägung nur eins zu retten ist (strenge medizinische

Indikation). Dem eher rettbaren Leben ist in diesem Falle einer Güter-abwägung dem weniger rettbaren vorzuziehen. Die traditionelle Position betont das Lebensrecht des werdenden Menschen vom Moment der Befruchtung an. Die Wahrnehmung eines möglichen Schadens ist an die Empfindungsfähigkeit und Schmerzfähigkeit gebunden. Diese ist ab dem 35. bis 45. Schwangerschaftstag gegeben, so dass sie im Falle einer Abtreibungsfrist von drei Monaten unterstellt werden darf. Die Tötung werdenden menschlichen Lebens ist eine objektive Schädigung dieses menschlichen Lebens und die zu unterstellende schmerzhafte Wahrnehmung der Schädigung macht es noch dringlicher, das werdende menschliche Leben bei einer Entscheidung über einen Schwanger-schaftsabbruch im Sinne der Fristenlösung zu berücksichtigen. Allerdings sind Schädigungen nicht absolut verboten, vor allem nicht für einen Gradualisten. Auf der anderen Seite ist die Größe der Bedrohung zu bewerten, die die Schwangerschaft etwa bei Vergewaltigung, Inzest oder schweren Erbkrankheiten oder auch in psychosozialen Notlagen bei der Schwangeren auslöst. Hier kann die Schwangere durchaus subjektiv das Gefühl haben, ihre Schwangerschaft sei eine Krankheit, von der sie geheilt werden müsse.

In der gegenwärtigen medizinischen Praxis ist Patientenautonomie oftmals nicht mehr als das Recht, eine Behandlung zurückzuweisen. Autonomie wird häufig verstanden als Recht auf Wahl und auf reproduktive Freiheit einschließlich des Rechtes, den Schwangerschaftsabbruch zu wählen. Reproduktive Freiheit bzw. reproduktive Wahl wird verschiedentlich verstanden und in anwachsendem Maße als vitale Komponente individueller oder persönlicher Autonomie verstanden. Einige Schriftsteller haben dahingehend argumentiert, dass die reproduktive Freiheit eine tiefe Form des Selbstausdruckes ist, die Ausübung individueller Autonomie, die soweit geht, sich nicht nur darauf zu beschränken zuzustimmen oder die Zustimmung Vorschlägen anderer gegenüber zu verweigern (O'Neill 2002, 49-55).

In den letzten Jahrzehnten des 20. Jahrhunderts haben die Fortpflanzungstechnologien verschiedene Wege eröffnet, Selbstbestimmung und Selbstausdruck im Hinblick auf die eigene Nachkommenschaft auszuüben, die weit über das hinausgehen, was man früher unter Vermeidung nicht erwünschter Kinder und die Planung erwünschter verstanden hat. Dazu entsprechend im Hinblick auf die reproduktive Autonomie wurde die prokreative Autonomie immer weiter und vielfältiger verstanden, zumindest in reichen Gesellschaften. Der Appell an die Autonomie wurde unterstützt durch den Gebrauch und ebenso garantierten Zugang zu einer breiten Vielfalt von assistierten reproduktiven Technologien, die von der Hormonbehandlung bis zur IVF und zum Gebrauch von Eispenden, Spermaspenden und Fremdspenden von der Geburt eines Kindes nach der Menopause, ja sogar nach dem Tod reichen. Allerdings kann die Berufung auf die reproduktive Autonomie alleine nirgendwo irgendein Recht etablieren, spezifische Technologien zu benutzen (O'Neill 2002, 57f).

Reproduktion ist anders als Kontrazeption und Abtreibung in der Hinsicht, dass eine dritte Partei, ein Kind, zur Welt gebracht wird. Das Unglück der Unfruchtbaren besteht darin, dass sie dieses Ziel nicht erreichen können: Aus diesem Grunde suchen sie Hilfestellung bei der Reproduktion. Die reproduktive Wahl ist daher nicht im Sinne und nach dem Modell eines Freiheitsrechtes zu begreifen wie z. B. das Recht auf Freiheit, sich selbst auszudrücken (O'Neill 2002, 61). Es gibt kein Recht auf Nachkommenschaft, weil dieses nicht einlösbar wäre. Reproduktion ist in sich selbst nicht ein individuelles Projekt. Immer beginnt es mit einer Beziehung, oftmals unvollkommen, manchmal kurz und ausbeuterisch, zwischen einem Mann und einer Frau. Wann immer sie erfolgreich ist, fordert dies eine lang andauernde Beziehung, um das Leben des Kindes zu schützen und für dieses Kind zu sorgen, welches auf die Welt gebracht wurde (O'Neill 2002, 65).

Wer immer im Zusammenhang mit Nachkommenschaft auf individuelle Autonomie pocht und ihr eine zentrale oder entscheidende Rolle bei der Entscheidung, Kinder zu haben, einräumt, der behandelt die Interessen der Schwachen und Verletzlichen als untergeordnet der Selbstdarstellung und den Wünschen der relativ Mächtigen. In diesem Fall impliziert die Autonomie in besonderem Maße Schutzverpflichtungen für andere, nämlich die Verpflichtung, Schaden von zukünftigen Kindern abzuwenden. Genetische Verbesserung, d.h. genetische Modifikationen, die menschliche Lebewesen mit verschiedenen und unterstellten verbesserten Kompetenzen und Kapazitäten produzieren einschließlich größerer Kapazitäten für individuelle Autonomie, erweitert das Verständnis für individuelle Autonomie (O'Neill 2002, 71). Andererseits ist auch die Gewissensfreiheit des Arztes zu respektieren. Bei der Durchführung des Aborts wird der Arzt zum Täter bei einem tötenden Eingriff. Das ist für jeden Arzt zumindest ein standesethischer Konflikt (Eser u.a. 1989, 968). Er darf zu einem solchen Eingriff nicht gegen seinen Willen gezwungen werden, es sei denn, die Schwangere befinde sich in anders nicht abwendbarer Lebensgefahr oder ihr drohe ein schwerer Gesundheitsschaden (Eser u.a. 1989, 978). Zudem muss er die Patienten an entsprechende bereitwillige Kollegen überweisen (Eser u.a. 1989, 968).

Die sich an der Patientenautonomie orientierende Schwangerschafts-
konfliktberatung muss die Ratsuchende an der Stelle abzuholen bemüht
sein, an der die Frau bzw. die Eltern mit ihren Schwierigkeiten mit der
Schwangerschaft stehen. Dabei hat der Arzt eine gewisse Neutralität einzunehmen, selbst dann, wenn er für das Leben votiert. Ziel der Beratung
bleibt es, der einzelnen Ratsuchenden unter Berücksichtigung der sittlichen Prinzipien und Kriterien und angesichts der konkreten Umstände
zu einem eigenverantwortlichen Entscheid zu verhelfen. Auch im Fall
eines Entscheids der Schwangeren, die Schwangerschaft nicht auszutragen, sollte sie nicht aus der ärztlichen Fürsorgepflicht entlassen werden
und darf mit einer psychischen Hilfestellung und mit mitmenschlicher
Begleitung rechnen (Escr u.a. 1989, 987f). Beide Eltern tragen Verantwortung für das von ihnen gezeugte Leben und sollten daher in den Be-
ratungsprozess einbezogen werden (Eser u.a. 1989, 966), es sei denn,
die Frau wünscht ausdrücklich, dass der Vater nicht anwesend ist.

Ein Hauptteil der Kontroverse über die Abtreibungsthematik kon-
zentriert sich auf die Frage nach dem Lebensbeginn bei der Konzeption. In den Köpfen von vielen Menschen ist diese Konzeption etwas
einmaliges, einzigartiges, etwas singuläres, etwas, das ein sehr spezielles Ereignis in der Kette der Ereignisse ist, die zur Geburt führen. In
diesem Zusammenhang brauchen wir ein Verständnis einiger basaler
und wohlbekannter biologischer Tatsachen (Siehe Kap 1.3). Dann begreifen wir, dass die Konzeption nur ein bestimmtes Glied in einer Kette von Ereignissen darstellt (Morowitz/Trefil 1992, 43). Die Schuldfrage verlangt eine behutsame Betrachtung. Kaum jemand will
menschliches Leben vor der Geburt zerstören, einfach weil er Lust am
Töten hat. Im Schwangerschaftsabbruch wird vielmehr das letzte Mittel gesehen, um im Konkurrenzfall andere, wichtiger erscheinende Güter nicht zu verlieren. Die psychosoziale Betreuung vieler Patientinnen
nach dem Abort hat gezeigt, dass in fast allen Fällen das Geschehen
tiefgreifende Eindrücke hinterlässt, die nicht selten mit schweren
Schuldgefühlen behaftet sind (Eser u.a. 1989, 968f). Die Beratung sollte daher einfühlsam sein und der Schwangeren wie ihrer Situation gerecht werden (Eser u.a. 1989, 966). Gemäß der Forderung des Verfas-
sungsgerichtes sollte die Beratung aber nicht neutral sein, sondern den
Wert des werdenden menschlichen Lebens betonen und auf die Verantwortung für das ungeborene Leben hinweisen. Diese Forderung erscheint aus ethischer Perspektive nicht unberechtigt, darf aber nicht zur
Moralisierung des Gesprächs und zur Verstärkung von Schuldgefühlen führen. Die Ratsuchende soll ihre Entscheidung so treffen, dass sie
auch später noch dazu stehen kann (Eser u.a. 1989, 990).

Gemäß der Position des Gradualismus könnten (Siehe Kap. 1.3) für die Abtreibungsfrage zwei Entwicklungsparadigmen wichtig werden: die Ausbildung der menschlichen Gestalt und Schmerzfähigkeit zwischen der 10. und 12. Schwangerschaftswoche und dass vor dem Zusammenschluss der Synapsenformation im Kortex während des 6. bzw. 7. Monats der Schwangerschaft fetale Subjektivität dispositionell nicht vorliegen und der Fetus einen leiblich-personalen Status nicht erreicht haben kann. Die Frau müsste daher bis zur 12. Woche das Recht haben, die Schwangerschaft fortzuführen bzw. abzubrechen. Bis zu dieser Periode (und ab der Nidation) müsste Schwangerschaft eine Frage der Wahl sein (reines Fristenmodell). Für das zweite Trimester der Schwangerschaft sollten Mechanismen entwickelt werden, die Entscheidungen über die Fortsetzung der Schwangerschaft erlauben, die die Entwicklung des Fetus in erheblicher Weise mit berücksichtigen, auf der anderen Seite aber der Mutter das Recht geben, ihre Werte in Beziehung auf die Schwangerschaft zu formulieren und bei entsprechendem Gewicht zu realisieren. Für die 13. bis 25. Woche käme eine Freigabe des Schwangerschaftsabbruchs mit dokumentierter Pflichtberatung (mit gesellschaftlich relevanter Rechenschaftsablage) in Frage. Danach (ab der 26. Woche) sollte strenge medizinische Indikation praktiziert werden, d.h. Schwangerschaftsabbruch nur geduldet werden, wenn das Leben der Mutter unmittelbar bedroht ist. Für schwere genetisch bedingte Krankheitsanlagen sollten eigene Regeln eingeführt werden. Außerdem ist eine gradualistische Position der Meinung, dass es keine Verpflichtung geben kann, Anenzephale auszutragen. Auch hier könnte juristisch näher bestimmt werden, wo Grenzen liegen. Ein Anenzephaler kann keine menschliche Personalität ausprägen. Anenzephale freiwillig auszutragen, um ihre Organe zur Transplantation zu verwenden, scheint ethisch gesehen erlaubt zu sein, doch sollte der Hirntod – soweit möglich – trotzdem festgestellt werden.

Die andere Seite der Medaille beschreiben die biomedizinischen Probleme mit Tod und Sterben Lassen im medizinischen Alltag. Gerade bei chronisch Kranken dauern aufgrund der Möglichkeiten der Intensivmedizin Sterbeprozesse heute länger als früher und sind bisweilen schwieriger geworden (Eser u.a. 1989, 1078). Wenn medizinisch der Sterbeprozess eingesetzt hat und Therapien nur noch einen Aufschub im Sterbensprozess gewähren können, tritt ein anderes Moment an der Behandlung in den Vordergrund, nämlich Lebenshilfe in der letzten Lebensphase zu leisten. Sterben ist ein Phänomen des Lebens und Erlebens. Daher ist es ethisch problematisch, einem Patienten Psychopharmaka zu verabreichen, die stark bewusstseinstrübend wirken und ihm so die Gelegenheit zu nehmen, seinen eigenen Sterbeprozess gestalten zu können. Geeignete Namen für diese Aufgabe sind Sterbebeistand oder Sterbebegleitung. Sterbebegleitung bedeutet: Sich zu den Sterbenden zu gesellen, sein Weggefährte auf dem Weg zu sein, den er zu seinem Tode zurücklegen muss. Begleitung hat die Aufgabe, dem Sterbenden alle nötige medizinische und pflegerische Hilfe zu geben und alles Mögliche zur Bekämpfung von Schmerzen und der anderen Beschwerden zu tun. Eine Verlängerung des Sterbeprozesses ist nur akzeptabel, wenn und insofern dem Sterbenden damit gedient ist und er dieses auch ausdrücklich wünscht. Leitbilder für die Sterbebegleitung sind die Erfüllung der körperlichen Bedürfnisse des Sterbenden sowie der Bedürfnisse nach Sicherheit, Liebe, Achtung, Selbstverwirklichung und Kommunikation. Jenseits aller trainierten Fähigkeiten und Techniken bleibt jedoch das Wichtigste die Grundhaltung der Solidarität (Eser u.a. 1989, 1079-1085).

Beim Abstellen von Maschinen ist die Grenze zur aktiven Sterbehilfe äußerst schmal. Hier ist eine Nähe zur Unterlassungshandlung kaum abzustreiten. Sie kann auf Patientenwunsch und im Koma nach Zustimmung durch Angehörige als akzeptabel eingestuft werden. Auch Schmerztherapie kann zur freiwilligen indirekten Sterbehilfe führen. Schmerztherapie wird akzeptiert, wenn sie als unvermeidliche Nebenfolge möglicherweise den Eintritt des Todes beschleunigt. Außerdem kann die Beihilfe zur freiwilligen Selbsttötung genannt werden. Sterbehilfe bei mutmaßlicher Freiwilligkeit ist von Mord oder Tötung zu unterscheiden. Selbst passive Sterbehilfe wird als sehr problematisch betrachtet, wenn die Einwilligung des Patienten mit infauster Prognose dazu fehlt. Nach geltendem deutschem Recht darf bei Neugeborenen mit schwersten Fehlbildungen oder schweren Stoffwechselstörungen im Einvernehmen mit den Eltern, wenn keine Aussicht auf Heilung oder Besserung besteht, auf lebenserhaltende Maßnahmen verzichtet werden. Bei Nichteinwilligungsfähigen sind gesetzliche Vertreter zu befragen. Insgesamt besteht hier die Gefahr, aus dem Leben gelobt zu werden. Das Konfliktfeld Sterbehilfe lässt sich nicht durch den Rückgriff auf die Menschenwürde lösen, aber in gewisser Weise strukturieren (Knoepffler 2004, 146-164).

Einen Sterbenden zu begleiten, ist nicht einfach, setzt Wissen um den Begleitenden und den Sterbeprozess wie eine Kompetenz im Umgang mit dem Tod voraus, die nicht einfach vorhanden ist, sondern erlernt und erworben werden muss. Erschwerend wirkt sich unsere unterbewusste Abwehrstrategie gegen die Vorstellung, getötet zu werden, unser Schutzmechanismus des Glaubens an die eigene Unsterblichkeit, aus. Je tiefer wir mit der Wissenschaft in die Natur eindringen, um so mehr scheinen wir den Tod zu fürchten. So wird der Tod tabuisiert. Das Anwachsen der Zahl chronischer und bösartiger Leiden hat zur steigenden Angst vor dem Tod beigetragen, weil sie oft mit einem langandauernden Sterbeprozess und Schmerzen verbunden sind. Unser Sterben ist heute grausamer, einsamer, isolierter, mechanisierter und unpersönlicher als früher (Kübler-Ross 1977, 9-17). Sterbebegleitung setzt voraus, dass auch die Begleiter die Möglichkeit des eigenen Todes akzeptiert haben. Angesichts der Hilflosigkeit von Patienten, die in ihrer Sterbephase nicht sprechen können, geht es um die Ermöglichung von Kommunikation. Voraussetzung dafür ist die Aufnahmefähigkeit des Begleitenden für die Bedürfnisse Todkranker (Kübler-Ross 1977, 23-27). Die Kunst des Begleitens besteht darin, schlimme Nachrichten zu übermitteln, ohne Hoffnungslosigkeit zu erzeugen. Hoffnung brauchen alle Patienten, auch die, die in ihren Worten zum Sterben bereit sind (Kübler-Ross 1977, 34). Sehr wichtig für die Sterbebegleitung erscheint es, die fünf Phasen des Sterbens nach Elisabeth Kübler-Ross zu kennen, um die eigenen Reaktionen auf den Sterbenden besser reflektieren und kontrollieren zu können (Kübler-Ross 1977, 41-105). Richtige Sterbebegleitung gibt keinen Patienten auf oder schreibt ihn ab. Sie muss eingeübt werden.

Den Prinzipien humaner Sterbebegleitung verpflichtet fühlt sich die Hospiz-Bewegung. 1967 eröffnete die englische Ärztin, Krankenschwester und Sozialarbeiterin Cicely Saunders nach jahrzehntelangen Vorarbeiten in einem Londoner Vorort ein besonderes Haus. Es sollte Sterbenden und ihren Angehörigen wieder einen festen Ort in dieser Welt geben. Sie nannte dieses Haus „St. Christopher's Hospice". Damit knüpfte sie an mittelalterliche Traditionen an, wo Hospize Pilgerherbergen waren, in denen Menschen auf ihrem Weg an ihr Pilgerziel Herberge, Pflege, Rastmöglichkeiten und Stärkung fanden. Unterstützt von Elisabeth Kübler-Ross wurde 1974 das erste Hospiz in den USA eröffnet. Hospiz-Dienste zentrieren sich ganz um die Wünsche sterbender Menschen und deren Angehörigen. Insbesondere bei vier Krankheitsarten wird eine Aufnahme in ein Hospiz erwogen: (1) Krebserkrankung mit Tochtergeschwülsten, die trotz Therapie fortgeschritten ist, (2) Erkrankungen des Nervensystems mit unaufhaltsam fortschreitenden Lähmungserscheinungen, (3) Endzustand einer chronischen Nieren-, Leber-, Herz- oder Lungenerkrankung und (4) Vollbild der Infektionskrankheit Aids (Eser u.a. 1989, 480-485).

Der Begriff Sterbehilfe wird in der Öffentlichkeit oft undifferenziert verwendet. Meist wird darunter die sog. aktive Sterbehilfe verstanden, insbesondere die Tötung auf Verlangen. Zu Beginn der Diskussion im deutschsprachigen Raum in den 70er Jahren wurde hauptsächlich die Vokabel „Euthanasie" (griech.: „guter Tod") verwendet, doch da der Begriff Euthanasie durch das Massentötungsprogramm der National-sozialisten in Misskredit gekommen war, setzte sich der Begriff der Sterbehilfe durch. Von passiver Euthanasie sprach man beim Verzicht auf künstlich lebensverlängernde Maßnahmen, aktive Euthanasie nann-te man die absichtliche Beschleunigung des Sterbevorgangs (Eser u.a. 1989, 1087). Allerdings gab es immer wieder Zweifel an der sauberen Trennbarkeit der Begriffe von passiver und aktiver Euthanasie sowie von Töten und Sterben Lassen (Sass 1988, 123) und an der moralischen Relevanz dieser Unterscheidung (Beauchamp/Childress 1989, 136). Passive Sterbehilfe ist nicht so passiv, wie dies der Terminus glauben macht. Auch sie ist aktiv, gedanklich wie faktisch, wenngleich sie sich nicht so offensichtlich aggressiv gegen das Leben richtet wie die akti-ve Sterbehilfe (Hegselmann/Merkel 1991, 137).

Im juristischen Sprachgebrauch wurde der Begriff „indirekte Ster-behilfe" eingeführt. Darunter versteht man die nicht beabsichtigte Be-schleunigung des Todeseintritts, wie sie als Nebenwirkung von Medi-kamenten eintreten kann, die für das Wohl des Kranken unbedingt erforderlich sind (Eser u.a. 1989, 1086f). Diese Möglichkeit wird häu-fig überschätzt, denn die Gabe ausreichender Schmerzmittel verlängert durch ihre beruhigende und stabilisierende Wirkung das Leben eher als es zu verkürzen. Aber es könnte der Fall eintreten, dass Morphinprä-parate wegen starker Schmerzen unbedingt erforderlich sind, ihre gleichzeitig dämpfende Wirkung auf das Atemsystem aber bei be-stimmten Erkrankungen der Lunge zu einem früheren Todeseintritt führt. Hier kommt es auf die primäre Absicht an (Eser u.a. 1989, 1094).

Es kann nicht Sinn und Aufgabe der Medizin sein, ein ohnehin ver-löschendes Leben, etwa im Alter nach fortgeschrittenem körperlichem und seelischem Abbau oder am Ende einer unheilbaren Krankheit, durch künstliche Maßnahmen noch um Stunden oder Tage nutzlos zu verlängern. Daher wurden Regeln und Empfehlungen erarbeitet, um dem Arzt Richtlinien vorzugeben, unter welchen Bedingungen lebens-verlängernde Maßnahmen nicht aufgenommen oder schon laufende ab-gebrochen werden sollten bzw. werden durften. Dieser Behandlungs-verzicht bei Sterbenden oder bald Sterbenden wird als „passive Sterbehilfe" bezeichnet, wobei das Wort passiv nur aussagen soll, dass man sich dem Sterbeprozess und der Grundkrankheit gegenüber pas-siv verhält. Die Grundpflege, die in allen jenen Verrichtungen der Kran-kenpflege besteht, die dem Wohlbefinden des Patienten dient, ist selbstverständlich aufrecht zu erhalten, unabhängig davon, ob ein direkter Bezug zur kausalen Behandlung bestimmter Krankheiten besteht oder nicht (Eser u.a. 1989, 1087-1089).

Heute wird von der medizinischen Ethik aus der klinischen Erfahrung heraus wie aus theoretischer Argumentation die Zulässigkeit einer passiven Sterbehilfe betont. Es handelt sich zwar um eine positive Entscheidung zum Handeln, allerdings fehlt ihr das entscheidende Element einer gegen das Leben gerichteten Intention (Illhard 1985, 124). Dennoch ist nicht zu leugnen, dass die Entscheidung, bestimmte Formen der Erkrankung nicht weiter zu behandeln, eine Entscheidung ist, die verantwortet werden muss. In vielen Fällen wird der Arzt diese Verantwortung übernehmen können, in der Regel dann, wenn ein Sterbeprozess aufgrund des Krankheitsverlaufs begonnen hat und die dokumentierte Zustimmung des Patienten vorliegt. Die ethische Problematik des Behandlungsabbruchs als unterlassene Lebensverlängerung oder passive Euthanasie hat sich aus drei Gründen wesentlich verschärft: (1) Aufgrund der erweiterten therapeutischen Möglichkeiten, (2) weil Lebensverlängerung auch beim Todkranken nur dann einen Sinn macht, wenn auch dieses Leben unter extremen Bedingungen als sinnvoll angesehen wird (über den Sinn eines Lebens kann aber ein Außenstehender nur sehr eingeschränkt urteilen) und (3) die Bereitschaft, Leid zu ertragen, geringer geworden ist. Auch die Feststellung des Patientenwunsches und seiner Freiwilligkeit ist nicht immer ganz einfach. Willensäußerungen von todkranken Menschen sind oft unter dem Druck des Leidens verzerrt oder nur in Andeutungen erkennbar. Klare Willensäußerungen setzen außerdem eine radikale Aufklärung voraus (Marquard 1988, 21).

Wenn ein voll entscheidungsfähiger Patient ärztlich aufgeklärt wurde und alle Vor- und Nachteile einer medizinischen Behandlung sowie die (eventuell tödlichen) Folgen einer Ablehnung mit ihm genau besprochen worden sind, so hat sich der Arzt an die Entscheidung dieses Patienten zu halten. Wenn der Patient also eine bestimmte Behandlung ablehnt, so entzieht er damit dem Arzt das Behandlungsrecht für diesen ganz speziellen Fall. Der Arzt darf nicht gegen den Willen des Patienten behandeln (Eser u.a. 1989, 1089). Andererseits hat er die Verpflichtung, immer dann, wenn das Leben eines Patienten in Gefahr ist und dieser dazu neigt, lebensverlängernde Behandlungen abzulehnen, diese Entscheidung sehr genau zu prüfen (Eser u.a. 1989, 171). Kann ein Arzt einer Patientenentscheidung gar nicht zustimmen, sollte der Patient in eine andere Institution verlegt werden (Sass 1988, 122). Anders ist die Lage, wenn der Patient nicht eine Behandlung ablehnt, sondern eine bestimmte Behandlung wünscht. Sinnvolle Wünsche wird der Arzt gerne erfüllen, aber er kann nicht gezwungen werden, etwas zu tun, was dem ärztlichen Heilauftrag widerspricht, etwa unnötige oder sinnlose Operationen durchzuführen, ungeeignete Medikamente zu verschreiben. Ist der Patient nicht entscheidungsfähig, so gelten die im Rahmen der Notfall- und Intensivmedizin entwickelten medizinethischen Kriterien, nämlich der mutmaßliche Patientenwille (Eser u.a. 1989, 1090f) und vor allem die Frage, ob ein Sterbeprozess bereits eingesetzt hat und es dem mutmaßlichen Patientenwillen nicht entsprechen könnte, den Sterbeprozess künstlich hinauszuzögern.

Ein Tod in Würde hat viel zu tun mit der Ausübung der Humanität, wobei die Praxis der Euthanasie diese Würde häufig nicht unterstützt (Kogan 1991, 121). Senilität und das Endstadium einer Krankheit sind natürlichen Ursprungs und können als Übel nicht menschlichen Handelnden zugerechnet werden. Für manche besteht die Würde im guten Leben und Sterben, für andere in ihrer Wahlfreiheit. Dabei hängt Würde sehr eng damit zusammen, ob man respektvolle Behandlung von anderen erfährt. Sterbende werden leicht verdinglicht. Euthanasie zur Bewahrung der menschlichen Würde ist zumindest eine paradoxe, wenn nicht gar eine selbstwidersprüchliche Forderung (Kogan 1991, 135-137). Andererseits gibt es gute Gründe, freiwillige Euthanasie als Ausdruck des Patientenwillens zu akzeptieren. Es kann zudem durchaus rational sein, sich in dieser Weise weiterer Behandlung durch das medizinische System entziehen zu wollen (Kogan 1991, 150-152). Andererseits erscheint es Vielen nur ein kleiner Schritt von einem Recht, die Behandlung zurückzuweisen, zu einem Recht, nicht nur die Behandlung, sondern auch das Leben zurückzuweisen, also zum Recht, tot gemacht zu werden (Kogan 1991, 119).

Als aktive Sterbehilfe bezeichnet man die absichtliche und aktive Beschleunigung des Todeseintritts. Geschieht dies auf Wunsch des Patienten (Tötung auf Verlangen oder sog. Mitleidstötung), so ist dies nach Paragraph 216 StGB strafbar, geschieht es ohne Begehren des Patienten, so kommt Paragraph 211 StGB (Mord) in Frage. Aktive Sterbehilfe, in welcher Form auch immer, wird auch von den meisten ärztlichen Standesregeln ausdrücklich abgelehnt (Eser u.a. 1989, 1093). Auch aus ethischer Perspektive kann der Patient vom Arzt nicht erwarten, dass dieser etwas tut, was er normalerweise für ethisch nicht vertretbar hält, nämlich einen Menschen aktiv zu töten. Hinzu kommt, dass in den meisten Fällen bei einem entsprechend dringlichen Verlangen des Patienten nach einem frühzeitigen Tod der Suizid offen steht, der allerdings auch nicht grundsätzlich ethisch befürwortet werden kann, vor allem, wenn wichtige Verpflichtungen des Patienten anderen gegenüber bestehen.

Also darf der Patient, gerade wenn er in seiner Eigenständigkeit der Entscheidung ernst genommen werden will, eher die Beihilfe zum Suizid als eine Tötung erwarten. Die Beihilfe zum Suizid ist ethisch gesehen zwar nicht unproblematisch, sie hat aber immerhin rechtlich gesehen für den Pflegenden oder den Arzt weniger gravierende Folgen. Denn zwischen Beihilfe zum Suizid und aktiver Euthanasie gibt es nicht viele ethisch relevante Unterschiede außer in der Person, die letztlich handelt (Beauchamp/Childress 1989, 227). Es mag Grenzfälle geben, in denen aktive Euthanasie als möglicherweise humanere Lösung erscheint (Kehlkopfkrebs in späten Phasen der Erkrankung (Sass 1989, 254), Querschnittslähmung ab dem Hals, Gehirntumore usw.), dennoch kann einem Arzt ethisch gerechtfertigt keine Tötung aufgezwungen werden. Im übrigen stellt der dringende Wunsch eines Sterbenskranken, man möge doch etwas tun, in aller Regel einen Hilferuf dar, nämlich nach einer wirkungsvolleren Hilfe und vielleicht einer besseren Schmerzbekämpfung (Eser u.a. 1989, 1093). Wenn stärker palliativ behandelt wird, gehen in der Regel die Suizid-Bedürfnisse und Wünsche nach aktiver Euthanasie zurück. Und dies ist eindeutig ethisch die vorzuziehende Behandlungsart gegenüber der Beihilfe zur Selbsttötung des Patienten.

Eine Interpretation der Patientenautonomie, die sich auf dem Präferenzutilitarismus oder Emotivismus beruft, wird letztlich auch den Wunsch nach aktiver Euthanasie eines Patienten für gerechtfertigt halten, wenn diese Entscheidung nur frei getroffen wurde. Hier wird wie in der Praxis in den Niederlanden in den letzten Jahren das Selbstbestimmungsrecht des Menschen höher bewertet als Fragen der Rücksicht auf andere, der Gerechtigkeit und der Folgen für spätere Generationen. Doch erscheint aktive Euthanasie nach den Kriterien der hier vertretenen Interpretation der Patientenautonomie als ethisch problematisch. Sie könnte in Extremfällen als ethisch erlaubt gelten, vor allem wenn sie auf solche Fälle beschränkt werden kann. Solche Extremsituationen könnten z.B. bei einer Querschnittslähmung vom Halse an vorliegen, bei der der Patient außerstande ist, seinen festen Entschluss, sich diesem Leben entziehen zu wollen, durch Suizidhandlungen Ausdruck zu verleihen. Hier könnte einem Arzt oder Pflegenden die Verweigerung der Tötung auf Verlangen als ein Verstoß gegen Solidarität, Gerechtigkeit oder Menschenwürde erscheinen. Hier wird die Erfüllung eines nachdrücklich geäußerten und in seiner Festigkeit überprüften Wunsches nach aktiver Euthanasie ethisch nicht zu verurteilen sein. Diese Form der Sterbehilfe wird aber dennoch der Strafverfolgung unterliegen (Eser u.a. 1989, 1094). Da diese Extremfälle jedoch auch zahlenmäßig sehr gering sind, erscheint eine generelle Freigabe der aktiven Euthanasie ethisch nicht gerechtfertigt.

Eine Ausdehnung auf Fälle, in denen der Wunsch, nicht weiter leben zu wollen, im wesentlichen nicht von der Krankheit und ihrem terminalen Verlauf hervorgerufen wurde, erscheint nicht gerechtfertigt. Denn sie mutet dem Arzt die Tötung eines Menschen zu, was dem Heilauftrag des Arztes widerspricht. Außerdem sprechen die Erfahrungen mit dem NS-Programm zur Euthanasie nicht gerade für die Einführung aktiver Euthanasie. Hinzu kommen potentielle gesellschaftliche Fehlentwicklungen: Die Freigabe aktiver Euthanasie könnte gesellschaftlichen Druck auf den Schwerstkranken ausüben, nur den anderen nicht zur Last zu fallen und möglichst frühzeitig den Tod zu beantragen. Insbesondere Angehörige von geistig eingeschränkt Befähigten könnten – als Vormund – sich so unbequemer Verwandter entledigen, lange bevor der Sterbeprozess begonnen hat. Die Gefahren einer gesellschaftlichen Todeskontrolle bei leistungsmäßig nicht mehr Effizienten machen den Wunsch nach aktiver Beendigung eines Lebens durch einen anderen ethisch obsolet, vor allem dann, wenn sich der „Helfer" dafür auch noch reichlich entschädigen lässt oder anderweitige Vorteile hat. Euthanasie als Entsorgungsunternehmen für die Soziallast Alter – diese zutiefst inhumane Vorstellung sollte nicht durch die Forderung nach aktiver Euthanasie auf den Weg gebracht werden. Außerdem besteht die große Gefahr, dass immer mehr unfreiwillige Tötungen auf Verlangen vorkommen werden. Andererseits: Warum sollte Dammschutz höher einstuft werden als die Interessen derer, die auf Verlangen getötet werden wollen? (Hegselmann/Merkel 1991, 112). Es gibt Situationen, in denen Menschen so großen Qualen ausgesetzt sind, dass sie lieber sterben wollen. In solchen Situationen überwiegt die Verpflichtung zur Hilfe das Tötungsverbot, so lautet die angeblich missbrauchssichere Regel der Utilitaristen (Hegselmann/Merkel 1991, 190).

Zwar halte auch ich die aktive Sterbehilfe nicht für ausnahmslos unerlaubt, in der angeführten Regel, die auf Qualen rekurriert, vermag ich eine missbrauchssichere Regulierung allerdings nicht zu erblicken. Unter Einbezug der gesellschaftlichen Folgen gehe ich davon aus, dass derjenige, dessen Leiden so groß sind, dass sie sein Leben wertlos machen und wer den aktiven Wunsch hat, sein Leben zu beenden, dies auch selbst tun und keinem anderen die Last einer Tötung zumuten sollte. Wer sich in dieser Situation selbst töten kann (unter geeigneter Hilfestellung), sollte dies von keinem anderen erwarten, wenn er Anerkennung dafür wünscht, dass seine Tötung von ihm unwiderruflich angestrebt wird. Respektierung der Patientenautonomie impliziert in diesem Falle nicht die gewünschte Tötung auf Verlangen, sondern die Unterlassung von allem, was der Verhinderung des Suizids dieses Patienten dienen könnte. Aktive Euthanasie ist dann strikt auf die Fälle zu beschränken, wo eine Selbsttötung aus medizinischen Gründen nicht möglich, die Freiwilligkeit aber gesichert ist.

3. Biomedizinische Ethik

3.1 Fortpflanzungsmedizin und moderne Biotechnologie

Der Versuch der Kontrolle der eigenen Reproduktion ist so alt wie die Menschheit selbst (Bayertz 1987, 29). Nun wird dies mit viel Klugheit, Technik, Hormonen, Geld und Zeit bei der Fortpflanzungsmedizin fortgesetzt – und das bei einer Erfolgsrate von 15 – 20%. Umstritten ist, ob es sich bei der Kinderlosigkeit um eine Krankheit handelt oder nicht. Nach der einschlägigen Definition der WHO gilt die Unfähigkeit, sich fortzupflanzen, als Krankheit (Eser u.a. 1989, 348). In Mitteleuropa sind 15-20 % der Ehen steril (Schlagheck 1989, 7) mit deutlich wachsender Tendenz. Für die steigende Anzahl von Paaren, die unter ungewollter Kinderlosigkeit leiden, sind eine Reihe von gesellschaftlichen Faktoren mitverantwortlich: Freieres Sexualverhalten und Verhütungspraktiken, verschlechterte Umweltbedingungen, Belastungen am Arbeitsplatz, die Tendenz, Elternschaft ins höhere Alter zu verlegen. Die Folge davon ist die dramatische Abnahme der Zeugungsfähigkeit in den letzten fünfzig Jahren auf die Hälfte (Schlagheck 1989, 16).

Die Ursachen für eine Unfruchtbarkeit können beim weiblichen, beim männlichen oder bei beiden Partnern liegen. In 40-50% der Fälle liegt die Ursache bei der Frau, und zwar sind 40% endokrin, 30% mechanisch und 10% immunologisch bedingt, bei 15-20% bleibt die Ursache ungeklärt. In 30-40% der Fälle liegt die Ursache beim Mann, in 10-20% bei beiden Partnern. Ist die Ursache der ungewollten Kinderlosigkeit diagnostisch geklärt, stehen dem Arzt die Behandlungsmöglichkeiten der intrauterinen Insemination, der In-vitro-Fertilisation (IVF), des intratubaren Gametentransfers und des intrauterinen Zygotentransfers zur Verfügung (Eser u.a. 1989, 349). Die psychosomatischen Probleme bei der künstlichen Befruchtung und der IVF sind am wichtigsten. Da die homologe Insemination wenige Probleme schafft, wird sie im Unterschied zur heterologen Insemination von den meisten Betroffenen sehr positiv gesehen (Stauber 1989, 56).

Trotz aller Fortschritte und therapeutischen Bemühungen bleibt ein Großteil der ratsuchenden Paare permanent kinderlos. Ursachen ungewollter Kinderlosigkeit bei der Frau sind (1) in Störungen der hormonellen Zusammenhänge bei Eireifung und beim Eisprung, (2) in organischen Störungen wie dem Cervix-, Uterus- oder Tubenfaktor, (3) in psychosomatischen oder psychischen Ursachen und Einflüssen sowie in Ängsten und Konflikten und (4) in allgemeinen Stoffwechselstörungen (Diabetes, Schilddrüsenerkrankungen, Ernährungsstörungen, arzneimittelbedingte Störungen) zu suchen (Schlagheck 1989, 47). Die therapeutischen Möglichkeiten bei männlicher Infertilität sind sehr begrenzt.

Die emotionalen Reaktionen auf die Unfruchtbarkeit gehen einher mit einer Krise der sexuellen Identität und Depressionen bei beiden Partnern (Alpern 1992, 30). Die Stärke der Irritation und das Ausmaß der Depression ist kaum zu erahnen (Schlagheck 1989, 73). Diese Erfahrung kann eine Partnerschaft beschädigen oder gar zerstören, wenn das Paar nicht eine individuelle Lösung findet, abhängig von früheren Erfahrungen (Alpern 1992, 37). Folgende ethische Bewertungsprinzipien und -kriterien lassen sich für die Fortpflanzungsmedizin formulieren: (1) Grundsätzlich zu berücksichtigen ist das Selbstbestimmungsrecht des Paares, eine Therapie für die ungewollte Kinderlosigkeit durchführen zu dürfen, sofern nicht andere geschädigt werden. (2) Aus der letzten einschränkenden Bemerkung folgt bereits das zweite Kriterium, die Berücksichtigung des Kindeswohls. Dieses Kriterium fordert, die psychische und physische Gesundheit des Kindes nicht willkürlich zu gefährden. Es geht um die Erhaltung der Würde des Menschen, der mithilfe der Reproduktionsmedizin sein Leben erlangen soll. Dieser kann seine Interessen nicht selbst artikulieren. Die ethische Argumentation hat hier zunächst anzusetzen, weil es sich um das schwächste Glied handelt. (3) Die Behandlung ungewollter Kinderlosigkeit darf sich nicht nur auf somatische Therapien beschränken. Entscheidend ist die psychische Betreuung. Daher ist eine psychosomatische Gesamtbetreuung erforderlich. (4) Fälle, in denen die Fortpflanzungsmedizin nicht aus therapeutischen Gründen angewendet wird, sind ethisch problematisch. Hier sind Einzelfallabschätzungen erforderlich.

Auf die Lebensbedingungen des Kindes hat der Arzt keinen Einfluss. Trotzdem besteht zumindest die Verpflichtung, nach Möglichkeit das Aufwachsen von Kindern unter katastrophalen Bedingungen zu verhindern, wenn sie denn schon unter großen Mühen mit aller technischer Rafinesse auf die Welt gebracht werden. Am wichtigsten ist dabei die Frage nach einer intakten Mutter-Kind-Beziehung. Probleme zumindest können auftauchen bei einem neurotisch fixierten Kinderwunsch oder wenn keine dauerhafte Partnerbeziehung zu erwarten ist. Funktionelle Sterilität ist ein unbewusster körperlicher Schutz gegen ein

Kind, für das bei einem Paar noch kein Platz ist (Lanz-Zumstein 1986, 23). Retortenkinder sind auch schon abgetrieben worden (Lanz-Zumstein 1986, 28). Andererseits sagt ein eventuell neurotisch gestörter Kinderwunsch nichts über die väterliche oder mütterliche Qualität aus, eine Beziehung zum Kind aufzubauen. Entscheidend ist, wie auf das ankommende Kind reagiert wird (Whehowsky 1987, 143). Mangelnde Elternliebe kann Traumata bei Kindern erzeugen, unsicher aber ist, ob bedingungslose Zuwendung diese verhindern kann (Schroeder-Kurth/Whehowsky 1988, 136). Und man kann auch nicht unterstellen, dass der Kinderwunsch generell Kompensation für unerfüllte Sexualität und Partnerschaft (Schroeder-Kurth/Whehowsky 1988, 51) sei.

Die Verweigerung der ärztlichen Hilfe ist die sorgfältig zu begründende Ausnahme, zumal der Arzt häufig nicht therapeutisch ausgebildet ist und nicht kompetent beurteilen kann, ob ein Kinderwunsch neurotisch ist oder nicht. Eine mögliche Verantwortungslosigkeit der Eltern kann zwar vom Arzt nicht ausgeschlossen werden. Sie wäre aber durch den Arzt auch nicht zu verhindern. Solches kann daher billigerweise von ihm nicht verlangt werden. Größere Verantwortung obliegt dem Arzt für die Durchführung der Aufklärung. Häufig wird dem Ehepaar eine zu hohe Erfolgsrate in Aussicht gestellt, vor allem aber werden die psychischen Probleme nicht angemessen angesprochen, vielfach bleiben sie sogar völlig unbehandelt. Nur größere Universitätskliniken leisten sich einen Psychologen im Team. Selbsthilfegruppen gibt es häufiger, aber noch nicht in dem Umfang, der eigentlich gerechtfertigt wäre, um die Trauerarbeit beim ständig wiederholten Misslingen leisten zu können. Auch hier muss eine stärker patientenzentrierte medizinische Ethik fordern, dass die psychische Betreuung der Patienten intensiviert und professionalisiert wird. Denn sonst wird oder bleibt Fortpflanzungsmedizin Fortpflanzungstechnologie. So ist die Aufklärung und die Behandlung am Leiden der Patienten zu orientieren, nicht an den gerade jeweils zur Verfügung stehenden technologischen Mitteln.

Die Einführung männlichen Samens (Sperma) in den Genitaltrakt der Frau auf technischem Wege (künstliche Insemination) ist schon seit längerer Zeit möglich. Man unterscheidet homologe und heterologe Insemination. Homologe Insemination bezeichnet die Übertragung des Sperma des Ehemannes auf die Ehefrau. Samen und Eizelle stammen von einem Elternpaar. Als Indikation gilt vor allem Insuffizienz des männlichen Samens hinsichtlich Anzahl und/oder Beweglichkeit, also Subfertilität insbesondere aufgrund von Viruserkrankungen, Mumps, Masern und eventuell auch wegen Umweltbedingungen. Der Same des

Ehemannes wird durch Masturbation gewonnen, gereinigt, entkeimt, in einem Nährmedium aufbereitet, um die Beweglichkeit der Spermien zu erhöhen, und schließlich mittels einer Kanüle nach dem meist künstlich stimulierten Eisprung eingeführt. Es handelt sich um ein technisch nicht aufwendiges Verfahren. Die rein organischen Belastungen halten sich in engen Grenzen und beschränken sich auf die hormonelle Stimulierung des Eisprungs.

Die Sexualität wird fremdbestimmt und muss sich der Dramaturgie des Eisprungs unterordnen. Auch Projektionen auf den Arzt sind bei den Frauen möglich. Wer daher den Einzelakt der Zeugung isoliert betrachtet, wird zu keiner positiven Würdigung der Insemination kommen, denn eine Entsexualisierung der Befruchtung ist sowohl durch Insemination wie durch In-vitro-Fertilisation (IVF) nicht zu leugnen (Whehowsky 1987, 53). Trotzdem kann diese Methode bei einem Paar aufgrund des Gesamtvollzugs der Ehe als Weiterführung der ehelichen Zeugung gewertet werden. Denn eine Entsexualisierung der Befruchtung kann durchaus als das geringere Übel als die Kinderlosigkeit angesehen werden.

Indikation für eine heterologe Insemination ist die Sterilität des Mannes. Sie ist fast immer unheilbar und betrifft jede 20. Ehe. Bei der heterologen Insemination stammt der Same von einem Spender außerhalb der Ehe. Ihre Erfolgsrate ist deutlich höher als die der homologen Insemination, weil hier die Samenqualität ausgesucht werden kann. Dennoch ist das Ausweichen auf einen Spender weder ethisch noch rechtlich unproblematisch. Kein Konsens besteht darüber, ob der Same des Spenders anonymisiert transferiert werden darf oder nicht. Der Spender hat ein Interesse, seinen Namen nicht zu nennen, entstehen doch sonst erbrechtliche Ansprüche für Kinder, mit denen ihn persönlich nichts verbindet. Anonyme Samenspende und Samenbanken erlauben aber dem Kind nicht, seine genetische Herkunft festzustellen. Diese könnte auch beim Auftreten von Erbkrankheiten wichtig werden. Vor allem aber ist bei der heterologen Insemination ungeklärt, wer nach welchen Kriterien den Spendersamen auswählt. Selbst wenn es die Eltern bzw. die Mutter sind, kann sich eugenisches Denken ausbilden.

Die traditionelle Familienstruktur wird aufgebrochen. Dies ist zwar nicht per se unmoralisch, aber ein Hinweis darauf, dass die möglichen Folgen für das Kind genauer zu diskutieren sind. Schließlich könnte durch eine ärztlich assistierte Behandlung lesbischen Frauen zu einem Kind verholfen werden. Theoretisch denkbar ist in nicht allzuferner Zukunft, dass ein lesbisches Paar mithilfe biotechnologischer Verfahren das eigene Erbgut beider Partner weitergeben kann. Eine Ethik auf der Basis der Patientenautonomie wird zwar auch in diesem Fall keineswegs Sanktionen und rechtliche Verbote fordern. Dennoch ist darauf hinzuweisen, dass es sich hier nicht mehr um die Behandlung ungewollter Kinderlosigkeit und ein zumindest indirekt therapeutisches Behandlungsverfahren handelt, sondern um die Verwirklichung von Elternwünschen mittels eines technologischen Fortpflanzungsverfahrens, möglicherweise ohne Berücksichtigung der Folgen für die Entwicklung dieses Kindes. Auch rechtliche Probleme sind neu entstanden vor allem im Hinblick auf Erbansprüche. Es besteht ein Recht des Kindes, auch seinen genetischen Vater kennen zu lernen, in Schweden ist dies bereits mit 16 Jahren juristisch verankert. Gesellschaftliche Auswirkungen könnten sich im Hinblick auf eine Kommerzialisierung der Fortpflanzung ergeben.

Die zweite Methode ist die In-vitro-Fertilisation (IVF) und der Embryonentransfer (ET), die als homologe Fertilisation (Indikation: Verklebung der Eileiter), heterologe Fertilisation (Indikation: Verklebung der Eileiter und Sterilität des Mannes) oder im Leihmutterverfahren (Indikation: Unfähigkeit der Frau, ein Kind austragen zu können) durchgeführt werden kann. Bei diesem Verfahren werden Eizellen aus dem Eierstock entnommen und diese außerhalb des Körpers (extrakorporeal) in der Petri-Schale (in vitro heißt wörtlich „im Reagenzglas") befruchtet. 15-20 Stunden nach dem Zusammenbringen von Samen und Eizellen im Reagenzglas ist unter dem Mikroskop erkennbar, ob eine Befruchtung der Eizelle stattgefunden hat. Nach weiteren 10-15 Stunden findet die erste Zellteilung statt. Im allgemeinen Sprachgebrauch hat sich für die erste der Befruchtung folgenden Entwicklungsstadien (2-Zeller, 4-Zeller usw.) die Bezeichnung Embryo durchgesetzt, auch wenn dies im strengen entwicklungsbiologischen Sinne nicht korrekt ist (Eser u.a. 1989, 560). Zutreffender wäre von Präimplantations-Embryo oder kurz von Präembryo zu sprechen. Zwei Tage nach Gewinnung der Eizelle, bewiesener Befruchtung und den ersten Zellteilungen bis zum 4-8-Zellstadium wird der Präembryo in die Gebärmutter der Patientin transferiert. Diesen Vorgang nennt man Embryotransfer.

Ziel ist die Ermöglichung des Kinderwunsches der Eltern. Es handelt sich nicht um eine Therapie, da der Defekt nicht zu beheben ist. Mit Ausnahme der Mikroinjektion des Spermas in die Eizelle vollzieht sich der Befruchtungsvorgang in der Petrischale zwar in unnatürlicher Umgebung, aber sonst völlig natürlich. Die In-vitro-Fertilisation ist insgesamt ethisch nicht unproblematisch, wobei die psychische Belastung stärker als die organische ist (Stauber 1986, 42). Für die In-vitro-Fertilisation ist zunächst wichtig, befruchtungsfähige Eizellen zu gewinnen. Es ist heute allgemein üblich, mit dem stimulierten Zyklus zu arbeiten, d. h. den Eierstock so mit Hormonen zu behandeln, so dass mehrere Follikel heranreifen und zu einem vorhersehbaren Zeitpunkt springen. Dadurch erhöht sich die Chance, dass Eizellen befruchtet und transferiert werden können. Die Reaktion der Eierstöcke und der Verlauf der Follikelreifung wird durch Ultraschalluntersuchungen und Östrogenbestimmungen überwacht, um zeitlich so dicht wie möglich an den Eisprungtermin heranzukommen. Nur dann ist es möglich, befruchtungsfähige Eizellen zu gewinnen (Eser u.a. 1989, 562f).

Früher wurden die Follikel noch laparoskopisch (Zugang zu den Follikeln mittels eines Schnittes in der Bauchnabelgrube) in Narkose punktiert. Heute entnimmt die transvaginale Follikelpunktion unter Verwendung von Schmerz- und Beruhigungsmitteln und Ultraschallsicht ohne Narkose Eizellen über das hintere Scheidengewölbe. Sie hat sich in der Bundesrepublik zu 90% durchgesetzt. Dies bedeutet für die Patienten eine große Vereinfachung und Erleichterung. Zudem können überzählige Embryonen und damit eine Kryokonservierung (Einfrieren der befruchteten Eizelle im Vorkern-Stadium) vermieden werden. Bei dieser Methode wird der Ultraschallkopf in die Scheide eingeführt. Man erkennt die etwa 2 cm großen Follikel auf dem Bildschirm und kann unter Sichtkontrolle die Nadel in den Follikel vorschieben. Er wird abgesaugt und das Punktat anschließend in das Labor gebracht. Dort wird die Eizelle unter dem Mikroskop aufgesucht und in ein Reagenzglas mit Kulturmedium gegeben. Anschließend erfolgt die Zugabe der aufbereiteten Spermien (Eser u.a. 1989, 563; Alpern 1992, 25f)). Am zweiten Tag nach der Gewinnung der Eizellen und erfolgter Befruchtung wird der Präembryo in die Gebärmutter transferiert. Dabei wird ein dünner weißer Schlauch in die Gebärmutter vorgeschoben und der Präembryo mit wenig Kulturmedium in die Gebärmutter eingespült. Der Präembryo muss sich dort noch drei Tage zur Blastozyste weiterentwickeln. Danach kann eine Einnistung in der Gebärmutter beginnen (Eser u.a. 1989, 564).

Die Schwangerschaftsrate pro Behandlungszyklus liegt mit etwa 20% in etwa gleich auf mit dem normalen Wert (17%). Allerdings ist die Anzahl der Aborte und Fehlgeburten erhöht (20-28% gegenüber durchschnittlich 12%), so dass die Geburtsrate pro Behandlungszyklus höchstens bei 15% liegt. Vielfache Wiederholungen sind in der Regel erforderlich (4-6mal), wobei die körperlichen und vor allem die psychischen Belastungen dieser Behandlungsmethode berücksichtigt werden müssen. Es wird daher heute allgemein empfohlen, nach drei bis vier Behandlungen eine längere Pause einzulegen (Eser u.a. 1989,

565). Durch hormonelle Ovulationsauslösung oder durch vorsorgliche Implantation mehrerer Embryonen kommt es wesentlich häufiger zu höhergradigen Mehrlingsschwangerschaften (wie Drillingen, Vierlingen usw.). Da dies für die Mutter wie für die Kinder erhebliche Risiken mit sich bringen kann, versucht man, die Mehrlingsschwangerschaften dadurch zu reduzieren, dass nur drei befruchtete Keimzellen transferiert werden.

Das eigentliche Problem bei der In-vitro-Fertilisation liegt weniger in der medizinischen Behandlung als vielmehr in der Notwendigkeit einer psychologischen Betreuung der Patienten. Eigentlich schon für die Insemination, verstärkt aber für die IVF ist eine integrierte psychosomatische Gynäkologie zu fordern. Die psychische Belastung ist bei der IVF größer als die organische. Die Behandlung über 14 Tage, dann das Warten – wieder etwa 14 Tage – und die Angst vor dem Misserfolg prägen das Leben. Hinzu kommen Bedenken gesellschaftspolitischer Art hinsichtlich unüberschaubarer Eingriffe in die Familienstruktur und bei Experimenten mit menschlichen Embryonen (Stauber 1989, 60-63). Ethisch problematisch ist mit Blick auf die Folgen für die so gezeugten Kinder der späte Kinderwunsch bei Frauen über 45 Jahren, der sich nur mittels Ersatzmutterschaft realisieren lässt.

Auch bei der In-vitro-Fertilisation kann man zwischen einer homologen und heterologen Variante unterscheiden. Zudem gibt es eine dritte Möglichkeit, nämlich das sog. Ersatz- oder Leihmutterverfahren. Hier erfolgt der Embryonentransfer nicht in die genetische Mutter, sondern in eine Frau, die sich – aus kommerziellen oder mehr oder weniger altruistischen Motiven hierfür zur Verfügung gestellt hat. Zwar wird auch die homologe IVF von konservativen Kreisen abgelehnt. Dennoch kann sie wie die homologe Insemination in der Regel als zumindest indirekt-therapeutisches Verfahren und damit ethisch gesehen als erlaubt eingestuft werden. Ehepaaren und Ärzten kommt hier allerdings bei der Prüfung der Motivation des Kinderwunsches eine besondere Verantwortung zu, denn die Verfahren sind aufwendiger, die psychischen Belastungen erheblich höher und die Versuchung, nach all diesem Aufwand nur ein perfektes Kind zu akzeptieren, besonders groß. Kriterien zur Beurteilung des Kinderwunsches wären etwa die Frage nach potentiell neurotischen oder depressiven Störungen und z. B. nach Suchtverhalten. In der Bundesrepublik sind IVF und ET (außer in Privatkliniken) auf Eheleute eingeschränkt. Nur hier zahlt die Krankenkasse bis zu einer gewissen Anzahl von Versuchen.

Die heterologe IVF birgt dieselben Gefahren wie die heterologe Insemination und verstärkt diese. Andererseits ist eine heterologe IVF, um der Geburt eines schwer behinderten Kindes vorzubeugen, ethisch gesehen vertretbarer als Abtreibung aufgrund genetischer Indikation (Eibach 1983, 173). Insgesamt betrachtet besteht die Gefahr, In-vitro-Fertilisation nicht nur als Behandlungsmethode bei ungewollter Kinderlosigkeit zu verwenden, sondern als allgemeines Zeugungsverfahren (Stauber 1989, 65), so z. B. im Rahmen einer Keimbahntherapie. Im Extremfall entsteht ein Kind aus einem über Jahre kryokonservierten Embryo und hat vier Elternteile. Eine genetische Mutter und einen genetischen Vater sowie eine soziale Mutter und ein sozialer Vater, wobei bei einer homosexuellen Lebensgemeinschaft zweier Frauen zwei Mütter sozialer Art und bei einer schwulen Lebensgemeinschaft unter Bemühung einer Leihmutter zwei soziale Väter auftreten können.

Die Verweigerung der Fortpflanzungsmedizin gleichgeschlechtlichen Paaren gegenüber könnte damit begründet werden, dass in diesen Fällen von einer Verletzung der Patientenautonomie nicht die Rede sein könne, da ein krankheitsbedingtes Nichterfüllt-Werden des Kinderwunsches nicht vorliegt. Allerdings wäre eine generelle Ablehnung eines derartigen Wunsches gleichgeschlechtlicher Paare ein Verstoß gegen das Selbstbestimmungsrecht dieses Paares, das einer guten ethischen Begründung bedürfte. Eine Verantwortungsethik kann hier nicht mit Naturwidrigkeit argumentieren. Zur besseren Abschätzung der Folgen für die so geborenen Kinder wäre eine Einzelfallbewertung erforderlich. Eine Möglichkeit des praktischen Umgangs mit dem Problem könnte ein Überprüfungsverfahren ähnlich dem bei der Adoption für alle Formen heterologer Fortpflanzungsmedizin darstellen, das grundsätzlich auch gleichgeschlechtlichen Paaren offen stehen müsste. Vorurteile erschweren allerdings eine konkrete Folgenabschätzung. Doch diese zu vermeiden wäre die Aufgabe einer entsprechenden Strukturierung des Beratungs- und Überprüfungsverfahrens.

Beim Leihmutter- oder Ersatzmutterverfahren kommt über die heterologe In-vitro-Fertilisation noch ein fünfter potentieller Elternteil hinzu, nämlich die Ersatzmutter. Im engeren Sinn bezeichnet man mit Ersatzmutter eine Frau, die einen Embryo, der genetisch nicht von ihr stammt, für eine andere Familie austrägt. Oft sind es nicht medizinische Gründe von Seiten der Bestell-Eltern (Beruf, Reichtum), aus denen eine Ersatzmutterschaft gesucht wird. Langfristig scheint eine Ausbeutung ärmerer Frauen auf diesem Weg nicht unrealistisch. Zudem gibt es noch viele rechtliche Probleme: Die Leihmutter ist zur Abgabe rechtlich nicht verpflichtet, und die Bestellmutter könnte etwa bei gesundheitlichen Schäden jede Annahme verweigern. Zudem besteht eine intensive emotionale Beziehung zwischen Mutter und Kind während der Schwangerschaft, die so zerrissen wird. Auch die Hirnforschung spricht gegen Leihmütter, weil die Leihmutter gegen den auszutragenden Fetus eine Abwehrhaltung aufbauen muss, um das Neugeborene später überhaupt abgeben zu können. Dies wird sich auf die geistige Entwicklung bereits des Fetus auswirken. Ob damit aber eine nennenswerte Beeinträchtigung verbunden ist, müsste erst noch erwiesen werden. Die Motivation bei der überwältigenden Mehrheit der Leihmütter ist zudem meist aufgrund einer sozialen Notlage finanzieller Natur. Auch vorgeblich rein altruistische Motive haben oft psychische Gründe, abgesehen vielleicht bei nahen Verwandten. Doch hier gibt es – wie bei der Organspende unter Verwandten – eigene Probleme.

Bei den Vertragseltern entsteht wegen der hohen Aufwendungen nicht selten auch unbewusst der Wunsch nach einem perfekten Kind. Zu hohe Erwartungen seitens der Eltern können zudem zu Distanzierungen bei Enttäuschungen und damit zu Entwicklungsstörungen beim Kind führen. Zudem könnten diesen Kindern Probleme daraus entstehen, dass sich ein Mensch als von Ärzten hergestelltes Wesen begreift. Gerade bei Krankheiten, etwa auch Erbkrankheiten, könnte es Betroffenen schwer fallen, ihr Schicksal anzunehmen, weil sie dann menschliches Versagen als Ursache ihres Leidens vermuten müssten. Auch die Gesellschaft könnte sich verändern, wenn sich zunehmend mehr Menschen als Kunstfehler ärztlicher Wissenschaft verstehen. Für die utilitaristische und emotivistische Interpretation impliziert Patientenautonomie und Vertragsfreiheit das Recht, dass Eltern sich zur Erfüllung ihres Kinderwunsches jede mögliche Hilfe verschaffen dürften (Alpern 1992, 52). Die Grenzen dieser Freiheit sind dort zu ziehen, wo andere geschädigt werden (Alpern 1992, 255). Die Abneigung, für Adoptionen zu bezahlen, hat sich auf die Leihmutterschaft übertragen, trotz der ganz anderen Umstände, die hier vorliegen (Alpern 1992, 271f).

Das Embryonenschutzgesetz der Bundesrepublik Deutschland von 1990 (mehrfach geändert) verbietet Eispende und Leihmutterschaft, die Erzeugung überzähliger Embryonen zu Forschungszwecken, Embryonenreduktion (den selektiven Fetuzid) mit Ausnahme bei medizinischer Indikation, Kryokonservierung von Embryonen und Geschlechtswahl mit Ausnahmen bei Erbkrankheiten. Es besteht in der Bundesrepublik die Tendenz, aus Angst vor einer Forschung, die möglicherweise ethische Grenzen verletzt, auch medizinische Möglichkeiten stark zu beschneiden. Häufig wird dabei mit der sog. Unnatürlichkeit insbesondere der IVF und des ET argumentiert. Aber da niemand zu einer In-vitro-Fertilisation gezwungen wird, ist es im Sinne der Patientenautonomie ethisch nicht vertretbar, einem betroffenen Paar vorschreiben zu wollen, ob ihm die Tabus der Natürlichkeit wichtiger sind als die Erfüllung des Kinderwunsches. Das ethisch eigentlich drängende Problem ist nicht die Unnatürlichkeit, sondern die geringe Erfolgsrate und die häufig unzureichende Betreuung bei den Behandlungsversuchen, die scheitern.

Adoption ist eine Alternative, allerdings keine einfache. Sie sollte nur dann ernsthaft ins Auge gefasst werden, wenn sich beide Partner durchaus im Stande sehen, auch ohne ein Kind ein befriedigendes und erfülltes Leben zu führen. Das Kind darf nicht nur eine Lücke füllen (Schlagheck 1989, 83). Die Zahl der gesunden deutschen Säuglinge, die für eine Adoption in Frage kommen, ist sehr klein. Auch die Forderung, die Kinder nach der Geburt freizugeben statt abzutreiben, übersieht die Hauptbetroffenen. Frauen, die abtreiben, wollen keine Schwangerschaft, keine soziale Diskriminierung. So bietet sich die Adoption aus der Dritten Welt an, zumal dort zumindest in einigen Ländern unter dem Zwang wirtschaftlicher Not und sozialer Stigmatisierung Kinder sofort nach der Geburt oder nach dem Abstillen abgegeben werden. Insgesamt halte ich die Forderung, dass Auslandsadoption überflüssig und durch Inlandsadoption in der Dritten Welt ersetzt werden sollten (Wacker 1991, 199), aufgrund eigener Erfahrung und ethischer Reflexion für überzogen. Denn es ist nicht einzusehen, dass einer Inlandsadoption in der sog. Dritten Welt der Vorzug gegeben wird, obwohl die Entwicklungsmöglichkeiten bei manchen Familien im Ausland besser sind oder die Kinder gar im Inland eine Heimkarriere erwartet. Wer Adoptionen erschwert und Fortpflanzungsmedizin ablehnt, fördert indirekt Formen kommerziellen Kinderhandels.

Allerdings ist auch die Anwendung von Fortpflanzungsmedizin nicht ohne Probleme. Entwicklungsstörungen und Fehlentwicklungen treten nach einer Befruchtung im Reagenzglas öfter auf als bei natürlich gezeugten Kindern. In den letzten 25 Jahren seit Louise Brown sind weit über eine Million Retortenkinder zur Welt gebracht worden. 2001 wurden in Deutschland 10.000 Retortenkinder geboren. Vier neuere Studien zur Fehlbildungsquote haben ergeben, dass in vitro fertilisierte Kinder ein 1,4 % höheres Risiko tragen, an einer genetisch bedingten Erkrankung zu leiden als normal gezeugte. Aber insgesamt sind dies doch recht seltene Ereignisse (Lenzen-Schulte 2003, 36f). Auch die Spermieninjektion steht unter Verdacht, zu erhöhten Krankheitsraten zu führen. Fehlbildungen sind auch bei der Verschmelzung von Samen und Eizelle in der Petrischale möglich. Selektive Bedingungen wie bei der natürlichen Verschmelzung von Samen und Eizelle entfallen in der künstlichen Umgebung. Häufiger tritt auch Untergewicht bei der Geburt auf. Aufgrund des Kryokonservierungs-Gebotes in Deutschland ist hier die Schwangerschaftsrate deutlich niedriger. Gefahren entstehen auch durch die erhöhte Anzahl der Mehrlingsgeburten. Sie erhöhen das Fehlbildungsrisiko noch einmal und führen häufig zu Frühgeburten. Insofern ist im Hinblick auf in Vitro-Fertilisation mehr Zurückhaltung und gründlichere Begleitstudien zu fordern (Lenzen-Schulte 2003, 38-44).

Im Hinblick auf die neuen Möglichkeiten der Reproduktionstechnologien und der Humangenetik ergibt sich ein Problem. Jede dieser neuen Methoden der Fortpflanzungsmedizin oder der Humangenetik hilft einigen Menschen, aber zur gleichen Zeit führt es zu Widerstand und moralischen Sensibilitäten und Sensitivitäten auf andere Seite. Wie soll eine Gesellschaft in diesem Falle einen Ausgleich finden zwischen den unterschiedlichen Einstellungen gegenüber diesen neuen Technologien? John Harris betrachtet eine ganze Reihe der neuen reproduktiven Technologien und argumentiert nachdrücklich dafür, dass die meisten der ethischen Argumente, die gegen diese Technologien angeführt werden, schwach und fehlerhaft sind. Er verteidigt daher eine radikale Konzeption reproduktiver Autonomie (Harris/Holm 1998, 1f). Wahlmöglichkeiten im Hinblick auf den eigenen Nachwuchs ist eine Idee, die mehr verbal geäußert wird, als dass sie in der Praxis verfolgt würde (Harris/Holm 1998, 5).

John Harris hält eine Eispende für eine vielfältige Reihe von Zielen durchaus für erlaubt. Auch die Nutzung von fetalem Gewebe aus dem Bereich der Gebärmutter könnte Anwendung finden trotz der seit relativ kurzer Zeit entstandenen Kontroverse über dieses Thema. Oft werden die Auswirkungen auf die Kinder angeführt, um diese Technik ethisch obsolet zu machen. Wenn man nicht wie üblich den Gedanken und das Kriterium der Natürlichkeit an die Fortpflanzungsmedizin anlegt, dann werden solche Gedanken wie z.B. die Wahl rassischer Merkmale des eigenen Kindes, die verschieden sind von einem selbst oder auch Designerkinder durchaus akzeptabel (Harris/Holm 1998, 21-26). Auch für das Klonen und in gewisser Weise sogar für die Geschlechtsselektion versucht John Harris zu argumentieren.

In der Tat, die Kinder, die mit Hilfe von Fortpflanzungsmedizin gezeugt wurden, werden in der Regel von Eltern geboren, die für ihren Nachwuchs bereit waren, einen höheren Einsatz sowohl emotional wie im Hinblick auf das Engagement und finanziell aufzubringen als dies normalerweise zu erwarten ist. Sie werden jedenfalls eher Wunschkinder sein als zufällig geborene. Eine Mutter nach der Menopause – das ist nicht natürlich, aber muss dies eine schlechte Mutter sein? Bei alten Vätern sagt man ja auch nichts. Wir haben uns an die neuen reproduktiven Freiheiten noch nicht gewöhnt. Darum erscheinen sie uns als so fremd und als so unnatürlich.

3.2 Prädiktive Medizin, pränatale Diagnoseformen und humangenetische Beratung

Das Humangenom-Projekt und die Entdeckung krankheitsauslösender Gene brachten neue Krankheitsbilder und neue diagnostische Möglichkeiten und zwar (1) in der postnatalen prädiktiven Diagnostik, (2) in der Heterozygoten-Diagnostik und im Heterozygoten-Screening (Identifizierung von Anlageträgern rezessiv erblicher Erkrankungen), (3) in der Pränataldiagnosik und (4) in der Gentherapie. Damit gibt es zahlreiche neue Handlungsmöglichkeiten in der klinischen wie in der Forschungspraxis. Zentrale Begriffe wie Gesundheit und Krankheit werden einer Revision unterzogen. Gleiches gilt für den Begriff der Normalität. Auch für die Gesellschaft hat die Humangenetik gravierende Konsequenzen, insbesondere die Privatisierung von Erkrankungsrisiken und den Umgang mit Behinderten betreffend. Ein zentrales Anwendungsfeld des neuen gentechnisch erzeugten Wissens ist die humangenetische Beratung. Die Feststellung genetisch bedingter Erkrankungsrisiken kann dabei von einem selektiven oder von einem therapeutischen Interesse geleitet sein. Da häufig keine Therapien nach der Diagnose genetisch bedingter Erkrankungsrisiken zur Verfügung stehen, müssen die therapeutischen Interessen deutlich spezifiziert werden, um nicht in den Verdacht zu geraten, eugenischer Natur zu sein. Eugenische Interessen orientieren sich am Modell der Selektion und am Genpool höherer Einheiten (Menschheit, Gattung, Nation, Rasse). Zur Höherentwicklung oder zur Vermeidung einer Verschlechterung des Genpools sollen „abnormale" Gene ausgeschaltet werden. Meist aufgrund gesellschaftlicher Bedürfnisse und Wertvorstellungen sollen bestimmte Individuen von der Fortpflanzung ausgeschlossen, im Rahmen einer pränatalen Diagnose möglicherweise abgetrieben werden.

Genetische Information ist nicht automatisch medizinisches Wissen, die dazu erforderliche Umwandlung und Interpretation muss sorgfältig vorgenommen werden. Um prädiktiv (vorhersagend) sein zu können, müssen genetische Daten erst im medizinischen Sinne interpretiert werden. Die Erstellung eines genetischen Profils und auf dieser

Basis vorgenommene Zuschreibung von Krankheit oder Behinderung oder auch dessen forensischer Gebrauch sind keinesfalls naturwissenschaftliche Datenerhebungen, sondern Teil einer medizinischen bzw. forensischen, also gesellschaftlichen Praxis und damit wertdurchdrungen und damit eine dem Patienten fremde professionelle Interpretation. Um eugenische Implikationen zu vermeiden, beschränkt sich humangenetische Beratung heute auf die Feststellung eines individuellen genetisch bedingten gesundheitlichen Risikos auch bei noch Ungeborenen. Das genetische Beratungsgespräch im Rahmen einer medizinisch-präventiven Praxis gehört heute zu den ärztlichen Dienstleistungen im engeren Familienkreis ohne eugenische Nebenabsichten, ohne Beachtung der Effekte auf Gesellschaft, Staat und Politik mit dem Ziel der Leidensverminderung. Zudem ist zu klären, worin sich eugenische von medizinisch-präventiver Praxis unterscheidet, denn auch individuelle Wünsche, z.B. von Eltern, können sich selektionistisch auswirken. Ob es sich aber um eine neue Eugenik von unten handelt, müsste noch genauer herausgearbeitet werden.

Mit der genetischen Deutung vieler Krankheitsursachen im Rahmen einer prädiktiven Medizin sind eine Reihe von Krankheiten zu diagnostizieren, bevor es überhaupt zu einer Symptomausbildung kommt. Es handelt sich um Krankheitsanlagen, nicht um Krankheiten. Patienten im Sinne der prädiktiven Medizin sind daher Menschen, die Aufklärung über genetische Information haben wollen, welche medizinische Relevanz haben kann. Schon beim herkömmlichen Krankheitsbegriff wird deutlich, wie wenig sich in Worten und in Daten über komplexe Sachverhalte wie Gesundheit, Krankheit, Schmerz, Wohlfühlen, Wohlsein oder Unwohlsein aussagen lässt (Sass 1989). Es lässt sich kein allgemeiner Begriff von Krankheit oder Behinderung entwickeln, der nur auf der Beschreibung von Naturphänomenen im Menschen beruht. Auch subjektive Empfindungen, Leidensgefühl, Schmerz und Unwohlsein sind für die Definition von Krankheit nur begrenzt verwendbar. Dies ist auch der Mangel der Gesundheitsdefinition der Weltgesundheitsorganisation, die Gesundheit als Zustand des vollkommenen biologischen, sozialen und psychischen Wohlbefindens definiert und so falsche Vorstellungen einer Gesellschaft mit radikaler Glücksorientierung verabsolutiert. Das Englische unterscheidet bereits rein begrifflich zwei Krankheitskonzepte, die in der deutschen Sprache nicht so leicht verschieden benannt werden können, nämlich Krankheit im Sinne von „disease" als biomedizinisch feststellbare Erkrankung und „illness" als subjektiv empfundenes Beeinträchtigt-Sein von Funktionsstörungen des eigenen Organismus (Irrgang 1995).

Im Rahmen der prädiktiven Medizin liegen beide Aspekte nur potentiell vor und verschärfen die Probleme der medizinischen Ethik. Gesundheit und Krankheit sind Weisen der Selbstzuschreibung bzw. der sozialen Rollenzuschreibung. Da es ein objektives Maß (trotz aller medizinisch beschreibbaren Tatsachen) ärztlichen Handelns aufgrund des Fehlens eines entsprechenden Krankheitsbegriffes nicht gibt, ist eine medizinische Ethik in Fragen der prädiktiven Medizin an den Bedürfnissen des potentiell Kranken und seinem potentiell mitbetroffenen Umfeld zu orientieren. Er hat das Recht auf Informationserhebung, aber auch das Recht auf Nichtwissen, obwohl die Folgen auf mögliche Mitbetroffene aus sittlichen Gründen (z.B. bei Kindern) mitberücksichtigt werden sollten. Derjenige, der im Rahmen der prädiktiven Medizin nach Aufklärung über potentielle Krankheitsrisiken sucht, kann sich dabei auf das Selbstbestimmungsrecht desjenigen berufen, der sein Leben planen und gestalten will. Bei der Realisierung des Wissens um das eigene Genom sind allerdings die Folgen der Datenerhebung insbesondere im Hinblick auf andere, z.B. auf Familienmitglieder, mitzubedenken und bei der Entscheidung über eine eventuelle Informationseinholung zu berücksichtigen. Ein Recht auf Wissen um das Genom von anderen, auch der eigenen Kinder, kann aus diesem Ansatz nicht abgeleitet werden. Das Wissen um das Genom der eigenen Kinder, insofern sie ein Teil der eigenen Lebens- und Familienplanung sind, können aber als Sonderfall der Klientenautonomie interpretiert werden. Verschärft wird dieses Problem in der pränatalen Diagnose, wenn Eltern genetische Informationen über ihr Kind erhalten wollen und per Abtreibung in das Lebensrecht und das potentielle Selbstbestimmungsrecht ihres Kindes eingreifen.

Es gibt ein ethisch begründetes Recht auf Nichtwissen des möglicherweise Betroffenen um das eigene Genom insbesondere dann, wenn Krankheiten zwar diagnostiziert, aber nicht geheilt werden können. Mit der Ausübung des Rechtes auf Nichtwissen um Erkrankungsdispositionen wählt man ein anderes Leben. Es ist ein Leben unter dem Leitgedanken der Unsicherheit, aber auch der Hoffnung. Ein Recht auf Nichtwissen um das eigene Genom ist insbesondere dann zu rechtfertigen, wenn dieses Wissen Leiden verursacht, z.B. Angst vor Krankheit oder deren soziale Konsequenzen wie Stigmatisierung, Diskriminierung oder höhere Versicherungspolicen. Viele Erbkrankheiten sind nicht kausal therapierbar, manche können durch Ersatztherapien in ihrer Wirkung abgemildert werden. Bei den meisten Ratsuchenden liegen noch gar keine Symptome vor. Insbesondere bei krankheitsrelevanten Befunden, die im Rahmen einer Untersuchung des eigenen

Genoms erhoben werden, empfiehlt sich eine humangenetische Beratung durch den Arzt. Diese sollte unter dem Leitbild einer Selbstbestimmungsaufklärung stehen. Oberstes Kriterium in der angelsächsischen medizinischen Ethik im Hinblick auf die Beratungssituation ist die Nichtfestgelegtheit des Ergebnisses (non-directiveness, non-directivity). Das Beratungsgespräch zielt wie jede andere ärztliche Aufklärung auch auf (objektive) Information, Sensibilisierung und praktische Rationalität. Dabei darf sich „non-directivity" nicht auf die bloße Vermittlung von Information beschränken, sondern muss eine eigene Entscheidung der Klienten ermöglichen, vorbereiten und zumindest die Entscheidungssituation strukturieren. Non-directivity wird häufig mit wertneutraler Information und neutraler Indifferenz im naturwissenschaftlichen Sinne gleichgesetzt. Dies ist nicht die richtige Interpretation im Sinne der Patientenautonomie. Der Grundsatz der Unparteilichkeit sollte dem Patienten helfen und nicht ihn einschränken. Eine ethische Direktive auch bei nicht direktiver Beratung ist die personale Selbstbestimmung und die Vermeidung von Leiden, aktuell und auch zukünftig (Irrgang 1995, Irrgang 2000b).

Im Hinblick auf die Möglichkeiten postnataler Diagnostik können Vererbungsmuster von Krankheiten nun mit molekulargenetischen Untersuchungsmethoden viel effektiver analysiert werden. Es handelt sich um eine präsymptomatische oder prädiktive Diagnostik (Petermann 1997). Besondere Probleme bereitet die präsymptomatische Diagnostik autosomal-dominant erblicher, noch nicht therapierbarer Erkrankungen des Erwachsenenalters wie Chorea Huntington und Alzheimer. Diese Diagnose sollte nur im Erwachsenenalter, im Rahmen ausführlicher Beratungen und auf ausdrücklichen Wunsch des Ratsuchenden stattfinden. Prädiktive Medizin im Hinblick auf spät ausbrechende Erkrankungsdispositionen setzt eine umfassende Beratung im Erwachsenenalter mit Respektierung des Rechtes auf Nicht-Wissen Dritter voraus.

Die molekulare Medizin ist bisher noch stärker bestimmt durch Erkenntnisgewinn in der Grundlagenforschung und weniger durch Überführungen in die klinische Praxis (Raem u.a. 1999, 5). Das Humangenom-Projekt hat zu einer fast vollständigen Sequenzierung des menschlichen Genoms sowie des Genoms von einer Anzahl von Modellorganismen geführt (Raem u.a. 1999, 23-33). Viele Erkrankungen kommen familiär gehäuft vor, folgen aber keinem Mendelnden Erbgang, d.h. statistischen Regeln der Vererbung. Es sind die sogenannten „komplexen" Erkrankungen, an deren Entstehung eine erbliche Prädisposition und Umweltfaktoren beteiligt sind. Die erbliche Komponen-

te kann sehr unterschiedlich sein und häufig ist sie das Resultat mehrerer interagierender Gene (Polygen). Diese Gruppe von zum Teil sehr
häufigen und daher gesundheitspolitisch und wirtschaftlich gesehen be-
deutenden Erkrankungen rücken immer mehr in den Vordergrund des
Interesses der genetischen Forschung und werden ebenfalls vom Humangenom-Projekt profitieren (Raem u.a. 1999, 54).

Die Erklärung der DFG zur Humangenom-Forschung und zur prädiktiven genetischen Diagnostik vom 20.6.1999 plädiert für einen verantwort-
lichen Umgang mit neuem genetischen Wissen und qualifizierte Beratung.
Bei prädiktiver und genetischer Diagnostik ist eine rechtswirksame Einwilligung der zu untersuchenden Person einzuholen und die Zustimmung
zu dokumentieren. Testergebnisse sind untersuchten Personen im Rahmen
einer ärztlichen Beratung mitzuteilen und zu erklären. Prädiktive Untersuchungen am Arbeitsplatz sind nur dann zuzulassen, wenn es um den vo-
raussehbaren Ausbruch einer genetischen Krankheit geht, die mit dem Ar-
beitsverhältnis in unmittelbarem Zusammenhang steht. Sie sind nicht zur
Voraussetzung eines Versicherungsvertrages zu machen. Außerdem sollte eine angemessene Vermittlung der Anwendungsmöglichkeiten der Humangenomforschung der Öffentlichkeit erfolgen. Diese beinhaltet neue
Erkenntnisse und Handlungsmöglichkeiten im Hinblick auf genetisch bedingte Krankheiten (DFG 2000, 37-40).

Jeder Test ist bislang noch auf bestimmte Fragestellungen ausgerichtet. Die prädiktive medizinische Diagnostik sollte an medizinische
Zwecke gebunden sein. Gerade der Ausbruch einer multifaktoriellen
Erkrankung lässt sich nicht mit Sicherheit vorhersagen (DFG 2000, 48-
58). Mit der genetischen Deutung vieler Krankheitsursachen im Rahmen einer prädiktiven Medizin sind eine Reihe von Krankheiten zu diagnostizieren, bevor es überhaupt zu einer Symptomausbildung
kommt. Patienten im Sinne der prädiktiven Medizin sind daher keine
Kranken im eigentlichen Sinn, sondern Menschen, die Aufklärung über
präsymptomatische Krankheiten (Krankheitsanlagen) anstreben. Der
Handlungsbereich der Medizin erweitert sich um präsymptomatische
Erkrankung und ihre Prävention soweit möglich. Dabei sind die Aussagen der prädiktiven Medizin bei Erkrankungen mit niedriger Heridi-
tät und geringer Expressivität noch sehr vage. Der Krankheitsbegriff,
sowieso nur schwierig zu definieren, bekommt im Kontext von Potentialität keine schärferen Konturen (Irrgang 2000b).

Problematisch ist aus ethischer Sicht die Pränatale Diagnostik. Ein
moralisches Recht auf die Kenntnis des Genoms der eigenen Kinder
darf als umstritten angesehen werden, da die drohende Abtreibung das
Lebensrecht und das potentielle Selbstbestimmungsrecht des Embryos

missachtet (Irrgang 1995, 238). Andererseits können schwere Erkrankungen von Kindern den Lebensplan von Eltern massiv beeinflussen
und erhebliche Belastungen für Familien nach sich ziehen, so dass ein
generelles Verbot der Kenntnis des Genoms der eigenen Kinder als
überzogen erscheint. Abtreibungen aus genetischen Gründen stehen im
Verdacht, eugenische Maßnahmen zu sein. Da Eltern in der Regel das
zukünftige Wohl ihres Kindes im Auge haben, nicht aber die Auswirkungen auf den Genpool, ist diese Unterstellung wohl nicht zutreffend.
Dennoch können Elternwünsche diskriminierend sein und zu Abtreibungen führen. Auswirkungen in den Einstellungen gegenüber Behinderungen und Behinderten sind ebenfalls nicht auszuschließen, reichen
aber für ein Verbot der pränatalen Diagnose nicht aus (Irrgang 2002c).
Insbesondere weil die pränatale Diagnose in vielen Fällen entlastende
Informationen anbietet und damit Abtreibungen eher verhindert als induziert, ist sie als das kleinere Übel ethisch akzeptabel.

Es gibt eine invasive und nichtinvasive Pränataldiagnose (PND). In
der BRD ist Abtreibung die dritthäufigste Todesursache. Dabei sind drei
Indikationsstellungen zu unterscheiden: (1) die Schwangerschaft ge-
fährdet das Leben der Mutter; (2) die Schwangerschaft wurde durch einen Gewaltakt (Vergewaltigung) bewirkt und (3) die Schwangerschaft
soll aus anderen Gründen, die die Frau geltend macht, beendet werden.
Nur wenn Embryonen und Feten bis zu einem bestimmten Zeitpunkt
keine Menschenwürde zukommt, kann eine Fristenregelung bis zu diesem Zeitpunkt gerechtfertigt werden (Knoepffler 2004, 95-137). Bei
der PND (nähere Darstellung der Methoden und ihre Bewertung in
Irrgang 1995) geht es ausschließlich um das Risiko einer schweren genetischen Erkrankung, nicht um eine eugenisch orientierte Nachkom-
mensplanung. Von entscheidender Bedeutung sind dabei der Schwere-
grad, die Therapiemöglichkeiten und die Prognose der in Frage
stehenden Krankheit. Eugenische Ziele dürfen mit der Präimplantationsdiagnostik (PID) nicht verfolgt werden. Keine Indikation für eine
PND sind insbesondere die Geschlechtsbestimmung ohne Krankheits-
bezug, das Alter der Eltern sowie eine Sterilitätstherapie durch assistierte Reproduktion. Auch spätmanifestierende Erkrankungen gelten in
der Regel nicht als Indikation. Das nahezu uneingeschränkte Recht auf
reproduktive Selbstbestimmung schließt das Recht auf Selektion von
Embryonen bzw. Feten und damit eugenische Tendenzen (allerdings in
einem sehr weiten Sinn) ein. Dabei spielt auch die Umgebung eine Rolle. Länder mit hohem Bevölkerungsdruck haben wohl eher vernünftige Gründe, ein liberaleres Recht auf Reproduktionsautonomie zu vertreten.

Auch die psychosozialen Folgen der vorgeburtlichen Diagnostik sind zu beachten (Petermann 1997, 111). Die Wartezeit bis zum Eintreffen des Befundes und die Unsicherheit, ob eine Behinderung vorliegt, sowie die Entscheidung über Leben und Tod ihres Kindes stellen extreme Belastungen dar. Gerade in der Pränataldiagnostik ist die einsame Entscheidung der Schwangeren oder der Eltern ethisch nicht zu rechtfertigen. Andererseits sollte auch der Arzt die letzte Entscheidung über die Zumutbarkeit eines behinderten Kindes nicht fällen dürfen. Die begründete Entscheidung der Eltern nach einer intensiven Beratung ist aus der Sicht der Autonomie der Betroffenen zu bevorzugen. Eine schwere Beeinträchtigung des Familienlebens und eine schwere Krankheit des Kindes gehören zu den Voraussetzungen für eine solche Begründung, wobei unter Anerkennung der Grenzen der Vorhersehbarkeit der Einzelfall geprüft werden muss, vor allem unter Berücksichtigung der unterschiedlichen Krankheitsbilder bei einer Krankheitsdisposition. Nicht alle Elternwünsche sind ethisch vertretbar, so z.B. der nach einem Stammhalter. Bedeutet der Elternwunsch eine Diskriminierung des Heranwachsenden, sind Elternwünsche nicht berechtigt.

Im Zusammenhang mit einer In-vitro-Fertilisation ist auch eine Präimplantationsdiagnostik (PID) möglich. Bei dieser Methode wird in einem frühen Stadium der Zellteilung eines Embryos vor der Einnistung eine Zelle entnommen und auf bestimmte Erbkrankheiten hin untersucht. Bis zur Ergebnisfeststellung kann er eingefroren werden. Weist er die vermutete Erbkrankheit nicht auf, wird er im Rahmen eines Embryonentransfers übertragen. Diese Methode ist umstritten, nicht zuletzt wegen des implizierten Klonens, ohne dass dabei allerdings ein menschlicher Klon hergestellt werden soll (Herauslösung einer Zelle aus dem Achtzellverband, die als selbständiger Klon interpretiert wird, aus dem ein menschliches Individuum werden kann, wenn man ihn nicht durch die Genomanalyse töten würde). Erschwerend kommt hinzu, dass diese Methode nur im Rahmen einer IVF vorgenommen werden kann, die nur eine geringe Erfolgsrate hat. Die Durchführung einer IVF, nur um eine PID vornehmen zu können, erscheint daher als problematisch. Die PID ist ein diagnostisches Verfahren ohne Therapie, weswegen ihr selektionistische Interessen unterstellt werden. Aber sind es selektionistische Interessen, wenn Eltern versuchen, auch bei erheblichen genetisch bedingten Erkrankungen eigene eher möglichst gesunde Kinder mithilfe der PID zu bekommen als kranke? Das Leben ist unsicher und es gibt kein Recht auf ein gesundes Kind, aber es darf auch keinen staatlichen oder moralischen Zwang geben, Embryonen mit erheblichen genetisch bedingten Beeinträchtigungen austragen zu müssen.

Da die PID vor der Einnistung erfolgt und die Entnahme einer Zelle zu Diagnosezwecken nicht darauf abzielt, einen Menschen zu klonen, könnte diese Methode ethisch auch positiv bewertet werden. Aber die nicht exakt bestimmbare Grenze zwischen Krankheitsvermeidung und möglicherweise diskriminierender Selektion spricht nicht für diese Methode. Hinzu kommt die Möglichkeit der Adoption als Alternative zu dem Versuch, eigene Kinder mit genetisch bedingten Erkrankungsrisiken technisch auszuschließen, obwohl nicht zu leugnen ist, dass eine nicht unerhebliche Anzahl von Menschen sich eigenen Nachwuchs wünscht. Ethisch gesehen ist es keinesfalls besser, eigene als fremde Kinder großzuziehen (aber auch nicht umgekehrt). Die geringe Anzahl von medizinischen Indikationen und der hohe technische Aufwand, um ein eigenes Kind zu bekommen, sind ebenfalls keine ethischen Argumente für diese Methode. Im Hinblick auf die PID ist der moralische Status des Embryo von Bedeutung (Irrgang 2002c).

Es zeigt sich, dass bei der Einführung der PID ohne starke rechtlich oder sonstige regulatorische Barrieren nach einer kurzen Etablierungsphase mit einer recht schnellen Ausweitung der Praxis zu rechnen ist. Die PID wird vorwiegend zur Verbesserung der Erfolgsaussichten der IVF durch Selektion der Embryonen mit chromosomalen Anomalien eingesetzt. Die PID zur Diagnose monogener Erkrankungen und von Chromosomendefekten bei Paaren mit einem bekannten genetischen Risiko macht hier mittlerweile den geringeren Teil der Fälle aus (Hennen/Sauter 2004, 3-5). Es lässt sich indikationsbasierte von zweckorientierter PID unterscheiden. Im engeren Verständnis zählt PID auf die Untersuchung von extrakorporal erzeugten, sehr frühen Embryonen auf vermutete genetische Störungen mit Krankheitswert ab. Bei diesen Formen bzw. Indikationen der PID können klare Parallelen zur herkömmlichen PND gezogen werden. Eine zweite, weitergreifende Definition bzw. Anwendung der PID als Untersuchung von extrakorporal erzeugten, sehr frühen Embryonen auf ihre genetische Konstitution ohne spezifische Krankheitsindikation sondern vielmehr zur Auswahl besonders geeigneter Embryonen. Derzeit können zwei solcher Zwecke benannt werden: (1) Die Suche von potentiellen Spendern von Nabelschnurblut oder Knochenmark für ein bereits geborenes, schwer erkranktes Geschwisterkind, (2) die Geschlechtswahl des zukünftigen Kindes aus Gründen der individuellen Lebensplanung (Hennen/Sauter 2004, 17f). Dieses nennt man social sexing oder family balancing (Hennen/Sauter 2004, 23).

Die frühe Etablierung eines grundsätzlichen Schutzes des menschlichen Embryos durch den Gesetzgeber im Jahr 1990 hat in Deutschland zusammen mit dem Menschenwürdeartikel des Grundgesetzes deutliche Barrieren gegenüber medizinischen Eingriffen in die Embryonalentwicklung geschaffen. Es lässt sich feststellen, dass die praktische Anwendung der PID international weiter fortgeschritten ist, als in der Diskussion. Belgien und auch Italien können hier zusammen mit den USA als Länder gelten, in denen die Etablierung der PID recht weit fortgeschritten ist. Es ist angesichts der Situation in diesen Ländern nicht unwahrscheinlich, dass die PID in den USA in Zukunft im Prinzip (bei entsprechender Nachfrage) für jeden verfügbaren Gentest genutzt werden wird. Eine soweit eben mögliche effektive Eingrenzung der Nutzung der PID auf definierte Fälle ist am ehesten von einer Kombination von umfangreichen Kontrollen der Praxis auf der Grundlage möglichst genauer gesetzlicher Bestimmungen zu erwarten (Hennen/Sauter 2004, 162).

Voraussetzung für die Durchführung von PID ist eine ausführliche Aufklärung und Beratung des Paares über das Verfahren, seine Vor- und Nachteile sowie mögliche Folgen der Methode. Dem Paar muss eine psychosoziale Beratung angeboten werden. Der eigentliche Verstoß gegen das Embryonenschutzgesetz wird darin gesehen, dass ein Embryo nicht gezeugt werde, um eine Schwangerschaft herbeizuführen, sondern in Wirklichkeit erst einmal für diagnostische Zwecke, was verboten ist. Dagegen kann eingewandt werden, dass das Ziel der IVF mit PID zweifellos die Schwangerschaft ist. Die Gefahr einer Erwartungshaltung nur für gesunde Kinder besteht: Aber gerät das Recht auf Leben eines behinderten Menschen in Gefahr, wenn man im Zusammenhang der PID eine Auswahl zugunsten des nicht behinderten Lebens vornimmt. Die Gefahr des Missbrauchs rechtfertigt nicht das Verbot des rechten Gebrauchs. Zur Diskriminierung Behinderter durch PND oder PID: Kaum ein Behinderter will selbst behinderte Kinder. Natürlich muss einem behinderten Kind, das geboren wurde, alle erdenkliche Liebe und Zuwendung zu Teil werden. Aber muss in Deutschland alle 90 Minuten ein geistig behindertes Kind geboren werden? Hinter der Vorstellung, Wunschkinder zu fabrizieren, Fortpflanzung zu managen und auch das Sterben souverän beherrschen zu können, verbergen sich Extremvisionen persönlicher Autonomie und medizinisch-technischen Könnens. Kontrovers sind die Möglichkeiten der Biomedizin häufig vor allem deshalb, weil die Meinungen auseinander gehen, was unter Autonomie überhaupt zu verstehen ist. Man hätte gleich Eingangs vor der Illusion warnen sollen, es ließe sich zum moralischen Status des ungeborenen menschlichen Lebens ein Konsens finden. Die Positionen zwischen den Befürwortern eines uneingeschränkten Schutzes der Embryonen nach Verschmelzung von Samen- und Eizelle und den Befürwortern eines abgestuften, wachsenden Schutzes der Embryonen liegen soweit auseinander, dass sie nicht zu vermitteln sind.

Es wäre völlig unverantwortlich, einem geborenen Behinderten ein Vollzugs-Ich nur aufgrund seiner Behinderung abzusprechen. Daraus kann aber nicht geschlossen werden, dass ein genetisch „potentiell" behinderter Embryo schon in frühen Entwicklungsstadien ein Vollzugs-Ich hat. Die neuen Techniken lassen sich auch nicht mit der Herabsetzung der Tötungsschwelle durch die Nationalsozialisten vergleichen, deren Programm sich gegen Geborene mit Vollzugs-Ich gerichtet hat. Die PID wird von Eltern durchgeführt, um ein gesundes Kind zu bekommen, nicht um eugenisch zu selektionieren. Nicht die Selektion im Sinne einer Auswahl als solcher ist ethisch verwerflich, sondern die eugenische Zielsetzung, günstige Erbanlagen in einer menschlichen Population zu fördern, d.h. die Instrumentalisierung menschlicher Individuen zugunsten des Genpools. Gegen behinderte Kinder würde argumentiert, wenn die PID verpflichtend wäre. Dies zu fordern wäre in der Tat unsittlich. Dann könnte man von einer Eugenik im klassischen Sinne sprechen. Dieses gilt es zu verhindern, nicht PID überhaupt. Und wenn man die PID nicht als Krankenkassenleistung bezahlt, kommt der Verdacht auf, „Eugenik" bleibe den Reichen vorbehalten. PID aber könnte in der Versicherung Teil eines Risikosonderpaketes sein für Eltern mit besonderen genetischen Risiken (Irrgang 2002c).

Da wir nicht genau wissen, ab welchem Stadium in der Embryonalentwicklung dem Embryo Personalität zugesprochen werden muss, ja nicht einmal, ab wann dies geschehen soll, bedarf es einer gesellschaftlichen Einigung darüber, ob wir – wie die Kirchen dies vorschlagen – den sichersten Weg gehen sollten oder aber einen liberaleren Weg verantworten können, der dem ärztlichen Handeln wie betroffenen Eltern und der Forschung mehr Handlungsspielraum lässt. Voraussetzung dafür ist, dass die neuen Techniken (wie die PID) nicht eugenisch im klassischen Sinn des Wortes (Verbesserung des Genpools als Handlungsziel) gestaltet werden können. Mit der Unterstellung einer neuen Eugenik von unten werden Traditionslinien und Kontinuitäten hergestellt, die es so nicht gibt. Zielsetzung ist die Vermeidung einer schweren genetisch bedingten Erkrankung, nicht eugenische. Der Selektionsvorwurf ist in diesem Zusammenhang unsicher.

Im Hinblick auf die Zumutbarkeit für die Eltern werden aus sozialen wie aus genetischen Gründen Ausnahmen von der Respektierung des Lebensrechtes des Embryos bzw. Fetus geduldet. Wenn wir Konsistenz in unseren moralischen Grundüberzeugungen anstreben, müs-

sen wir nach der Zumutbarkeit von Kinderlosigkeit bei den Paaren fragen, von denen mindestens ein Elternteil Träger der Anlage einer
schweren Erbkrankheit ist. Darf ihnen die Bemühungen um leibliche
Kinder verwehrt werden? Diese Frage ist nicht einfach mit Ja zu beantworten. Am klarsten ist noch der Hinweis auf die IVF, deren geringe Erfolgsquote nur eingeschränkt zumutbar ist. Da sich dies für längere Zeit nicht ändern wird, ist dies der wichtigste ethische Einwand
gegen die PID.

Das Prinzip der PID besteht darin, erkennbare pathologische Veränderungen des Erbmaterials einer Eizelle oder eines Embryos in vitro
zu bestimmen, um Embryonen mit krankhaftem Gen- oder Chromoso-
menveränderungen vom Transfer in den Körper der Frau ausschließen
zu können (Kollek 2000, 31). In Erweiterung der Möglichkeiten der
PND durch die PID ist zum ersten Mal eine im wissenschaftlichen Sinne echte Eugenik möglich, d.h. bestimmte Allele könnten mittelfristig
aus einer Population eliminiert werden, ohne dass die Fortpflanzungs-
wünsche der betroffenen Gruppe von Menschen unterdrückt werden
müssten (Kollek 2000, 15). Es ist allerdings nicht die durch Sozialdarwinismus und Rassenhygiene diskreditierte Form der Eugenik aus der
ersten Hälfte des 20. Jahrhunderts. Durch die Konvergenz von Gen-
und Reproduktionstechnik, die in der PID ihren vorläufig deutlichsten
Ausdruck findet, wird demzufolge ein Instrumentarium für die Beeinflussung der Eigenschaften menschlichen Nachwuchses bereitgestellt,
dessen Dimensionen heute erst zu erahnen sind (Kollek 2000, 22). Zumindest was die Zahl der bislang geborenen Kinder betrifft, setzt sich
die PID vergleichsweise langsam durch. Bis 1998 waren ungefähr 120
Kinder geboren (Kollek 2000, 29).

Um eine PID durchführen zu können, ist ein invasiver Eingriff in den
frühen Embryo erforderlich. Ob diese mikro-chirurgischen Eingriffe
dem Embryo oder dem sich daraus entwickelten Fötus oder Kind schaden, ist nicht abschließend geklärt. Unklar ist auch, ob sie Auswirkungen auf die Häufigkeit von Fehlbildungen haben, oder ob sie später im
Leben oder bei nachfolgenden Generationen Nachwirkungen solcher
Eingriffe zeigen können. Soweit heute allerdings bekannt, scheinen die
Embryonen durch die Biopsie nicht nachhaltig geschädigt zu werden
(Kollek 2000, 53). Festgestellt wurden jedoch Entwicklungsverzöge-
rungen. Bei der IVF wie bei der PID handelt es sich um technisch an-
spruchsvolle Untersuchungen, die eine Reihe von Fehlermöglichkei-
ten beinhalten (Kollek 2000, 70). Zunächst entsteht das ethische
Problem, ob es medizinisch und ethisch vertretbar ist, die PID zur Vermeidung der Geburt von Kindern einzusetzen, deren spätere Erkran-

kung gut behandelbar wäre z.b. mit der Veranlagung zu vererbbaren Dickdarmkrebs (Kollek 2000, 73). Das Vorliegen eines familiären Risikos für monogen bedingte Erkrankungen mit autosomal rezessivem Erbgang (z. B. Mukoviszidose), sowie für geschlechtsgebundene Krankheiten (z. B. Hämophilie), zählt zu den wichtigsten Indikationen einer PID. Mit wachsendem Bekanntheitsgrad dieser Methode wird auch die Nachfrage wachsen. Wichtig für die Durchsetzung dieser Methode ist die Sicherheit der PID. Heute wird in der Regel aufgrund des Fehlerrisikos der PID noch eine PND zusätzlich durchgeführt. Dies bedeutet eine gewisse Einschränkung der Methode (Kollek 2000, 112). Zumindest im internationalen Bereich besteht aber eine deutliche Tendenz zur Ausweitung der Indikationen für die PID über den Nachweis monogen bedingter Erkrankungen hinaus (Kollek 2000, 115).

Zudem ist die Frage zu diskutieren, ob es sich bei der PID um individuelle Krankheitsprävention oder um eine neue Form der Eugenik handelt. Heute besteht zumindest in den westlichen industrialisierten Ländern nicht die Gefahr, dass eine neue Eugenik über die direkte staatliche Beeinflussung von Fortpflanzungsentscheidungen breiterer Bevölkerungsschichten durchgesetzt wird. Sie besteht vielmehr darin, dass sie sich über eine Vielzahl von individuellen Vorsorgeentscheidungen etabliert und so zu einer alltäglichen, gesellschaftlich legitimierten Praxis wird, wobei genau zu klären wäre, um welche Form von Eugenik es sich denn handeln könnte, da die ethisch problematischen Formen der Eugenik der ersten Hälfte des 20. Jahrhunderts alle staatlich inszeniert waren oder doch werden sollten. Vor diesem Hintergrund verschwimmt die eindeutige Grenzlinie, die teilweise zwischen einer verwerflichen Eugenik oder einem eugenischen Missbrauch der Gendiagnostik auf der einen Seite, und einer ethisch vertretbaren Genomanalyse als Werkzeug individueller Vorsorgeentscheidungen auf der anderen Seite gezogen wird (Kollek 2000, 151-154). Vielleicht aber hat es eine solche nie gegeben.

Prädiktive Medizin im vorgeburtlichen Bereich ist im Unterschied zur klassischen Eugenik keine Instrumentalisierung der Mutter, um gesunden Nachwuchs zu bekommen, falls die eigene Entscheidung der Mutter (der Eltern) nach hinreichender Aufklärung verantwortungsbewusst getroffen wurde. Eine Instrumentalisierung des Embryos erfolgt auch nicht, wenn ein verbesserter Gesundheitszustand angestrebt wird. Als Instrumentalisierung ist der Wunsch nach einer Geschlechtsselektion des eigenen Kindes ohne medizinische Indikation anzusehen und daher nicht vertretbar. Auch bei der Abtreibung aus genetischen Gründen und bei der Verweigerung der Einpflanzung bei PID liegen Instrumentalisierungen vor, die nur durch schwere nachteilige Folgen für den in Zukunft Betroffenen und seine Familie ethisch plausibel gemacht werden können, auch wenn sie nicht als Realisierungen eines sittlichen Gutes gelten dürfen. Sie sind bestenfalls mit Einschränkungen sittlich erlaubt.

Obwohl das Verfahren von vielen Paaren mit einem Risikofaktor für Erbkrankheiten begrüßt wird, kann im Hinblick auf die derzeitige Anfangsphase ihrer Entwicklung behauptet werden, dass die PID nur oder hauptsächlich auf Initiative von Patienten vorangetrieben wird (Kollek 2000, 172). Auch die Embryonenforschung wird durch das neue technische Verfahren unterstützt. Die Initiativen, das Embryonenschutzgesetz für die PID zu öffnen, speisen sich also nicht nur aus dem altruistischen Interesse, Frauen oder Paaren mit einem genetischen Risikofaktor, die sich ein gesundes Kind wünschen, helfen zu können. Vielmehr ist angesichts des deutlich artikulierten Interesses an einer Forschung an Embryonen oder embryonalen Zellen davon auszugehen, dass die Legitimierung der PID auch im Interesse der reproduktionsbiologischen und –medizinischen Forschung liegt, und dass bei ihrer zukünftigen Entwicklung auch wissenschaftliche Interessen zum Tragen kommen würden (Kollek 2000, 177). Aber auch dieses halte ich nicht für einen legitimen Grund für ein Verbot der PID. Vielleicht kann man noch nicht einmal von Missbrauch sprechen. Eine der zentralen Fragen dieser Debatte ist, welcher moralischer Status In-vitro-Embryonen zuerkannt wird (Kollek 2000, 186). Die hier vertretene Position des Gradualismus hält Embryonenforschung in begrenztem Umfang für ethisch vertretbar, wenn sie vor der Einnistung erfolgt und „hochrangige" Forschungsziele verfolgt werden, auch wenn „Hochrangigkeit" jeweils immer strittig bleiben kann.

Um bei vorliegender familiärer Erbkrankheit ausreichend viele Embryonen zur Auswahl zu haben, ist es praktisch unvermeidlich, mehr Embryonen zu erzeugen, als der Frau innerhalb eines Zyklus übertragen werden dürfen. Die meisten dieser Embryonen werden erzeugt, um sie zu testen und zu selektieren: Eine Reihe von Embryonen lässt man sterben, weil sie Qualitätsmängel aufweisen (Kollek 2000, 198f). Es geht also darum, wichtige Unterschiede, die zwischen einer Embryonenselektion in vitro und dem Abbruch einer bestehenden Schwangerschaft existieren, herauszuarbeiten (Kollek 2000, 204). Die Selektion von Embryonen vor der Einnistung ist aber Eugenik nur dann, wenn man diesen Präimplantations-Embryonen oder Blastomeren denselben moralischen Status zubilligen muss wie erwachsenen Menschen, gegen die sich traditionell eugenische Maßnahmen gerichtet haben. An einer solchen Unterstellung sind jedoch Zweifel erlaubt. Wenn Eltern mit Hilfe der PID zudem ein gesundes Kind anstreben, so lieben sie ja nicht abstrakt die angestrebte Gesundheit, sondern das Kind. Sie ziehen ein gesundes Kind einem kranken oder behinderten Kind vor. Dies ist aber kein generelles Votum gegen Behinderung überhaupt. Allein dieser Wunsch macht eine Gesellschaft nicht behindertenfeindlich, auch wenn dies immer wieder behauptet wird und in einigen Fällen hinter dem Wunsch nach einem gesunden Kind um jeden Preis auch Behindertenfeindlichkeit stehen mag. Behindertenfeindlichkeit zeigt sich primär gegen Behinderte (Irrgang 2002c).

Es wird behauptet, dass vorgeburtliche Qualitätskontrollen Behinderte diskriminieren. Viele fötale Schädigungen lassen sich erst in den späten Phasen der Schwangerschaft feststellen. Diskriminierend ist in diesem Falle nicht die eingesetzte Technik, sondern das Denken der Beteiligten, die glauben, ein Leben mit Behinderung sei nicht lebenswert. Behindertenfeindliche Einstellungen und Vorurteile bekämpft man nicht durch Verbote medizinischer Techniken. Vergleichende Entscheidungen zugunsten eines bestimmten Embryo müssen daher in ihrer sittlichen Berechtigung überprüft werden. Mit Hilfe der PID könnten nicht nur unerwünschte Eigenschaften, sondern auch erwünschte festgestellt werden. Eine echte Eugenik würde langfristig möglich. Und die Frage entsteht für die Unterscheidung des therapeutischen und des eugenischen Paradigmas: Was soll als schwerwiegende Krankheit gelten? Bei der PID wird dabei die Wahlsituation durch die Methode künstlich erzeugt (Schramme 2002, 58-64).

Bei der Konstruktion und dem Design von neuem Leben geht es insbesondere um die Frage nach der Erlaubnis von Qualitätskontrollen der heranwachsenden Embryonen. Diskussionen erregte ein kleines Kind namens Adam, das von den Eltern mit Hilfe von PID ausgewählt wurde, um als Knochenmarkspender für das erkrankte Schwesterchen dienen zu können. In diesem Zusammenhang stellt sich die Frage, ob der kleine Junge nicht vollständig instrumentalisiert wurde. Dem Verfahren wurde vorgeworfen, dass hier menschliches Leben auf Probe erzeugt und nach bestimmten Merkmalen ausgewählt wurde. Aber Adam kann trotz seiner Instrumentalisierung für das Schwesterchen auch als Kind selbst geliebt werden. Dabei tritt das Problem heute noch nicht in voller Schärfe auf, denn man kann bislang nur irgendein menschliches Wesen schaffen, bald aber wird es gelingen, ein bestimmtes zu erzeugen. Damit ist die Kategorie der Natürlichkeit weithin hinfällig geworden. Aber die Natur verfolgt keine Zwecke und kann uns also auch keine Handlungsanleitung geben. Der Mensch ist das Wesen, für das es natürlich ist, künstlich zu sein. Dies liegt in der Ausübung der menschlichen Freiheit. Daher wird eine umfangreiche reproduktive Autonomie gefordert. Und man braucht starke Gründe, einer Frau nach der Menopause oder einem homosexuellen Paar die Möglichkeit der modernen Reproduktionsmedizin vorzuenthalten (Schramme 2002, 49-57).

Ist es Ausdruck der reproduktiven Autonomie, wenn ein gehörloses Paar einen gehörlosen Embryo auswählt? Angesichts der gemeinsamen Zugehörigkeit zur Gehörlosenkultur kann diese Frage positiv bewertet werden. Im Hinblick auf Designerkinder oder Designermenschen ist zu berücksichtigen, dass die gentechnische Verbesserung dieses Menschen um seiner selbst Willen geschieht, nicht wegen einer Verbesserung des Genpools der Gattung. Der noch nicht geborene Mensch soll gesund werden, sich besser behaupten können usw.. Menschenzüchtung (als Gattungsideal) ist eine Instrumentalisierung bei den nachgewiesenermaßen falschen Vorstellungen von Züchtung beim Sozialdarwinismus und bei der klassischen Eugenik. Bei der gentechnischen Verbesserung der eigenen Kinder, die man Eugenik von unten nennt, geschieht eine Instrumentalisierung des Kindes nur dann, wenn man Kinder ausschließlich als technische Produkte betrachtet. Dies wird allerdings kaum der Fall sein, wenn man sich ein eigenes gesundes Kind wünscht, dem man möglichst viel Zukunftschancen mitgeben möchte. Vielmehr kann man in diesem Fall davon ausgehen, dass es ein besonderes Bestreben der Eltern gibt, das Kind möglichst gut auszustatten. Bedenklich ist der Elternwunsch dann, wenn die Perfektion des geborenen Kindes Voraussetzung dafür wäre, dass es geliebt wird. Tendenzen einer Eugenik von unten hat prädiktive Medizin im Bereich der pränatalen Diagnostik vor allem solange, wie es nicht möglich ist, therapeutisch einzugreifen, sondern die einzige Antwort auf die Diagnose eines gravierenden Erbdefektes die Selektion ist, d.h. die Verweigerung der Implantation bzw. die Abtreibung (Irrgang 2002c).

Um das Paradigma herauszuarbeiten, welches einer Eugenik von unten zugrunde liegt, ist zu unterscheiden zwischen Züchtung und technischer Konstruktion. Auch in der Medizin ist der Mensch in vielfacher Form Gegenstand technischen Handelns. In Verbindung mit der Reproduktionsmedizin kann prädiktive Medizin züchterisch-selektive Tendenzen aufweisen. Die PND und PID beinhalten selektive Verfahren, die dem klassischen Schema der Eugenik ähneln mögen, es aber zumindest für den Gradualisten eindeutig nicht sind. Es handelt sich nicht um Eugenik, auch nicht von unten (Irrgang 2002c). Es gibt eine Form der PID, über die man sich ethisch verständigen kann, nämlich die, die eine ähnliche Funktion wie die PND hat. Wendet man sie allerdings an, um das Geschlecht zu bestimmen oder andere soziale Ziele zu legitimieren, erscheint diese Methode als ethisch problematisch. Für die Schutzwürdigkeit in Abhängigkeit von anthropologischer Dispositionalität und Kompetenz möchte ich folgende Grundkriterien vorschlagen: (1) Die Schutzwürdigkeit ist deutlich geringer vor als nach der Einnistung; (2) Sie ist geringer vor als nach der Gestaltausbildung und ansatzweise Ausbildung des menschlichen Körpers; (3) Die Schutzwürdigkeit ist stark nach der Ausbildung der Kompetenz des menschlichen Gehirns, welches prinzipiell die Entwicklung von Ich-Haftigkeit (rationale und emotionale Komponente) begründet erwarten lässt; (4) Volle Lebenswürde sollte in dem Sinne dem geborenen Säugling zukommen, obwohl dieser im Vollsinn des Wortes menschliche Subjektivität und Personalität noch nicht erreicht hat. Bestimmte Handlungen oder Unterlassungen sind auch dann noch möglich.

3.3 Tissue-Engineering, Embryonen- und Stammzellforschung

Die Fötalgewebeforschung ist aus der Transplantationsmedizin, den neuen Gen- und Fortpflanzungstechnologien und aus der Pränataldiagnostik heraus entwickelt worden. Es handelt sich um die Eroberung eines neuen Terrains und den Zugriff auf den Körper und die Lebensgestaltung von Frauen. Das neue Konzept des Gehirntodes, die Forderung, Anenzephale als Organspender heranzuziehen und die strukturelle Organknappheit bilden den Hintergrund für die neue Forschungsrichtung. Fötale Bauchspeicheldrüsenverpflanzungen für Diabeteskranke erscheinen als genauso möglich wie fötale Leberzellverpflanzungen. Es gibt auch schon die Verpflanzung von Fötus zu Fötus bereits im Mutterleib. In Gewebebanken kann fötales Gewebe aufbereitet und aufbewahrt werden. Experimente mit fötalem Gewebe sind seit 1878 dokumentiert. Es handelt sich um Experimente mit Abtreibungsgewebe. Wie sich in der letzten Zeit gezeigt hat, sind Nervenzellen nicht völlig unregenerierbar. Bei fötalem Hirngewebe für Parkinsonerkrankte gibt es meistens nur bescheidene Erfolge. Ein neues Programm sind gentechnisch veränderte Haut- und Muskelzellen, die vom Patienten selbst stammen. Bei einer Übertragung von fötalem Hirngewebe entsteht die Frage nach Persönlichkeitsveränderungen. Dabei können auch unvorhergesehene Entwicklungen ausgelöst werden. Wichtig ist vor allem die Frage, ob Hirngewebe als materielles Substrat für menschlichen Geist und für die Persönlichkeit eines Menschen interpretiert wird (Schneider 1995, 79). Problematisch allerdings ist das spekulative Gleichsetzen von Gehirngewebe mit persönlicher Identität.

Insgesamt gibt es 40 Jahre Stammzelltransplantationen, wobei die Transplantation von Embryonalen Stammzellen (ES) den jüngsten Zweig darstellt. Die blutbildenden Stammzellen im Nabelschnurblut erscheinen besonders interessant. Dabei müssen die Eigentumsverhältnisse bei Nabelschnurblut geklärt werden. Nabelschnurstammzellen können nur einmal im Leben, kurz nach der Geburt, entnommen werden. Die Einlagerung von Nabelschnurblut muss privat bezahlt werden. Die sachgerechte Einlagerung von Nabelschnurblut ist aufwendig. Die kostenpflichtige Abgabe von Präparaten zu Transplantationszwecken dient dabei zunächst zur Deckung der entstehenden Kosten. Stammzellen aus Nabelschnurblut und adulte Stammzellen gelten als Arzneimittel und unterliegen den entsprechenden Gesetzen. Die Transplantation von adulten Knochenmarkstammzellen werden schon lange durchgeführt. z.B. nach Chemotherapien. Bei Leukämie werden allogene Stammzellen bevorzugt (Hauskeller 2002, 140-147).

Früher wurden als Ersatzorgane im wesentlichen nichtbiologische Substitute für Teile des menschlichen Körpers benutzt. Das Tissue Engineering möchte biologischen Organersatz erzeugen. Tissue Engineering kann definiert werden als ein interdisziplinäres Feld, in dem die Prinzipien der Ingenieurkunst und der Life-Sciences angewendet werden im Hinblick auf die Erzeugung biologischer Ersatzorgane bzw. eines biologischen Ersatzes und die darauf abzielt, vorbeugend Ersatz zu schaffen oder verlorene Organfunktionen zu restaurieren (ETCS/GZG 1998, 8). Forschungsfelder sind dabei das Herz, die Leber, die Haut, Knochen und Gewebe, Nervenzellen, um etwa Alzheimer behandeln zu können, sowie die Krebsforschung. Regeneration wird allgemein als ein Phänomen betrachtet, das auf Amphibien beschränkt ist, bei denen amputierte Glieder zurückgeformt und wieder wachsen können. In der letzten Zeit wurde ein Mäusestamm entdeckt, der eine bemerkenswerte Fähigkeit entwickelt hat, bestimmte Wunden zu schließen und ein Beispiel abzugeben scheint für ein Phänomen, das für eine bestimmte Form der Regeneration bei Säugetieren angesehen werden kann. Insbesondere wurde nach und nach Ohrgewebe in schnellem Wachstum entwickelt, das eine normale Gewebearchitektur wieder erlangen konnte und zwar in einer Form, die dem entgegengesetzt ist, was man sonst an Regenerationsfähigkeit bei Säugetieren gesehen hatte. Es gelang dabei, Größenwachstum mit strukturellen Elementen zu verbinden, die eine gewisse Organarchitektur ermöglichten. Außerdem wurde versucht, dieses Phänomen in seinem genetischen Grundlagen zu eruieren. Zunächst bemerkte das untersuchende Team die mangelnde Regenerationsfähigkeit bei Säugetieren, die dort durch erstaunliche Fähigkeiten der Wundheilung ersetzt zu sein scheinen (Clark u.a. 1998, 35). Das Gewebewachstum musste dabei kontinuierlich durch eine organismische Remodellierung des Organs begleitet werden. Regeneration aber involviert in großem Umfang die Ersetzung und Restaurierung von Gewebe mit einer normalen Architektur und im extremen Fall bis hin zu ganzen Organen (Clark u.a. 1998, 43).

Nicht weniger vielversprechend erscheint die Stammzellforschung. Embryonale Stammzellen (ES) können in frühen Embryonalstadien aus der inneren Zellmasse der Blastozysten gewonnen werden, aus dem der eigentliche Embryo entsteht. Bis zum Acht-Zellstadium sind diese Zellen pluripotent. Die Isolierung humaner Stammzellen wurde erst 1988 publiziert. Ein weiterer Stammzelltyp sind embryonale Keimzellen (EG). Sie werden aus dem Stammzellreservat der Keimzellen, die primordialen Keimzellen aus den Genitalleisten bzw. Gonaden der inneren Blastozysten gewonnen. Bisher wurden Forschungen an ES-Zellen von Mäusen und an EG-Zellen von Mäusen vorgenommen. Dabei führten EG-Zellen mit einem definierten Gendefekt zu Knock-out-Mäusen. In-vitro differenzierte Zelllinien als Zellaggregate stehen zur Verfügung. So kommt es zu einer Differenzierung der ES-Zellen (Hauskeller 2002, 19-29). Eine Alternative zu ES-Zellen stellen gewebespezifische bzw. adulte Stammzellen dar, die aus fötalem oder adultem Gewebe isoliert werden können. Mit diesen Zellen ist eine Transplantation einfacher zu verwirklichen, da sie aus Gewebe des Transplantatempfängers isoliert werden können. Adulte Stammzellen kommen aber nur in sehr geringer Zahl vor und sind bislang noch unzureichend charakterisiert. Außerdem zeigen sie eine stärker eingeschränkte Differenzierungsfähigkeit im Vergleich zu ES-Zellen (Hauskeller 2002, 18f).

In Tiermodellen hat sich bisher weder aus ES-Zellen noch aus EG-Zellen allein nach Transfer in den Uterus ein vollständige Lebewesen entwickelt. Dass humane pluripotente Stammzellen alle Stufen zur Entwicklung eines lebensfähigen Menschen durchschreiten könnten, ist nach derzeitigem Kenntnisstand äußerst unwahrscheinlich. Das Maus-Modell hat wichtige Erkenntnisse gebracht, Untersuchungen am Menschen sind jedoch unerlässlich, wenn man die praktischen Anwendungen nicht versäumen will. Die molekularen Grundlagen der frühen

Embryonalentwicklung sind am Menschen nahezu unbekannt. Die Prozesse nach dem Zellkerntransfer in enukleierte Eizellen sind nicht verstanden (DFG 2000, 6-7). Ein langfristiges Ziel besteht in der Generierung komplexer Gewebeverbände oder ganzer Organe, die derzeitigen Engpässe und immunologisch bedingten Probleme sowie die Risiken einer Krankheitsübertragung bei der Organtransplantation umgehen könnten.

Die ethischen Probleme dieses Bereiches liegen weniger in den (künftigen) Heilungschancen, sondern in der Art ihrer Gewinnung. Die Charakterisierung der drei wichtigsten Verfahren, mittels derer embryonale Stammzellkulturen gewonnen werden können, übernehme ich dem instruktiven Schema von Peter Fonk: Bei der Methode (1) werden ES-Zellen aus der inneren Zellmasse 5-10 Tage alter Embryonen gewonnen. Diese Embryonen können eigens für medizinische Zwecke in vitro gezeugt worden sein, ohne dass die Absicht bestanden hätte, sie zur Herbeiführung einer Schwangerschaft der Frau einzupflanzen. Dieses Verfahren ist in Deutschland nach dem geltenden Embryonenschutzgesetz verboten und wird auch in vielen anderen Ländern bisher weitgehend abgelehnt. In den meisten Fällen handelt es sich deshalb um sogenannte überzählige und verwaiste Embryonen, die aus einer IVF hervorgegangen sind. Die Zellverbände, die man diesen Embryonen entnommen hat, werden im Labor zum Auswachsen in undifferenziert bleibende Stammzelllinien angeregt. Bei entsprechender Stimulierung durch Wachstumsfaktoren können sich solche zu grundsätzlich allen Gewebetypen ausdifferenzieren (Fonk 2004, 233f).

Bei Methode (2) werden EG-Zellen aus den Urkeimzellen von Föten gewonnen, die in der 5.-11. Schwangerschaftswoche abgetrieben wurden. Solche Urkeimzellen (primordiale Keimzellen) sind die Vorläufer der späteren Ei- und Samenzellen. Da die bisher verwendeten EG-Zellen eine geringer Vermehrungsfähigkeit als ES-Zellen aufweisen, deutet neueren Forschungsergebnissen zu Folge vieles darauf hin, dass sie nicht als wirkliche Alternative zu ES-Zellen angesehen werden können (Fonk 2004, 234).

Bei Methode (3) werden embryonale Stammzellen durch Klonierungstechniken gewonnen. Sie entstehen letztlich nach der Methode der ES-Zellen, allerdings mit dem Unterschied, dass die benötigten Embryoplastzellen aus dem Embryoplast geklonter Embryos entnommen werden. Mit Klonierung bezeichnet man ganz allgemein das Entstehen bzw. die künstliche Erzeugung einer genetisch identischen Kopie eines Lebewesens. Wesentlich interessanter für die Gewinnung embryonaler Stammzellen zu therapeutischen Zwecken ist allerdings das Verfahren des Zellkerntransfer, das umgangssprachlich auch als Dolly-Technik bezeichnet wird. Diesen Vorgang bezeichnet man als reproduktives Klonen, da hier der zeitversetzte Zwilling bis zur Geburtsreife heranwächst (Fonk 2004, 234- 236).

Für den weiteren Verlauf sind nun allerdings zwei Varianten möglich: Variante (A) stellt die Übertragung der Dolly-Technik auf den Menschen dar, d.h. hier wird gemäß dem Verfahren des reproduktiven Klonens der Embryo in die Gebärmutter einer Leihmutter eingepflanzt und ausgetragen. Bei Variante (B) hingegen pflanzt man ihn keinerlei Mutter ein, sondern lässt ihn bis zum vierten Tag nach Erreichen des Blastozystenstadiums heranreifen, um ihm sodann embryonale Stammzellen (ES) zu entnehmen. Diese können sich zwar nicht mehr in alle, aber doch in viele Richtungen entwickeln, sind also noch pluripotent, aber nicht mehr totipotent. Die pluripotenten Stammzellen vermehrt man im Labor, um sie dann zu der gewünschten Organ- bzw. Gewebespezialisierung weiterzuzüchten. Darin besteht zumindest die Zielvorstellung, die man bisher allerdings nicht oder noch nicht – darüber gehen die Meinungen stark auseinander – realisieren kann. Man nennt dieses Verfahren therapeutisches Klonen (Fonk 2004, 237f).

In der Diskussion um die Stammzellforschung werden fast ausschließlich die Heilungsaussichten betont, um gegen die Intuition verbrauchender Embryonenforschung ankommen zu können. Bei der Beurteilung dieser Forschung spielt die emotionale Komponente eine große Rolle. Die Erwähnung besonders schwerer Erkrankungen dient als Türöffner für einen umstrittenen Forschungsansatz. Es ist aber noch nicht absehbar, ob Therapien mit ES überhaupt möglich sein werden (Hauskeller 2002, 122-127). Embryonale Stammzellen werden Verwendung finden als Regenerationshilfen, wobei therapeutisches Klonen eine zentrale Funktion einnimmt. Für Herzkrankheiten oder Diabetes, aber auch als Regenerationshilfen für das Gehirn werden diese eingesetzt werde. Probleme der Steuerung embryonaler Stammzellen in Kultur sind allerdings noch zu überwinden. Embryonale Stammzellen aus abgetriebenen Feten dürfen auch nach dem deutschen Embryonenschutzgesetz verwendet werden. Embryonale Stammzellen in Kultur können sich aber nicht mehr zu einem Menschen entwickeln (Spektrum 4/99, 13-15).

Insgesamt haben interpersonelle Abwägungen überhaupt nichts unplausibles oder merkwürdiges an sich. Man hat den Eindruck, dass sich die in aktuellen bioethischen Debatten häufig zu hörenden vehemente Kritik an interpersonalen Vergleichen weniger aus theoretischen denn aus praktischen Gründen speist. Konservative Lebensschützer befürch-

ten, dass die Durchführung interpersonaler Vergleiche letztlich zur Selektion führen könnte, zum anderen scheint es ihr Selbstverständnis von
Person zu verletzen, derartige Abwägungen zuzulassen (Ach u.a. 2000,
131). Sie sehen in der Tötung und anschließenden Übertragung von embryonalem Material eine moralisch unzulässige Instrumentalisierung
menschlichen Lebens. Und sie vertreten die Auffassung, die Immora-
lität eines Schwangerschaftsabbruchs werfe gleichsam einen Schatten
auch auf die weitere Verwendung des Abtreibungsgewebes voraus. Die
Praxis der Übertragung von embryonalen Gewebe und Organen legi-
timiere Schwangerschaftsabbrüche gleichsam moralisch und führe daher zu einer Erhöhung der Anzahl von Schwangerschaftsabbrüchen
(Ach u.a. 2000, 141). Das gradualistische Konzept vertritt bei embryonalem Zellen, die vor der Einnistung gewonnen wurden, eine liberale-
re Position. Verantwortung für Schwangerschaftsabbrüche bzw. Nicht-
einpflanzung tragen die Eltern, nicht der Forscher. Zumindest lässt sich
dies gesellschaftlich so regeln.

Die Produkte der Stammzellenforschung spielen bis dato eine untergeordnete Rolle. Allerdings erwartet man einen ungeheuren Markt von
200 bis 300 Millionen Patienten. Die Behandlung von Leukämie durch
Blutstammzelltransplantationen ist kostenintensiv. Das Geschäft mit
dem Nabelschnurblut in entsprechenden Banken ist bereits angelaufen.
Das Tissue-Engineering impliziert das Konstruieren menschlichen Gewebes, so die Reparatur von Blutgefäßen, Leberregeneration, Knorpel-
und Knochenersatz, Haut aus der Tube, Zellen der Bauchspeicheldrüse
zur Heilung von Diabetes. Die Firma ACT (Advanced Cell Technology) Cardion und Developen gehören zu den größten Firmen in der Bundesrepublik. Die Stammzelltransplantation ins Muskelgewebe der Herzkammer nach Herzinfarkt wird bereits probiert. Die Zelldifferenzierung
und therapeutisches Klonen sind ebenfalls Optionen. Zirka 7 Millionen
Menschen in Deutschland leiden an Osteoporose. Der Einsatz von
Stammzellen oder ausdifferenzierter Zellen zur Therapie von Knochen-
oder Knorpelschäden wäre in diesem Fall sehr hilfreich und ein entsprechend großer Markt. Die Regeneration von Nierengewebe aus Stammzellen des Knochenmarkes, die Regeneration von Leberzellen und der
Einsatz von Stammzellen zur Therapie neurodegenerative Erkrankungen versprechen ein ebenfalls lukratives Geschäft. Der Verkauf von embryonalen Stammzellen zu Forschungszwecken ist ebenfalls in der ethischen Diskussion. Patienten mit schlecht heilbaren oder unheilbaren
Krankheiten sind ein entsprechend guter Markt. Mit Hilfe der Biotechnologie wurden neue, hochqualifizierte Arbeitsplätze geschaffen (Hauskeller 2002, 131-138).

Für die Bewertung der verfassungsrechtlichen Schranken der Forschungsfreiheit sind die Art und Weise der Gewinnung humaner Stammzellen wichtig, die im Rahmen der Forschung mit humanen Stammzellen angewandten Methoden, die von der wissenschaftlichen Forschung verfolgten Ziele. Letztlich geht es um die Verbesserung der medizinischen Versorgung. Die wissenschaftlich derzeit noch nicht realisierbare Reprogrammierung von pluripotenten Zellen zu totipotenten Zellen wird nach den Bestimmungen des Embryonenschutzgesetzes als Klonen definiert und ist damit untersagt (DFG 2000, 8-10). In Deutschland ist die Gewinnung humaner Stammzellen nur aus vitalem Gewebe erlaubt. Dabei müsste die Beachtung der Rechte der betroffenen Eltern und der Pietätspflichten beachtet werden. Durch die weitere Forschung zur Gewinnung von pluripotenten Zellen ist der Weg über totipotente Zellen vermeidbar. Wichtig ist auch die Entwicklung einheitlicher europäischer Standards (DFG 2000, 11-13).

Das deutsche Stammzellgesetz vom 25.04.2002 verbietet zwar im Sinne des Embryonenschutzgesetzes das Arbeiten und Erzeugen von embryonalen Stammzellen, erlaubt aber den Import von Stammzelllinien, die vor der Einführung des Gesetzes in fremden Ländern aus überzähligen Embryonen gewonnen wurden, die bei der IVF entstanden sind. Dies scheint eine Inkonsequenz und eine Nichtkonsistenz im ethischen Umgang mit embryonalen Stammzellen zu sein (Oduncu 2003, 9). Stammzellen sind Zellen, zugegebenermaßen mit besonderen Eigenschaften, aber kein Organismus, kein Mensch mit einer spezifischen Würde. Gibt es einen vernünftigen ethischen Grund für die Verpflichtung, alle menschlichen befruchteten Eizellen in eine Gebärmutter zu transferieren? Dies würde im Falle einer positiven Beantwortung die Fertilisationsmedizin nahezu zum Erliegen bringen. Vor dem 16. Tag und damit vor der Einnistung kann man nicht von einem menschlichen Organismus sprechen, den man durch die Verweigerung der Einleitung der Nidation töten könnte. Moderne Gewebeforschung hat schnell zur klinischen Anwendung von Knochenmarkstransplantationen geführt. Diese werden insbesondere bei Patienten mit Formen von Leukämie durchgeführt, die andernfalls innerhalb kurzer Zeit gestorben wären. Die blutbildenden Stammzellen werden traditionell angesehen als Zellen, die im Knochenmark vorhanden sind und die Zelllinien aufbauen, die insgesamt blutbildend wirken. Diese Fähigkeit der blutbildenden Stammzellen führte zu einem Modell der Entwicklung von Stammzellen mit verschiedenen Entwicklungsstadien, die dadurch charakterisiert sind, dass sie bestimmte Marker für die Expression bestimmter Gene während des Entwicklungsprozesses entweder erwerben können oder verlieren (Haverich/Graf 2002, 1-4).

Die Diskussion um das Klonen hat bereits großen Einfluss auf die Wahrnehmung der Stammzellbiologie und dies nicht nur in der Öffentlichkeit. Jedoch hat das meiste der Stammzellbiologie nichts mit Klon-Techniken zu tun, obwohl es gewisse Überschneidungen gibt. Neuere Untersuchungen zeigen, dass Stammzellen, die aus dem erwachsenen Gehirn entnommen wurden, durch den Kontakt mit einer Embryonen-Mikroumgebung reprogrammiert werden können und sich dann so ähnlich wie embryonale Stammzellen verhalten. Dies führt dazu, dass man nicht immer einen Embryo verletzen muss, um ES zu erhalten. Damit wird die strenge Unterscheidung zwischen embryonalen und erwachsenen Stammzellen sowie die zwischen potentiell totipotenten und pluripotenten Stammzellen von Erwachsenen aufgehoben. Wenn diese in ein neues zelluläres Mikroumfeld gestellt werden, führt dies zu erneuter Aktivierung embryonaler Entwicklung dieser Zellen und macht damit eine neue Determination der Potentialität von Stammzellen möglich. Dies führt zu völlig neuen Feldern der Diskussion im Rahmen der Stammzellenforschung. Obwohl das Potential der embryonalen Stammzellen (ES und EG) schon des klassischen Typs der erwähnten Experimente in der Tat überraschend ist, sind die Implantation und Transplantation dieser Stammzellen nicht die einzigen Methoden der Stammzelltechnologie, die potentiell für eine Therapie genutzt werden können (Haverich/Graf 2002, 19f). In einer Art und Weise sind Stammzellen kulturelle Artefakte und man könnte argumentieren, dass diese Stammzellen, sobald sie in Kultur genommen werden, nicht mehr sehr viele Schlussfolgerungen darüber erlauben, welchen Charakter in vivo sie haben können.

Mitte der achtziger Jahre wurde vorgeschlagen, dass hochgradig poröses synthetisches Material mit Polymerstruktur dazu herangezogen werden sollte, als Gerüst für menschliche Gewebezellen zu dienen. Dies hat zu völlig neuen Ansätzen auch in der Prothetik geführt. Es war ein bestimmtes Polymer, das benutzt wurde, um ein Ohr auf dem Rücken einer Maus zu generieren, und damit neue Ansätze in der Entwicklung von Prothetik ermöglichte. Damit ist auch eine prothetisch orientierte Medizin langsam auf dem Weg zu einer Verfahrensform, die mit minimalen invasiven Behandlungsmethoden auskommt (Haverich/Graf 2002, 30-32). Es ist in der Zwischenzeit gut bewiesen, dass die Gefäßbildung ein Schlüssel in der Entwicklung des Embryos darstellt (Haverich/Graf 2002, 36).

Weniger problematisch erscheinen Gewebe-Kulturen auf der Basis adulter Zellen. Bei In-vitro-Systemen auf der Basis humaner Leberzellen werden Zellkulturen entwickelt, die im Bereich medizinischer oder anderer Forschung auch industrieller Art verwendet werden können. Der Aufbau einer Gewebebank soll helfen, Methoden für die Arzneimittelforschung und Ersatzmethoden für den Tierversuch zu entwickeln. Methoden auf der Basis humaner Gewebekulturen erlauben eine bessere Übertragbarkeit der Ergebnisse auf den Menschen, weil es sich um menschliche Leberzellen handelt, an denen diese Tests vorgenommen werden. Ihr Einsatzfeld ist die Prüfung von Medikamenten auf potentielle Toxizität und die Feststellung von Nebenwirkungen. Außerdem geht es um arzneimittelinduzierte Genexpressionsveränderungen. Alternativen zu dieser Methode sind vorhanden: Tiermodelle oder Tierzellkulturen. Um diese Zellkulturen entwickeln zu können, ist menschliches Gewebe als Ausgangsmaterial erforderlich, das sonst – meist nach Operationen – verworfen wird.

Der Patient hat in der Regel an dem bei einer Operation anfallenden Gewebe kein Interesse, sofern es sich bloß um Abfall und wertloses Material handelt. Dennoch darf daraus nicht geschlossen werden, dass der Arzt automatisch Eigentumsrechte an anfallenden Körperzellen erhält, denn dies kann sich ändern, wenn Gewebe zum Rohstoff für weitere Verarbeitungsprozesse wird. Bei einer Weiterverwendung von menschlichem Gewebe ist die Einwilligung desjenigen, von dem diese Körperzellen stammen, erforderlich. Isolierte Körperzellen eines Menschen fallen in dessen Eigentumsbereich, da sie ursprünglich ein Teil des Gesamtvollzugs des menschlichen Körpers waren, dem sie entnommen wurden. Analog ist in solchen Fällen zu verfahren, wo nicht auf das Selbstverfügungsrecht zurückgegriffen werden kann, etwa bei Verstorbenen. Allerdings ist die Bewertung von nicht transplantierbarem Gewebe von verstorbenen Spendern die Bewertungsfrage schwieriger zu beantworten, weil hier nicht unmittelbar lebensrettende Maßnahmen initiiert werden, sondern Forschung und kommerzielle Nutzung intendiert ist. Daher muss zumindest in Analogie zum Transplantationsverfahren die Einwilligung des Spenders vorher oder die Einwilligung der Angehörigen nach dem Tod eingeholt werden. Für den Fall, dass abgetriebene Föten als Spender von Körperzellen für eine Gewebebank infrage kommen sollten, müsste hier die Einwilligung der Eltern eingeholt werden.

Eine Kommerzialisierung wird im Gesundheitswesen häufig mit kritischen Augen gesehen. Allerdings ist nicht jedes Forschen am Menschen oder mit menschlichem Gewebe im ökonomischen Kontext als sittenwidrig einzustufen. Für die ethische Bewertung ist entscheidend, ob ein Mensch instrumentalisiert wurde, um sein Gewebe ökonomisch verwenden zu können, nicht dass eine Leistung im Kontext einer technischen Aufbereitung dieses Gewebes auch honoriert wird. Die Konservierung von Geweben ist schwierig, es gibt nur ein begrenztes Wissen und die Methode der Kryokonservierung bei Gewebezellen ist nicht einfach. Die begrenzte Verfügbarkeit menschlicher Zellen als Ausgangsmaterial für Gewebekulturen verschärft die Problematik, denn knappe Güter (Rohstoffe) tendieren dazu, ökonomisch (hoch) bewertet zu werden. Dadurch entsteht die Frage, ob das Gewebe selbst bezahlt werden darf oder nur die Firmentätigkeit bzw. die professionelle Tätigkeit des Arztes oder des medizinisch-technischen Personals, die in diesem Falle als eigentumsbegründend gilt.

Grundsätzlich gesehen kann Eigentum veräußert werden. Also bedarf es einer Begründung, warum ein Spender sein Gewebe nicht verkaufen dürfen soll, wenn aus Verfügungsrechten über seinen Körper Eigentumsrechte gefolgert werden können. Hier muss auf das Kriterium der Nichterlaubtheit der (Selbst-)Instrumentalisierung eines menschlichen Körpers zurückgegriffen werden. Um eine Instrumentalisierung des menschlichen Körpers und eine Kommerzialisierung zu vermeiden, muss ausgeschlossen werden, dass Menschen sich zur Gewebeentnahme nur deshalb zur Verfügung stellen, um dieses Gewebe bezahlt zu bekommen. Eine Sittenwidrigkeit kann in der Bearbeitung von menschlichen Zellen nicht gesehen werden. Erst durch die Aufbereitung der Zellen durch den Arzt erhalten menschliche Zellen ihren wirtschaftlichen Wert. Da es sich um einzelne Körperzellen handelt, die außerhalb des menschlichen Organverbundes keine Überlebensmöglichkeiten hätten, wird bei der Weiterverarbeitung von menschlichen Körperzellen nicht menschliches Leben verdinglicht, sofern ein Mensch sich nicht nur zur Gewinnung dieser Gewebezellen einer Operation unterzieht. Eine Eigentumsübertragung an bestimmten Körperzellen ist ethisch zu rechtfertigen, sofern wichtige Ziele mit Gewebekulturen erreicht werden können und keine ethischen Prinzipien (Manipulation bzw. Selbstmanipulation) verletzt werden.

Was ist denn falsch an dem Versuch, zusätzliche Embryonen für den alleinigen Gebrauch in der Forschung zu erschaffen? Das Schicksal eines Embryo, der die Gelegenheit zur Implantation erhalten hat, ist verschieden von dem Schicksal eines Embryos, der diese Gelegenheit niemals erhalten wird. Die Forscher scheinen darin überein zu stimmen, dass Forschung an Embryonen sehr bedeutsam ist für die Entwicklung der Medizin und für neue Behandlungsmethoden. Die Standards für die Akzeptabilität für Forschung an Embryonen sind strenger als die Restriktionen, die die Forschung an Kindern betreffen. Die härteste Opposition gegenüber Embryonenforschung kommt von den Advokaten eines Glaubens, dass alle Menschen das Werk Gottes und als solches vollkommen sind (Friele 2001, 78-84). Vielleicht sollten menschliche Embryonen nicht für die Forschung ausdrücklich produziert werden, aber diejenigen, die bereits produziert wurden, z.B. zu Zwecken der IVF, und die überflüssig sind, sollten möglicherweise für wichtige Experimente bis zum 14. Tag ihrer Existenz genutzt werden dürfen. Dies ist auch ein Weg, der die PID ermöglichen würden (Friele 2001, 108). Es ist wohl möglich, eine Linie zu ziehen zwischen negativer und positiver Eugenik und all die Tendenzen auszuschließen, die in die Nähe von positiver Eugenik kommen (Friele 2001, 112).

Beobachtungs-, Bewertungs- und Interventionspraxis greifen in den Life-Sciences ineinander. Dabei sollte die Frage leitend werden: warum soll es Stammzellforschung geben und an die Stelle der dauernden Frage nach dem moralischen Status des Embryos treten (Hauskeller 2002, 173-185). Selbst Ludger Honnefelder geht davon aus, dass ein Embryo, der zur Herbeiführung einer Schwangerschaft erzeugt worden ist, dieser Zweck aber aus nicht behebbaren Gründen nicht ausgeführt werden kann und bei dem daher der Würdeschutz nur noch in der Form des Sterben Lassens zu verwirklichen ist, eine Abwägung des Lebensschutzes angesichts von hochrangigen, dem Lebensschutz dienenden Zielen möglich ist. Daher stelle es keinen Verstoß gegen den gebotenen Würdeschutz dar, in diesem Falle embryonale Stammzellen für Forschungszwecke hochrangiger Art zu verwenden (Honnefelder 2002, 109). Ein Gradualist kann reproduktives Klonen, das zu einem menschlichen Klon führen soll, anders bewerten als ein technisches Handeln, das zwar möglicherweise das Produkt reproduktiven Klonens nutzt, aber zu einem Ersatzorgan führen möchte (therapeutisches Klonen). Als Gradualist halte ich auch die Erzeugung von Präimplantationsembryonen zu Forschungszwecken für erlaubt, selbstverständlich nicht für beliebige Forschungs- oder therapeutische Zwecke. Entscheidend ist in diesem Falle das Ziel der Gesamthandlung, hier die Erzeugung eines Ersatzorgans, für die die Verwendung eines Klonierungsprozesses (als methodischer Schritt) im Präimplantationsstadium zugestanden werden kann.

Ob Stammzellforschung zu einer Therapie werden wird, wissen die Forscher wohl heute nicht. Sie können dies bei einem umfassenden Verbot auch nicht herausfinden. Diese Grenzziehungsmethode ist der falsche Weg für eine Bioethik. Vielmehr ist die entscheidende Perspektivenverschiebung in der Stellung der Frage z.B. derart: Was denn Stammzellforschung überhaupt soll. Dies unterstellt allerdings, dass es in der Forschung durchaus hochrangige Langfristziele gibt, die solche

Eingriffe erlauben könnten, wie nachwachsende Organe. Aber so lange nicht klar ist, wie der wissenschaftliche Weg zu ihnen führt, ist es empfehlenswert, vorsichtig zu agieren und eher an pluripotenten als an totipotenten Zellen zu arbeiten. Dennoch sollten die alternativen Wege nicht aufgrund eines Apriori-Vorurteils heute nicht beschritten werden. Andererseits stellt sich die Frage, ob eine reprogrammierte adulte Stammzelle, die einmal die Gestalt eines menschlichen Organs annehmen soll (auch wenn es ein Stadium geben mag, in dem diese therapeutisch nicht möglich sein sollte) nicht doch ethisch erlaubt sein sollte. Andererseits stellt sich die Frage, ob eine reprogrammierte adulte Stammzelle, die einmal die Gestalt eines menschlichen Organs annehmen soll, als werdender Mensch angesehen werden sollte (auch wenn es ein Stadium geben mag, in dem dies theoretisch nicht möglich sein sollte).

3.4 Neue Therapieformen und Korrektur des menschlichen Erbgutes: Gentherapien, Klonen und Designermenschen

Das größte, bislang noch ungelöste Problem bei der Gentherapie ist es, über einen längeren Zeitraum eine stabile Genexpression zu erzielen. Viele geniale Ansätze scheitern, weil die Genexpression nach einigen Monaten abfällt. Diese Inaktivierung von Transgenen kann unter anderem durch DNA-Methylierung verursacht werden. Hierbei handelt es sich um eine postreplikative Modifikation der DNA mit vielfältigen Funktionen, die häufig unter dem Begriff Epigenetik zusammengefasst werden, da es sich um übergeordnete Regulationsmechanismen handelt, die über das statische genetische Alphabet mit seinen berühmten vier Buchstaben hinaus gehen. So spielt DNA-Methylierung eine wichtige Rolle bei der Regulation der Genexpression und ist essentiell für eine normale Entwicklung. In den letzten Jahren mehren sich auch Hinweise, dass eine fehlerhafte DNA-Methylierung zur Entstehung von Krankheiten, wie zum Beispiel Krebs, führen kann. Aufgrund seiner zentralen Rolle bei der Regulation bzw. Fehlregulation der Genexpression kommt der Epigenetik eine wachsende Bedeutung in der Genmedizin zu (Raem u.a. 1999, 111f).

Seit 1990 wird die somatische Gentherapie beim Menschen eingesetzt. Bisher existiert noch kein eindeutiger Beweis, dass Gentherapie von echtem therapeutischen Nutzen ist. Die Ergebnisse der ersten Untersuchungen sind jedoch insofern ermutigend, als bisher keine wesentlichen, unerwarteten Nebenwirkungen auftraten. Die Übertragung von Laborergebnissen ans Krankenbett erfordert hier noch viel Zeit und Geduld. Es bestanden unrealistische Erwartungen auch seitens der beteiligten Wissenschaftler. Der anfängliche Enthusiasmus im Zusammenhang der Gentherapie ebbt jedoch wieder ab. Deshalb gewinnt derzeit die Grundlagenforschung gegenüber klinischen Studien wieder an Gewicht (Raem u.a. 1999, 323). Unter Gentherapie versteht man alle Verfahren, die das Ziel haben, genetische Erkrankungen durch geeignete Veränderungen des Genoms kausal zu behandeln. Ein intaktes Gen wird in genetisch defekte Zellen eingeschleust und dort so zur Expression gebracht, dass die Fehlfunktion des defekten Gens ausgeglichen werden kann. Sie zielt darauf ab, krankheitsverursachende Anomalien im menschlichen Genom zu kompensieren entweder (1) durch das Einbringen fehlender genetischer Information, (2) durch Einfügen funktionsfähiger Gensequenzen zusätzlich zu den vorhandenen „defekten" Abschnitten oder (3) durch Austausch eines defekten Gens durch funktionsfähigen Ersatz.

Voraussetzungen für die Durchführung einer Gentherapie sind (1) – zumindest gegenwärtig und bis auf weiteres – monogene Fehlfunktionen (von denen man 3.000 Erbkrankheiten verursacht vermutet), (2) Lebensbedrohlichkeit der Erkrankung, (3) bisherige Therapien sollten nicht zufriedenstellend sein, (4) der Phänotyp muss detailliert bekannt sein, (5) – das bisher größte Problem – sollte ein ordnungsgemäßer Einbau des Gens ins Genom erfolgen und (6) eine In-vitro-Transformation (denn in-vivo-Behandlungen sind derzeit überhaupt nicht kontrollierbar). Gerade der fünfte Punkt ist aufgrund der derzeit gängigen Methoden des Gentransfers nicht zu garantieren. Die chemischen Methoden (unter Zusatz von Chemikalien wird die Zellwand durchlässig; zusätzliche DNA kann ins Zellinnere gelangen und zufällig eingebaut werden) sind in Erfolgsrate und Einbaugenauigkeit völlig unzuverlässig, die physikalischen (Mikroinjektion und Elektroporation) haben zwar eine höhere Erfolgsrate, sind aber von der Einbaugenauigkeit her unzureichend, der Gentransfer mittels Viren, Retroviren und Adenoviren ist zwar sowohl von der Genauigkeit des Einbaus wie von der Erfolgsrate besser, bleibt aber unbefriedigend. Zudem werden Restrisiken vermutet. Die für den Vektor veränderten Eigenschaften eines Retrovirus könnten sich im Körper restituieren und Krankheiten auslösen. Gegenwärtig sind alle Methoden wenig effizient. Sie schädigen die Zelle und können nicht garantieren, dass das substituierte Gen funktionstüchtig ist. Außerdem führen sie zu Mutationen im Erbgut, die nicht absehbar sind und weder zu kontrollieren noch bis auf Ausnahmen rückgängig zu machen sind.

Erste Versuche einer somatischen Therapie am Menschen wurden in den letzten Jahren erprobt. Da hier in alle Zellen das neue genetische Material eingetragen werden muss, eignen sich nur relativ wenige Zelltypen für dieses Verfahren, nämlich Knochenmarkstammzellen (zur Behandlung aller das Blut betreffenden Erbkrankheiten) und Haut-, Leber-, und Muskelzellen wegen ihrer Regenerationsfähigkeit (Verma 1991). Keimbahntherapie wird derzeit nur im Tierversuch erprobt. Die gentherapeutischen Behandlungsverfahren sind meist aufwendig und teuer und sind in der Regel jeweils nur bei recht wenigen Individuen anwendbar. Da ihre Auswirkungen sich aber sehr häufig in gravierenden Behinderungen manifestieren, erscheint es ethisch durchaus gerechtfertigt, weitere Forschung in therapeutischer Absicht vorzunehmen, sofern nicht wirksame und einfache Substitutionstherapien zur Verfügung stehen. Allerdings sind die Gefahren der jeweiligen Therapieform zu berücksichtigen und zu vermeiden.

Somatische Therapie soll ein Individuum heilen, betrifft aber nicht das an die Nachkommen weitergegebene Erbgut. Trotz großer anfänglicher Verheißungen sind die Erfolge noch spärlich. Nach dem missglückten Versuch des US-Wissenschaftlers Cline, in Israel und Italien Fälle von Sichelzellanämie unter Täuschung der Patienten und der Genehmigungsbehörden zu behandeln (Sass 1991), wurde die erste wirklich effektive Gentherapie durch Blaese und Anderson 1990 in den Vereinigten Staaten an einem vierjährigen Mädchen (Verma 1991) und an einem Jungen in Sizilien durchgeführt. Beide Patienten litten an der Immunkrankheit ADA-Mangel. In diesem Fall ersetzen die Wissenschaftler einige der weißen Blutkörperchen eines jungen Mädchens und transferierten neue Kopien des ADA-Gens in die Zellen, um sie zurück in den Blutkreislauf des Mädchens zu geben. Die modifizierten Zellen waren in der Lage, die fehlende Substanz ADA zu bilden und das Immunsystem des Mädchen verbesserte sich bemerkbar. Somatische Gentherapie ist voraussichtlich eine medizinische Therapie für die Zukunft (Chadwick 1998, 124).

Behandlungsstrategien im Rahmen der somatischen Therapie und erste Anwendungsversuche betreffen krankhafte Veränderungen des Blutes. Hier kann durch Transplantation gentechnisch veränderter Knochenmarkszellen des Erkrankten z. B. Sichelzellanämie wohl einmal behandelt werden. Auch Thalassämien, basierend auf Fehlern in der Hämoglobinproduktion, könnten durch das Einbringen gentechnisch veränderter blutbildender Zellen im Knochenmark in ihren Auswirkungen herabgemindert werden. Hämophilie A, beruhend auf einem Fehler bei der Produktion des Blutgerinnungsfaktors VIII, und Hämophilie B, beruhend auf einem Fehler bei der Produktion des Blutgerinnungsfaktors IX, erscheinen durch das Einbringen von synthetischen Genen in Leberzellen oder in T-Lymphozytzellen therapierbar. Länger wird der Erfolg bei der Hypercholesterinämie, bei erblich erhöhter Cholesterinbildung dauern. Hier müssten Leberzellen transgen verändert werden. Bei der Duchenne-Muskeldystrophie müssten Muskelzellen, insbesondere embryonale Muskelzellen, die sich zu Muskelfasern ausbilden, transgen verändert werden. Da das zugrundeliegende Gen identifiziert ist, bestehen gewisse Hoffnungen, da das Einspritzen anderer Gene in Muskelzellen bereits von Erfolg gekrönt war.

Gentherapie wird aber auch in der Krebsbekämpfung einzusetzen sein. Die Therapie basiert auf folgendem Prinzip: Ein Stück Krebsgewebe eines Patienten im fortgeschrittenen Stadium wird im Labor kultiviert unter Bedingungen, die Krebszellen absterben lassen. Die entsprechenden Lymphozyten werden vermehrt. Diese T-Zellen bzw. Lymphozyten werden im Labor gezüchtet und in die Vene des Patienten gespritzt und sollen die Tumore bekämpfen. Bei Vorversuchen verringerte diese Methode die Größe der Krebsgeschwüre bei etwa der Hälfte der Patienten. So wird das Krebs-Konzept auf der Basis der Humangenetik darauf hinauslaufen, das Immunsystem des Patienten zu stärken. Auch für Aids und manche chronischen Krankheiten wie Herz- und Gefäßkrankheiten sind Gentherapien denkbar.

Die somatische Gentherapie ist die einfachste und am wenigsten kontroverse Form von Gentherapien. Sie bearbeitet DNA, die in einem Menschen enthalten ist, oder somatische Zellen. Jede Art von Wandel, die durch diese Therapie hervorgerufen wird, ist begrenzt auf den Patient, an dem die Behandlung vorgenommen wird. Veränderungen werden nicht an die Kinder des Patienten weitergegeben. 1993 wurden Experimente in London im Hinblick auf eine somatische Gentherapie an zystischer Fibrose (CF) durchgeführt. Bei diesem Therapieansatz mussten Patienten ein feines Spray inhalieren, in dem sich eine Kopie jenes Genes befand, welches dem Patienten beim Krankheitsbild von CF fehlt. Die somatische Gentherapie wird in der medizinethischen Literatur nahezu einmütig mit einer normalen Organtransplantation verglichen. Dies ist zwar ungenau, aber enthält immerhin den wahren Kern, dass es sich in beiden Fällen um eine Substitutionstherapie handelt. Sie ist als Therapie vom Modell des „informed consent" aus gesehen nicht problematisch, da die zu behandelnde Person selbst zustimmen kann und entscheidet, ob sie die damit verbundenen Folgen auf sich nehmen will. Unter den normalen Einschränkungen für medizinische Eingriffe darf daher die somatische Therapie aus der Perspektive einer Ethik der Patientenautonomie als erlaubt gelten, vorausgesetzt es treten keine vorhersehbaren Komplikationen auf. Das könnte aber bei einem derart schwerwiegenden Eingriff gerade in der Einführungs- und Erprobungsphase der Fall sein. Für diese wären gesonderte ethische Überlegungen anzustellen. Sie könnten darauf hinauslaufen, angesichts des hohen Risikos in der Erprobungsphase derartige Versuche nur bei Todesgefahr des Patienten vorzunehmen.

Das Klonen, genauer bezeichnet als somatischer Zellkerntransfer (SCNT), geht folgendermaßen vor sich: Angeregt durch einen Stromstoß verschmelzen die entkernte Eizelle mit dem Zellkern des zu klonierenden Organismus. Nach 10 bis 20 Minuten startet die Reprogrammierung, ohne dass bislang jemand etwas weiß, wie und warum dies geschieht. Beteiligt ist dabei wahrscheinlich MPF, der Maturation Promotion Factor, der nicht nur die Zellteilung initiiert, sondern auch bei der Reprogrammierung eine besondere Rolle spielt. Dieser ist Zentrum des Konzeptes der Epigenetik, der Lehre von den Vererbungsmechanismen, die „oberhalb" der reinen DNA-Ebene liegen. Zu diesen Mechanismen gehört auch die Methylierung. Außerdem bedarf es für das therapeutische Klonen bisher noch enorm vieler Eizellen, und das Klonen klappt nur in Ausnahmefällen.

Reproduktives Klonen kommt z.B. für Paare in Frage, denen die Gameten für die Fortpflanzung fehlen. Dies wäre eine neue Möglichkeit im Rahmen der Reproduktionsmedizin (Spektrum 4/99, 63). Das Klonen bei Unfruchtbaren oder bei lesbischen Paaren kann einen Ausweg aus der Kinderlosigkeit bieten. Wenn sich eine lesbische Frau klonen lässt, stellt sich die Frage, wer wird dadurch geschädigt? Das Klonen wird sich also nicht verhindern lassen (Silver 1998, 172-177). Es ist ein weiteres Werkzeug, das in Fertilisationskliniken benutzt werden könnte, um ihren Kunden zu helfen, ihre reproduktiven Ziele zu erreichen. Z.B. kann SCNT einem Paar, das weder über genügend Spermien noch Eizellen verfügt, zu einem eigenen biologischen Kind verhelfen (genauer gesagt zwei Kindern, wobei je eines mit einem Elternteil korrespondiert). Für diesen Fall mag die US-Versammlung möglicherweise das Recht des Paares auf Kerntransfer als einen Ausdruck reproduktiver Freiheit legalisieren (Stock/Campbell 2000, 63). Im Hinblick auf das Klonen ist derzeit das größte Problem die Gewinnung einer genügend großen Anzahl von Eizellen. Am Anfang stand ein hoher Verbrauch an diesen Zellen. Die öffentliche Diskussion war bestimmt durch falsche Vorstellungen vom Klonen (Spektrum 4/99, 62). Die Auswirkungen auf geklonte Kinder sind noch nicht abzusehen und eine ganze Reihe ethischer Probleme werden aufgeworfen. Andererseits könnten Wunschkinder mit besonders hoher Zuneigungsrate entstehen (Spektrum 4/99, 65).

Von 277 geklonten Eizellen führte im Falle von Dolly nur eine einzige zu einer Geburt. Zahlreiche Missbildungen traten auf. Des weiteren sind potentielle Veränderungen des Imprintings, der genetischen Steuerung der Expression genetischer Information nicht auszuschließen. Es darf vermutet werden, dass der Prozess des Klonens selbst bei den geklonten Individuen Spuren hinterlassen kann, die beispielsweise die Expressionsmuster von Genen verändern. Aufgrund der veränderten Telomerstruktur bereits gealterter Körperzellen könnten nach dem Gentransfer bereits vorgealterte Zellen ebenfalls schneller altern. Das Problem besteht allerdings nicht bei der Verwendung von embryonalen Stammzellen. Gealterte Körperzellen können mehr Mutationen aufweisen als embryonale Zellen. Werden diese geklont, könnten Gesundheitsrisiken in Form von genetisch bedingten Krankheiten mit übertragen werden, die eventuell an Nachkommen weitergegeben werden. Aber dies ist keinesfalls sicher.

Selbst eineiige Zwillinge sind keine identischen Menschen, um so weniger ein Klon. Differenzen treten auf durch die verschobene Zeitachse des neuen Individuums und den Steuerungsprozess der Embryonalentwicklung des Klons durch mitochondriale DNA der Leihmutter, die bei eineiigen Zwillingen fehlt. So kann man durch Klonen nicht quasi unsterblich werden oder einen geliebten Menschen nach dessen Tod ersetzen. Verfahren des Klonens sind zudem an die Methoden der In-vitro-Fertilisation, bei Männern an Leihmutterverfahren gebunden. Diese bislang noch sehr aufwendigen Methoden mit bescheidenem Erfolg ermöglichen keine leichte Anwendung des Klonens bei Menschen. Genau betrachtet kann aus dieser Perspektive kein Mensch, der sich klonen lassen möchte, eigentlich ein Motiv dafür haben, sich klonen zu lassen (Irrgang 1998b). Angesichts des Standes der Ungewissheit in der Wissenschaft des Klonens kann das Kind, das durch Klonen geschaffen wird, durch diesen Prozess möglicherweise in höchst umfangreichen Maße geschädigt werden, wobei uns viele der hier drohenden Gefahren heute noch unbekannt sein könnten. Ängste im Hinblick auf physische Schäden des Kerntransfers beim Klonen sind durch die Forschung beim Klonen von Säugetieren induziert. Über die Hälfte der Tierfeten, die mit Hilfe dieser Methode gezeugt wurden, zeigten extreme Abnormalitäten einschließlich Defekten an Herzen, Lungen und anderen Organen (Chadwick 1998, 57).

Psychologische Probleme könnten dadurch entstehen, dass ein Kind sich als Produkt eines anderen Menschen und seines genetischen Materials sehen müsste. Ein Klon wird nicht denselben Prozess der Selbstentdeckung durchlaufen können wie andere Kinder, denn es ist ständig konfrontiert mit dem Exemplar seines genetischen Vorgängers. Außerdem könnten die Wünsche der Eltern und ihre Erwartungen das Kind so dominieren, dass es nicht seinen eigenen Weg gehen dürfte. Die Eltern könnten ein Wunschkind erwarten mit einigen von ihnen explizit gewünschten Eigenschaften. Das Faktum, dass der Klon als Kopie einer existierenden Person in unterschiedlicher Art und Weise heranwächst von seinem Original insbesondere in unterschiedlichen Umgebungen und möglicherweise erzogen von verschiedenen Eltern oder zumindest durch Eltern mit unterschiedlichen Grundeinstellungen lässt vermuten, dass der Klon nicht der Replikant eines Anderen oder einer früheren Person zu sein vermag. Außerdem unterminiert das Klonen die traditionelle Idee der Familie (Chadwick 1998, 58f). Die Effekte des Klonens auf die Gesellschaft könnten sehr unterschiedlich ausfallen. Die Erwartung, dass mit Hilfe des Klonens eine Armee von Sklaven oder Soldaten oder verschiedenen Duplikanten von moralischen Monstern erzeugt werden könnte, ist eher als gering einzuschätzen. Aber andere Gefahren sind realistischer, z.B. dass das Klonen möglicherweise Familien schwächt, indem sie ihre Probleme erhöht (Chadwick 1998, 60).

Mit der Keimbahntherapie beginnen wir, die Kontrolle über unsere eigene Evolution auszuüben. Das, was sich heute in der Geschichte der Menschheit abspielt, ist ohne Beispiel in der gesamten Geschichte des Lebens auf diesem Planeten. Da wir gerade dabei sind, unseren Konstruktionsplan zu enthüllen und daran herumzuflicken, werden wir nun das Subjekt derselben mächtigen Kräfte einer bewussten Konstruktion, die bereits so vollständig begonnen hat, die Welt um uns herum neu zu errichten (Stock/Campbell 2000, 3f). Die somatische Gentherapie bereitet die Keimbahntherapie vor. Hinzu kommt die Fertilitätsforschung und die in-vitro-Fertilisation, die ebenfalls die Keimbahntherapie vorantreiben. Ein weiterer Bereich ist das Humangenom-Projekt. Die pseudowissenschaftliche Bewegung der zwanziger Jahre des 20. Jahrhunderts, Eugenik genannt, und Hitlers brutale Versuche, eine neue Rasse zu erschaffen, sind noch viel zu lebendig in der Erinnerung, um diese zu ignorieren. Aber diese Vorstellung sollte nicht unser zukünftiges Bild der Genetik bzw. Gentechnik als Wissenschaft prägen. Während sich die Keimbahntechnologie noch im Frühstadium befindet, ist es an der Zeit, sie in einer freien und intelligenten Art und Weise zu reflektieren (Stock/Campbell 2000, 5f).

Die Ausdehnung der Gentherapie auf die Keimbahn fordert zwei technische Entwicklungen. Die erste besteht in der praktischen Prozedur, die veränderten Gene bzw. die neuen Gene in das menschliche Ei einzuführen. Dieser Prozess muss sicher verantwortbar und überhaupt praktizierbar sein. In idealer Weise sollte er es uns erlauben, eine ganze Menge von Verbesserungen in das Ei einzuführen und zwar zugleich, und diese sollte so geschehen, dass der Rest des genetischen Programms nicht unterbrochen wird. Die zweite Verbesserung ist die Schöpfung von genetischen Verbesserungen, die in der Lage sind, zu versprechen, uns dazu anzuregen, sie zu benutzen. Diese zwei Voraussetzungen sind sehr schwierig zu erfüllen, aber die Genetiker sind mit Hochdruck an der Arbeit, um immer näher an diese Phänomene vorzustoßen. Ein neuer Zugang zum Problem ist gerade praktikabel geworden, ein neues Gen in Zusammenhang mit einem zusätzlichen Chromosom in den Empfänger einzuführen. Diese Technologie ist dabei, sich sehr schnell weiterzuentwickeln. Genetiker haben schon in vielfacher Form künstliche Chromosome transferiert, die wiederholte Zellteilungen innerhalb der menschlichen Zellen, in die sie transferiert worden sind, vollzogen haben (Stock/Campbell 2000, 9f).

Zusätzliche Chromosome für menschliche Eizellen werden in naher Zukunft zusätzliche Hilfsfunktionen übernehmen können. Es könnte wünschenswert erscheinen, bestimmte Genkassetten inaktiviert im menschlichen Genom zu lassen bis zu dem Zeitpunkt, an dem ihr Empfänger groß genug geworden ist, um nach einem informierten Konsens in der Erwachsenenzeit selber entscheiden zu können, ob dieses zusätzliche Chromosom aktiviert werden soll oder nicht. Damit könnte der Einbau zusätzlicher Chromosomen oder Keimbahntherapie insgesamt reversibel gestaltet werden. Es könnte sehr nützlich sein, spezielle Formen der Konstruktion des menschlichen Chromosoms einzuführen, um den Gentransfer leicht handhaben zu können, und überprüfen zu können, ob diese Gene richtig mit anderen Genen kooperieren (Stock/Campbell 2000, 11-15). Zur Bewertung ist es wichtig, die Ziele der menschlichen Keimbahntherapie zu betrachten und die Zwangslagen zu reflektieren, die möglicherweise bei ihrer Einführung entstehen. Es ist zu erwarten, dass der Druck, Keimbahntherapie einzuführen, nicht von den Regierungen oder von Diktaturen kommen wird, die eine Superrasse kreieren wollen, sondern sehr viel stärker von Eltern, die wünschen, die Chancen ihrer biologischen Kinder verbessern zu können, effektiv innerhalb ihrer Gesellschaft zu funktionieren. Hinzu kommt, dass obwohl Keimbahntherapie technisch eine Herausforderung darstellt, sie dennoch nicht außerhalb jeder Erfahrung liegt, die IVF-Kliniken bisher gemacht haben (Stock/Campbell 2000, 31-33).

Die Steigerung menschlicher Kompetenzen meint nicht, dass das Kind mit neuen menschlichen Kräften ausgestattet wird, sondern genauer, dass bestimmte Allele entwickelt werden, die wünschenswerte Eigenschaften haben, die nicht auf den Genomen der Eltern zu finden sind. Ein Beispiel ist die Resistenz gegenüber der HIV-Infektion. Ungefähr 1 % der Menschen in unserer Gesellschaft zeigen bemerkenswerte Resistenzen gegenüber der HIV-Infektion. Die betreffenden Alternativen Gene (Allele), die für diese Resistenz verantwortlich sind, sind bereits identifiziert und charakterisiert. Diese Fähigkeit wird es erlauben, genetische Kompetenzen zu beschreiben, die unser Risiko vermindern, bestimmte Erkrankungen zu bekommen wie Diabetes, Herzschwäche, Krebs, neurologische Pathologien usw.. Ein potentielles Problem beim Gebrauch artifizieller Chromosomen als einen Weg für Keimbahntherapie beim Menschen kann allerdings in der zweiten Generation auftauchen. Man muss sicher stellen, dass für Kinder der zweiten Generation sich Menschen paaren, die beide ein solches zusätzliches Chromosom aufweisen. Die Alternative könnte darin bestehen dass man zwei zusätzliche künstliche Chromosomen in die menschliche Keimbahn einbringt. Die Unfähigkeit der künstlichen Chromosomen, sich zu paaren kann aber auch zur Sterilität führen. So stehen der Keimbahntherapie noch beträchtliche Schwierigkeiten ins Haus, die überwunden werden müssen (Stock/Campbell 2000, 37-39).

Lee Silver entwirft vor diesem Hintergrund die Zukunftsvision der posthumanen Genreichen. Im Jahre 2350 gibt es die zwei Klassen von naturbelassenen und von genangereicherten oder genreichen Menschen. Es gibt viele Typen von genreichen Familien, z.B. von Athleten usw.. Sie haben alle Eigenschaften, die im traditionellen Sinne übermenschlich oder posthuman sind. Die Naturbelassenen sind schlecht bezahlte Dienstboten, die Ausgaben für das Bildungswesen sind dramatisch gesunken. Mischehen werden immer seltener und immer unfruchtbarer, denn die genetische Distanz zwischen beiden Klassen wird immer größer. Der Prozess der Artentrennung hat begonnen. Zwei Populationen entwickeln sich. Mit Hilfe der Reprogenetik können die Eltern die vollkommene Kontrolle über das genetische Schicksal ihres Nachwuchses erlangen, denn dann haben sie die Macht, die Wesensmerkmale ihrer Kinder – und auch die ihrer Kindeskinder – zu bestimmen und zu verbessern. Eine Realisierung von Träumen und Alpträumen ist damit möglich. In der Tat ist es in einer Gesellschaft, der individuelle Freiheit über alles geht, schwer, überhaupt eine legitime

Basis für Anwendungsbeschränkungen der Reprogenetik zu finden. Dramatische Langzeitfolgen aller individueller Wahlakte von Eltern sind damit möglich (Silver 1998, 14-24). Viel eher ist ein anderes Szenario zu erwarten. Die Genreichen sind keine homogene Gruppe, da sie viele sehr unterschiedliche Gene haben. Die Genreichen untereinander werden dann fortpflanzungsunfähig und sterben aus. Und dass Schulbildung für die Naturbelassenen zurückgefahren wird, ist eine soziale und politische Entscheidung, die keinesfalls von einer Technik erzwungen wird.

Wir bewegen uns in ein neues Zeitalter der Evolution, in dem die Menschen in der Lage sind, unterschiedliche Arten von Kreaturen hervorzubringen. Es gibt Stimmen, die von einem Fortschritt in der genetischen Entwicklung der Menschheit sprechen und solche, die grandiose Gefahren im Sinne einer negativen Utopie anführen. Technologische Innovationen, die darauf abzielen, die menschliche Gesundheit zu verbessern, sind uralt. Und in der Tat haben wir auch schon früher Versuche unternommen, unsere Fähigkeit zu verbessern, Kinder zu bekommen. Ängste vor einer neuen Eugenik sind nicht ohne Bedeutung. Wir müssen in der Tat darauf aufpassen, dass wir keine Fehler mit unserer Spezies machen. Allerdings sind die Erfahrungen der Eugenik an eine spezielle und historische Situation gebunden. Wenn also die Keimbahntherapie keineswegs riskanter wäre für Menschen als die natürliche Empfängnis, wäre es dann nicht ethisch verpflichtend, genetische Erkrankungen zu eliminieren (Stock/Campbell 2000, 100-102)? Die Keimbahntherapie ist gegenwärtig in einem sehr frühen Stand der Entwicklung. Im Augenblick ist die Gentherapie als Keimbahntherapie noch nicht einmal in einem experimentellem Stadium. Es gibt einen weltweiten Bann gegen ihre Entwicklung und die ethische Debatte über die Akzeptabilität ist eher in der letzten Zeit angewachsen (Chadwick 1998, 124).

Die endgültigen Unterscheidungen, die zwischen genetischen Technologien, verwendet als eine Form der medizinischen Therapie und solchen Technologien, die benutzt werden, um menschliche Fähigkeiten und Eigenschaften von Menschen zu verbessern, sind nicht besonders groß. Gentherapie könnte benutzt werden, um die Größe von Kindern zu erhöhen, die einen Mangel an Wachstumshormonen haben und damit weit unterhalb der Norm in der Bevölkerung liegen. Dies würde als Therapie gelten. Aber dieselbe oder sehr ähnliche Techniken könnten herangezogen werden, um die Größe eines normalen Kindes anwachsen zu lassen, sodass sie damit oberhalb der mittleren Höhe für Menschen liegen würde. Dies würde dann eine Verbesserung (Enhancement) von menschlichen Eigenschaften darstellen. Diese Möglichkeiten haben Ängste vor Designerbabies anwachsen lassen, weil effektive gentechnische Verbesserungsbehandlung möglicherweise an Keimbahnzellen ansetzen muss. Die Linie zwischen Therapie und Verbesserung ist keineswegs klar und für einige der Diskutanten hat dies zu der Schlussfolgerung geführt, dass jede Form der Keimbahntherapie, egal welche Intentionen am Anfang zu Grunde gelegen haben mögen, unvermeidbar zur Entwicklung von Verbesserungsideologien technologischer Art führen müssen. Solche „Slippery Slope"-Argumente werden sehr häufig herangezogen, um Keimbahntherapie im Ganzen zu desavouieren. In der Tat sind die pragmatischen Schwierigkeiten mit somatischer Gentherapie äußerst verschiedenartig und führen auch gelegentlich dazu, dass die Keimbahntherapie zumindest als therapeutische Lösungsmöglichkeit in Erwägung gezogen wird (Chadwick 1998, 125).

Sollte man benachteiligte Kinder in die Welt setzen? Wissentlich doch wohl nicht unbedingt. Ist es ungerecht, begabte Kinder in die Welt zu setzen? Trotz des Gedankens des Übermenschen scheint diese Idee nicht grundsätzlich verwerflich zu sein. Man könnte vorschlagen, dass es ein gesetzlich geregeltes Auswahlverfahren für Kandidaten für In-Vitro-Fertilisationen gibt in Analogie zu denen z. B. bei der Adoption. Sind Homosexuelle und alleinstehende Eltern geeignet für eine solche Methode, zu Kindern zu kommen? Wir haben kein klares Wissen davon, was Eignung für die Elternrolle letztendlich bedeutet (Harris 1995, 196-220). Keimbahntherapie ist in der Lage, in signifikanter Weise unser Verständnis der menschlichen Natur genauso radikal zu verändern wie die Prozeduren für die Behandlung menschlicher Erkrankungen. Seitdem wir ethische Entscheidungen, spezifische neue medizinische Technologien an einem Konzept der menschlichen Natur gemessen, bewerten, folgt daraus, dass wir dieses Konzept einer menschlichen Natur auf seine Vollständigkeit hin überprüfen müssen und letztendlich in der Lage sein müssen, zu beschreiben und zu erklären, was dies für Menschen bedeutet. Einige dieser Konzepte haben sich gestützt auf philosophische und theologische Aussagen über menschliche Charakteristiken. Seit diese Eigenschaften allgemein formuliert worden sind vor Hunderten und vor Tausenden von Jahren, geht die Wissenschaft davon aus, dass dieses ein statisches Konzept der menschlichen Natur darstellt. Ob man aus ihm etwas für die Behandlung von Erbkrankheiten und die genetische Konstruktion von Menschen ableiten kann, ist fraglich (Stock/Campbell 2000, 107).

Die Anthropotechnik im Sinne einer nichttherapeutischen Optimierung des Menschen stellt ebenfalls eine Möglichkeit der Gentechnik dar. In diesem Bereich kann Anthropotechnik und Selektion miteinander verknüpft werden (Knoepffler 2004, 179-183). Die Diskussion um die Keimbahntherapie zeigt eine Diskrepanz in der gesellschaftlichen Bewertung, die enorm ist. Auf der einen Seite werden unendliche Mittel aufgewandt, um eine unsichere Therapie mit möglicherweise fragwürdigen ethischen Konsequenzen aufzubauen und einzuführen, oder zumindest weiter zu verfolgen, auf der anderen Seite gibt es Millionen von Kindern, für die man nur sehr wenig bräuchte, um ihnen im Leben weiterhelfen zu können. Insofern erscheint Forschung und Entwicklung auf diesem Gebiet ethisch eigentlich nicht gerechtfertigt. Die Keimbahntherapie wird nicht aus dem Grunde nicht angewendet werden, weil es keine defekten Gene gibt, die verbessert werden können, sondern aus dem Grunde, weil die Techniken, die dazu gehören, sehr aufwendig und sehr teuer sind und sich diese nur sehr wenige Familien werden leisten können. Die Ideologie der eigenen Nachkommenschaft verhindert einen nüchternen ethischen Blick. Wir haben keine Möglichkeit abzuschätzen, wann die Technik sicher ist und wir haben auch nicht die Möglichkeit, akkurat vorherzusagen, wie sich eine Keimbahntherapie auf die zukünftige Person auswirken wird oder gar noch weiter auf ihre Nachkommen, weil alle Gene immer im Konzert mit anderen Faktoren wirken. Erfolgreiche Elternschaft erfordert auf jeden Fall, dass wir flexibel genug sind, unsere Kinder zu akzeptieren, wer immer sie sind. Eine ganze Reihe von Risiken, die in der In-vitro-Fertilisation impliziert sind, führt dazu, diese nur dann zu akzeptieren, wenn sie der einzig mögliche Weg ist, auf dem eine Frau ein eigenes Kind bekommen kann, das biologisch mit ihr verwandt ist. Allerdings erscheint es als Dummheit, diese Risiken zu akzeptieren in der bloßen Hoffnung auf Keimbahnverbesserungen (Stock/Campbell 2000, 109f).

Wenn Keimbahntherapieverfahren sicher gemacht werden, werden immer mehr Paare in Versuchung geraten, diese zu nutzen anstelle der natürlichen Befruchtung. Was zu befürchten ist, besteht darin, dass die meisten Paare interessiert sind an nichtmedizinischen Integrationen von Genen für ihre Nachkommen, woraus ein eugenischer Zugang zur Keimbahntherapie folgen würde. Vor allen Dingen könnte ein Interesse daran bestehen, die menschliche Lebensdauer zu verlängern, Intelligenz zu verbessern und physische Fähigkeiten des Menschen umzugestalten. Die gesellschaftliche Konsequenz wäre eine vorherbestimmte menschliche Lebenszeitspanne unter sozialer Kontrolle. Daher besteht die Schlussfolgerung, dass wir eine natürliche nicht eine künstliche Lebenszeit genießen sollen. Allerdings stellt dies keine einfache gesellschaftliche Wahl dar (Stock/Campbell 2000, 114-116).

Konservative Lebensschützer identifizieren die Keimbahntherapie mit der typischen Hybris des wissenschaftlichen Technokraten. Er sei blind für die Langzeitfolgen der Wechselwirkung seiner Technik mit der natürlichen Ordnung. Bei vielen Naturrechtlern ist das Genom konstruiert als das ontologische Zentrum unseres Daseins, die Hauptdeterminante unserer individuellen wie artgemäßen menschlichen Charakteristiken, die Notwendigkeit und der zureichende Grund, der uns so gestaltet wie wir sind. Das Genom hat praktisch die Rolle bekommen eines säkularen Äquivalentes der Seele. Die Konsequenz daraus ist, dass der Wissenschaftler und der Mediziner den Priester ersetzt. Die Keimbahntherapie hat zugegebenermaßen ein gewisses eugenisches Missbrauchspotential und gibt Gelegenheit für eine egoistische Konstruktion der Kinder, wenn partikuläre Standards und persönliche Fantasien realisiert werden sollen. Schöne-neue-Welt-Szenarien könnten Realität werden und sollten verhindert werden (Stock/Campbell 2000, 117-120). Das späte 21. Jahrhundert wird Gesellschaften kennen, in denen Menschen und Mensch-Tier-Hybride konstruiert werden, in der es zur vermehrten Verwendung von Gentechnik, von Nanotechnologie und Informationstechnologie kommt. Manche Gesellschaften werden diesen Übergang zu einer posthumanen Diversität so lang wie möglich hinauszögern, indem sie einer rigiden biofundamentalistischen Anschauung dessen, was menschlich ist und was einen Bürger auszumachen hat, anhängen (Stock/Campbell 2000, 131).

Posthumane Visionen teile ich nicht (Irrgang 2005). Ein Verbot der Keimbahntherapie heute beruft sich darauf, dass der Gentransfer als Grundlage einer Keimbahntherapie ein noch sehr unsicheres Verfahren mit geringen Erfolgsaussichten darstellt. Zu ihrer Einführung wären riskante Versuche am Menschen erforderlich und nicht zu rechtfertigen. Als Alternative wird heute über künstliche Chromosome nachgedacht, die allerdings in den folgenden Generationen zu Fortpflanzungs-Problemen führen könnten, die ebenfalls ethisch als nicht akzeptabel erscheinen. Diesen Argumenten kann ich im Prinzip zustimmen, gehe aber davon aus, dass die technischen Probleme in absehbarer Zeit gelöst werden könnten. Die jetzt noch vorherrschenden technischen Probleme als Grundlage für ein ethisches Denkverbot über diese Technik anzusehen, wäre ein folgenschwerer Fehler. In Gedankenexperimenten müssen wir eine erfolgreiche Keimbahntherapie antizipieren und die entsprechenden Folgenabschätzungen und Bewertungen durchführen. Dabei möchte ich betonen: Auch durch Keimbahntherapie oder Klonen erzeugte menschliche Individuen bleiben Menschen mit einem Leib und einer leiblich verfassten Menschenwürde, die der Erziehung bedürfen. Ein möglicherweise Herzinfarkt-resistenter Mensch muss aus ethischer Perspektive in der selben Weise wie sein nichtresistenter Bruder behandelt werden. Auch Intelligenz-verstärker, sollten diese einmal gentechnischer Art sein, werden Erziehung nicht überflüssig oder Kinder nicht hassenswert machen. Allerdings sollten sich Eltern in Zukunft noch viel genauer überlegen, was sie sich und anderen zumuten können und dürfen (denn solche Kinder sind möglicherweise nicht leicht und angenehm zu erziehen).

Bei der Keimbahntherapie ist wie bei allen Verfahren der Life-Sciences technisches Gelingen die eine Seite, ethisches Glücken die andere Seite. Man sollte sich in diesem Zusammenhang prüfen, welche Vorschläge zugleich technisch sicher und ethisch realisierbar sind, also z. B. nicht die Propagierung einer genetisch motivierten Zweiklassengesellschaft mit zusätzlichen Chromosomen zu kommen, wenn diese die Paarung verhindern. Aber genetische Anlagen, z. B. einer erhöhten Musikalität oder Sportlichkeit zwingen den Anlageträger nicht, diese zu trainieren, zu erziehen, auszubilden und zu leben. Sie sind erfolgreich nur in Kombination mit einem Elternhaus, das darauf vorbereitet, diese Anlagen auch auszubilden. Auf die Eltern kommt in diesem Zusammenhang eine erheblich erweiterte Verantwortung zu, nicht bloß die Realisierung reproduktiver Autonomie. Dieser Aspekt wird in der ethischen Diskussion in der Regel völlig ignoriert. Eine moderne Bioethik sollte Eltern und ihren Nachwuchs nicht voneinander separieren, sondern als eine Gemeinschaft von Anfang an betrachten unter Einbezug der technischen und medizinischen Assistenten. Die neue liberale Eugenik verhindert weder Behinderungen noch macht sie Erziehung überflüssig. Sie erhöht aber in nicht geringem Maße die Verantwortungsbelastung für Eltern. D. h. die neuen Freiheiten, die uns versprochen werden, sind möglicherweise mit ethischen Belastungen verbunden, die sich aus dem Umgang mit gentechnisch neukonstruierten Nachkommen ergeben werden.

4. Schluss: Bioethik und Gesellschaft. Institutionalisierung angewandter Ethik

Die Hoffnung auf eine sofortige Wirkung einer neuen molekularbiologisch begründeten Medizin haben sich bislang nicht erfüllt – wir wissen auch warum: Leben ist viel komplexer als wir das noch vor 10 Jahren dachten. Forschung, Wissenschaft und Technik sind keine Magier und Zauberer. Wir brauchen hier Geduld, damit Entwicklungen auch ethisch reflektiert wachsen können. Technik ist ambivalent, kann misslingen und missbraucht werden, aber das ist keineswegs ihr Wesen. In den Lebenswissenschaften und in der Biomedizin kommt es zu einer Ausweitung des technisch-wissenschaftlichen Anteils an den Mitteln der Medizin. Dies per se mit Instrumentalisierung, Anonymisierung und Verdinglichung gleichzusetzen, verkennt den Ansatzpunkt moderner biowissenschaftlicher und technischer Zugänge zum Phänomen Leben. Diese sind höchst erfolgreich. Eine zu personalistische Sichtweise führt zu antiszientistischen Vorurteilen, in dem wissenschaftliche Objektivierung als Verdinglichung und Reduktionismus gebrandmarkt werden, Technisierung mit Instrumentalisierung identifiziert wird und Unnatürlichkeit als das Böse schlechthin gilt. Dies sind ideologische Totschlagargumente und beruhen letztendlich auf alten manichäischen Vorstellungen von Natur und Technik. Die untergründig vorhandenen Vorstellungen vom Wesen des Menschen und der Technik müssen in einer Bioethik offengelegt, nicht nur eine naturrechtliche Pflichtenethik auf die moderne Biomedizin angewandt werden.

Wie perfekt muss der Mensch sein? Dies ist eine und tendenziös-polemisch gestellte Frage. Auch die Frage: Therapie oder Menschenzüchtung ist eine falsch gestellte Alternative bzw. ideologische Reduktion. Ziel ist es nicht, Behinderungen auszuschalten oder als unmenschlich zu unterstellen. Behindertes menschliches Leben ist nicht grundsätzlich unwert, gelebt zu werden. Dies Frage hängt eher von der Art der Behinderung ab. Eltern sind intensiv von den Behinderungen und Krankheiten ihrer Kinder mit betroffen. Ein Mitspracherecht hinsichtlich der Verhinderung schwerstbehinderten menschlichen Lebens oder der Verbesserung menschlichen Lebens ist hier nicht grundsätzlich auszuschließen. Warum sollte das Programm der Verhinderung von genetischen Prädispositionen mit hohem Krankheitswert (auch Erbkrankheiten) die Stellung der Behinderten grundsätzlich verschlechtern? Der Anteil der Erbkrankheiten unter den Behinderungen liegt deutlich unter 10 %. Es sind eher gesellschaftliche Missverständnisse, die behin-

dertenfeindlich sind als bestimmte Techniken. Abgelehnt wird von den
Eltern die Behinderung, aber nicht der behinderte Mensch. Außerdem
gehört zu den falsch gestellten Alternativen die Frage nach biologischer
Züchtung und erzieherischer Zucht. Biologische Züchtung ohne Erziehung bleibt völlig folgenlos und damit ohne Erfolg. Von der Erfolglo-
sigkeit der Grenzziehungsethik überzeugt, plädiere ich für neue realistische Visionen nicht des posthumanen Menschseins (Irrgang 2005),
sondern für Visionen einer humanen technischen Praxis, eingebettet in
eine Technologie-Reflexions-Kultur (Irrgang 2003b). Konstruktion und
Selektion sowie Prävention und Selektion gehen ineinander über. Dies
führt zu einer ganzen Reihe von Ambivalenzen und macht letztendlich
eine Einzelfallprüfung unumgänglich.

Nicht selten wird im Zusammenhang mit der Bioethik und den Life-Sciences auf diffuse Gefahren hingewiesen, dass sich „die Situation der lebenden behinderten Menschen, deren Akzeptierung und best-
mögliche Förderung, verschlechtert" (Leonhardt 2004, 31). Eine
Dominanz genetischer Faktoren im Erziehungsprozess wird befürchtet (Leonhardt 2004, 52), obwohl im Forschungsprozess selbst ein allzu naiver genetischer Determinismus in den letzten fünf Jahren in immer stärkere Bedrängnis geraten ist. Andererseits wird auch deutlich,
dass es nicht Techniken sind, sondern gesellschaftliche Normierungen,
die das Behindertenproblem in aller Schärfe auftreten lassen. „Erst dadurch, dass die Schulleistungen durch die Gesellschaft normiert worden sind, ist ‚geistige Behinderung' entstanden" (Leonhardt 2004, 86).
Solange sich die moderne molekulare Medizin auf PND und PID beschränkt, ist diese tatsächlich zwischen Prävention von Behinderung
und Selektion Behinderter im Frühstadium der menschlichen Embryonalentwicklung angesiedelt. Sie kann als „geradezu intern widersprüch-
liche Technik" (Leonhardt 2004, 98) bezeichnet werden. Zu kurz
kommt allerdings die Diskussion, ob in einzelnen Fällen diese Methode doch als das kleinere Übel gewertet werden kann. Außerdem dient
die Praxis etwa der Ultraschalldiagnostik in über 97 % der Fälle dem
Abbau von Ängsten vor Fehlbildungen des Kindes (Leonhardt 2004,
177).

Dankbar kann man Wolfgang van den Daele sein für sein abgemes-
senes Urteil: „Es ist nachvollziehbar, dass Behinderte sich verletzt und
abgelehnt fühlen, wenn abgetrieben wird, um die Geburt eines Kindes
zu vermeiden, das genauso behindert wäre wie sie selbst. Dies entspricht jedoch nicht den Intentionen der Nichtbehinderten. Diese leh-
nen die Behinderung ab, nicht den behinderten Menschen." (Leonhardt
2004, 184) Die wenigen Untersuchungen zur Entwicklung der Bevöl-

kerungseinstellungen im Hinblick auf Behinderungen haben gezeigt, dass die Akzeptanz von Menschen mit Behinderungen eher zugenommen hat (Leonhardt 2004, 191). So ergeben sich auf der Einstellungsebene keine Anhaltspunkte dafür, dass durch die Praxis der vorgeburtlichen Selektion die Solidarität mit behinderten Menschen untergraben und der Verbreitung von Behindertenfeindlichkeit Vorschub geleistet werden könnte (Leonhardt 2004, 194).

Der Züchtungsgedanke der klassischen Eugenik wird in den Life-Sciences immer mehr durch den der technischen Konstruktion ersetzt. Der Genpool tritt in den Hintergrund, das einzelne Individuum in den Vordergrund. Selektion im Sinne klassischer Züchtung und des Sozialdarwinismus wird aus den Life-Sciences zunehmend verschwinden, wenn sich das Leitbild synthetischer Biologie stärker durchsetzt (Irrgang 2002c). Daher ist eine Eugenik von unten derzeit keine große aktuelle Gefährdung der Humanität unserer Selbstgestaltung, wenn auch nicht vollständig auszuschließen. Die klassischen Programme der genetischen Verbesserung des Menschen und des menschlichen Genpools, Sozialdarwinismus und Eugenik, beruhten auf einer Reihe von falschen Prämissen und verstießen gegen ethische Grundsätze, insofern sie auf Formen der völligen Instrumentalisierung von Menschen zum Zwecke der genetischen Verbesserung des Genpools einer Rasse, Nation oder der Menschheit schlechthin ausgerichtet waren. Der Sozialdarwinismus ging von der falschen Prämisse aus, dass sich insbesondere sozial niedrige Bevölkerungsschichten mit schlechtem Erbgut unter den Bedingungen des modernen Sozialstaates in weit überdurchschnittlicher Zahl reproduzierten. Um die züchterische Leistung der Natur aufrecht zu erhalten, die zu einer Höherentwicklung des Menschen führt – ein naturalistischer Fehlschluss –, sollten die Sozialleistungen auf ein Minimum beschränkt werden. Das Programm wurde formuliert ohne Kenntnis der molekularen Grundlagen von Vererbung. Die Eugenik verknüpfte Sozialdarwinismus und Rassekonzeptionen auf der Basis von falschen Vorstellungen von Rassen und ihrem Wert (aufgrund naturalistischer Fehlschlüsse). Niedergangsszenarien im Hinblick auf die Gattung Mensch oder bestimmter Rassen haben kaum noch eine Grundlage nach den Migrationsströmen des 20. Jahrhunderts, die im 21. Jahrhundert kaum nachlassen werden.

Zumindest in demokratisch legitimierten Staaten ist ohne Zweifel heute ein Eugenikprogramm im klassischen Sinn des Begriffs nicht zu befürchten. Allerdings wird auch dem Konzept humangenetischer Beratung unterstellt, als Hilfe für Betroffene zu einer Verschlechterung des Genpools zu führen und daher Anlass zu bieten für neue eugeni-

sche Argumentationen. Jedoch ist bis heute nicht nachgewiesen, ob die
befürchteten Effekte in nennenswertem Umfang auftreten und Maßnahmen der Gegensteuerung überhaupt greifen. Vor allem müsste geklärt werden, was unter Menschenzüchtung verstanden werden soll,
nach welchen Kriterien gezüchtet werden soll. Das Programm der
Menschenzucht ist dabei selbst nicht eindeutig, wie sich insbesondere
bei Friedrich Nietzsche nachweisen lässt. Denn selbst bei Friedrich
Nietzsche, der nicht völlig frei von biologischen und rassistisch anmutenden Gedanken war, ist Menschenzucht überwiegend ein Erziehungsprogramm. Der Übermensch ist das Resultat der Selbstzucht und eines
radikalen Individualisierungsprogramms. Trotz der Verwendung von
Ausdrücken wie der „blonden Bestie" ist die eigentliche Stoßrichtung
des Übermenschen ein antichristliches Erziehungsprogramm mit dem
Ziel einer Liebe zur Erde. Allerdings lässt sich in seiner Konzeption
des Übermenschen die Ambivalenz des Genies zwischen Humanität
und Bestialität nicht immer eliminieren. Daher stellt sich auch bei ihm,
verstärkt noch in den Weltanschauungen des Sozialdarwinismus, der
Eugenikbewegung und der Rassenhygiene die Frage nach dem Grund
des Instrumentalisierungsverbotes des Menschen zum Zwecke des erb-
gesunden oder des höheren Menschen (Irrgang 2002c).

Man kann das Programm der Verhinderung von Erbkrankheiten
grundsätzlich in zwei unterschiedlichen Weisen zu realisieren versuchen. Die molekulare Bioingenieurkunst könnte die gentechnische
Konstruktion gesunder Menschen zunächst mit Hilfe von Keimbahntherapie in einer Weise vorantreiben, die sich auf den ganzen Menschen richtet, mit Hilfe therapeutischen Klonens auf Teile des Menschen. Diese Vorgehensweise ist nicht selektionistisch, also auch nicht
eugenisch im klassischen Sinne, auch wenn sie die genetische Ausstattung eines werdenden Menschen verbessern möchte, zumindest
dann, wenn diese Techniken so durchgeführt werden können, dass
nicht einmal menschliche Präembryonen verworfen werden müssen.
Gentechnik ist stark technisch ausgerichtet, orientiert an der das Material organisierenden Struktur des Lebendigen und nicht an naturwissenschaftlichen Gesetzen. Moderne Gentechnik ist eine Hybridbildung
von Wissenschaft und Technik. Klassische Eugenik ist am Züchtungs-
gedanken orientiert, moderne Humangenetik entweder am medizinischen Modell der humangenetischen Beratung oder am Gedanken der
technischen Konstruktion des Menschen. Neue Utopien der Menschenzüchtung artikulieren sich in Utopien der reproduktiven Fremd-
bestimmung im Fahrwasser eugenischen Denkens etwa in Aldous
Huxley „Schöner neue Welt".

Neu und interessant bei der Bioethik ist die Diskussion in der Öffentlichkeit um Ethik, die Verknüpfung von philosophischer Ethik und öffentlicher Diskussion. Bioethik umfasst professionelle Abhandlungen, Darstellungen in den Medien, öffentliche Stellungnahmen sowie Ausschüsse und Gremien. Es ist ein Erfolg für die Ethiker, denn es ist endlich gelungen, aus dem Elfenbeinturm auszubrechen. Eine institutionalisierte Bioethik wurde geschaffen. Diese gesellschaftliche Wirkung einer philosophischen Disziplin sollte Anlass für die Philosophie, die traditionell einen starken Selbstbezug zu ihrer Geschichte hatte, für eine eingehendere Selbstreflexion und Selbstaufklärung unter Berücksichtigung der Technik und Wissenschaft in einer modernen Gesellschaft sein. Der Arbeits- und Reflektionsprozess in einem Gremium entspricht nicht unbedingt dem Resultat einer wissenschaftlichen Arbeit. Das Produkt am Ende des Reflektionsprozesses eines Gremiums ist ein Gutachten, ein Protokoll, eine Empfehlung oder eine Richtlinie, die anderen Maßstäben als denen einer wissenschaftlichen Arbeit insbesondere im Hinblick auf praktische Relevanz und Machbarkeit verpflichtet sind. Ausschlaggebend für die Gremienarbeit ist die Formulierung eines Auftrages. Der Adressat ist nicht der Fachkollege (Ach/Runtenberg 2002, 9-12).

Die Einrichtung von Ethikzentren, von Institutionen der Technikfolgenabschätzung, von Ethikkommissionen und Beratergruppen auf verschiedenen politischen Ebenen war eine Reaktion auf moralisch relevante Konflikte in der Gesellschaft. Klinische Ethikkommissionen waren häufig genug der Ansatzpunkt für weitere Institutionalisierungen. Sie hatten ganz unterschiedliche Aufgaben. Es gab spezifische Probleme und Konfliktpotentiale. Dabei wurde eine Spezifizierung der jeweiligen Kontexte erforderlich. Insgesamt führte die Institutionalisierung zu einem tiefgreifenden Rollen- und Funktionswandel vom Moralphilosophen zum Ethiker. Bioethische Expertise war gefragt (Ach/Runtenberg 2002, 138-141).

Die umfassende Technisierung der Medizin geht oft einher mit Verrechtlichung, Bürokratisierung und Ökonomisierung sowie dem Glauben an die Planbarkeit und Steuerbarkeit des eigenen Lebens und seiner Gesundheit wie der Gesundheitspolitik insgesamt. Unterstützt werden derartige Vorstellungen durch die soziale Konstruktion technischer Sicherheit. Aber auch wenn sich einige Schicksalsschläge oder Krankheiten verhindern oder abschwächen lassen und man das Altern hinauszögern kann, bleibt der Mensch sterblich. Allerdings wird in den abschließenden Überlegungen deutlich, was sich bereits in der Einleitung andeutete: Ohne ein Konzept des Wertes menschlichen Lebens wie der Lebensqualität eines solchen Lebens wird eine Bioethik in Zukunft nicht auskommen. Eine Einführung in die Bioethik kann diese Konzeption des Wertes menschlichen Lebens, seiner Qualität und Würde hier keine elaborierte Theorie entwerfen, nur auf ihre Notwendigkeit hinweisen. Ansatzpunkte zu einer anthropologisch unterfütterten Lebensqualitätkonzeption zwischen Utilitarismus, Hedonismus und Pragmatismus einerseits, menschlicher Autonomie, Würde und Solidarität andererseits wurden aufgezeigt. Eine anthropologisch ethische Reflexion des therapeutischen Prinzipes impliziert behutsam und reflektiert durchgeführte Verbesserungen, sofern sie sicher technisch-medizinisch machbar sind.

Die Institutionalisierung angewandter Bioethik erfordert eigene Überlegungen, einen eigenen Ansatz und eine eigene Untersuchung. Die ängstlich-bornierte Festlegung auf den anthropologischen status quo außer im Sport (Irrgang 2004) wird einem Menschenbild nicht gerecht, welches Kreativität, Innovation und Neugierde in solidarischer Rückbindung (Autonomie im Kontext) als Ansatzpunkt des Menschseins betrachtet. Es ist unverantwortlich, das Zerrbild posthumanen Menschseins an die Wand zu malen (Irrgang 2004b), um ein extrem konservatives Menschenbild propagieren zu können. Im Sport zeigen sich auch einige der Gefahren der neuen biomedizinischen technischen Möglichkeiten, wenn es nur um den sportlichen Erfolg ohne sittliche Einbindung geht. Enhancement ohne die Frage „Wozu?" führt in den technologischen Imperativ. Das Machbare wird dann gemacht. Eine reflektierte Kultur des technisch Machbaren muss aber Realisierbarkeit und Realisierungswürdigkeit stärker bedenken, insbesondere bezahlbare und sozial verträglich gestaltete Anwendung biomedizinischer Forschung. Trotz aller Formen der Verwissenschaftlichung und Technologisierung in der Biomedizin sollte im Zentrum eine medizinisch-therapeutische Praxis mit humaner Ausrichtung stehen im vollen Bewusstsein der Grenzen der Realisierbarkeit des Humanen, gerade wenn es um Fragen von Leben und Tod bei Menschen geht. Der Einzelfall, das persönliche Schicksal sollte in solidarischer Verantwortung ohne dogmatische Verengungen auf Lösungsmöglichkeiten im Sinne des Betroffenen hin untersucht werden. Dammbruchszenarien opfern gerne Einzelfälle einem vermeintlich größeren Allgemeinwohl. Aber auch die Durchführbarkeit und Bezahlbarkeit biomedizinischer Maßnahmen müssen stärker berücksichtigt werden. Damit wird etwas diskutiert werden müssen, was als „höchster Wert" häufig unterstellt wird, der Wert der Gesundheit, der Wert eines gesunden Lebens und seine Qualität, obwohl es sich hierbei um einen Wert unter anderen handelt.

Technologie-Kultur ist – theoretisch betrachtet – ein Prozess ständiger gesellschaftlicher Stellungnahme zu einer Technologie, ein Prozess der Interpretation der gesellschaftlichen Bedeutsamkeit einer Technologie für die Kultur einer Zivilisation. Designer-Food und Designer-Babies tangieren eine Gesellschaft nicht nur äußerlich. Technische Kultur kann im Keime ihrer Konkretionen als selbstläufig gelten und so davon entlasten, zur Stellungnahme aufzufordern. Kultur hat an keinem Punkte den selbständigen Charakter fragloser Umwelt. Aber die Normierungskraft, die von der technischen Kultur ausgeht, betrifft die Art der Lebensführung, zu der sie veranlasst. Es gibt keine Deckungsgleichheit aller Lebensbereiche einer Kultur. Wissenschaft tritt als Sozialtechnik an die Seite gelebter Kultur. Technik und Wissenschaft sind Repräsentanten der Neuzeit unserer Kultur. Kultur als technische Kultur ist in Wahrheit eine Steigerung und Differenzierung humaner Kultur. Der Gewinn des Fortschritts ist ein Gewinn an Pluralität der Kultur. Technische Kultur verlangt die Fähigkeit zur Anerkennung von Unterschieden und Differenzen innerhalb der Kultur selbst. Kultur, lebendige Kultur, heißt immer, dass Alternativen im Spiel sind (Rendtorff 1982, 11-14).

Die Offenheit für Alternativen ist, so problematisch ihre Konkretionen in jedem einzelnen Fall sein mögen, ein notwendiges Strukturmerkmal technischer Kultur. Verweigerung als Ausstieg aus der technischen Kultur ist selbst keine Alternative mehr. Dies führt zu dem Ergebnis, dass weithin nur das Machbare auch gewollt wird. Das Problem der Beherrschbarkeit der Mittel betrifft die Aufgabe technisch zu verantwortenden Handelns. Offenbar ist die Frage nach der Aufhebung der Grenze zwischen Experiment und Wirklichkeit nicht so ohne weiteres zu beantworten. Kultur ist, gerade als technische Kultur, ein einziges großes Experiment. Das Kriterium dafür ist die Revisionsfähigkeit bzw. die Korrekturfähigkeit des Handelns (Rendtorff 1982, 16-19). Es geht um die Aufgabe, die der Kultur durch Technik und Wissenschaft gestellt ist. Allerdings gehen die Meinungen darüber heftig auseinander, worin die Gründe für das Missverhältnis zwischen öffentlicher Wirksamkeit von Technik und Wissenschaft einerseits und öffentlicher Aufklärung über Technik und Wissenschaft andererseits zu finden sind. Wir leben in einer repräsentativen technischen Kultur, d.h. in einer Kultur, in der die direkte kulturelle Verantwortung nicht von jedermann unmittelbar geteilt und realisiert wird, sondern auf dem Wege der Stellvertretung. Stellvertretung aber heißt übertragene Verantwortung, nicht uneingeschränkte Herrschaft und Verfügung über andere (Rendtorff 1982, 20f).

Technik ist in der Zwischenzeit zum Motor der Wissenschaftsentwicklung geworden. Technik ist aber auch der Motor der Gesellschaft geworden. Technik und ihre Anwendung habitualisiert sich mit zunehmender Erfahrung ihrer Nützlichkeit. Sie wird zum scheinbar selbstverständlichen Bestandteil der Existenz. Je länger sie existiert und je größer ihre Ausbreitung, desto weniger wird sie als hinterfragungsfähig oder dynamisch erlebt. Damit tritt Technik ein in den kulturellen Bestand und das kulturelle Erbe der Gesellschaft (Brandenburger Tor 2002, 51). Technik, insofern sie uns selbstverständlich geworden ist, ist ein Teil unserer Kultur. Technikkultur bemüht sich um den noch problematischen Anteil technikwissenschaftlicher Entwicklung auf dem Weg von der Innovation zur Kultur. Der Wettlauf um die Innovation kann sich als Beschleunigungsfalle auswirken (Brandenburger Tor 2002, 61). Die Bewertung von Technologie in der Gesellschaft hängt im starken Maße von einem ausgeprägten Sicherheitsbedürfnis der Gesellschaft ab (Brandenburger Tor 2002, 91). Dieses Sicherheitsbedürfnis sollte in einen gewissen Einklang gebracht werden mit dem Grundzug moderner Technologie, nämlich Innovationsbereitschaft. Dies zu vermitteln, muss eine moderne Technologiekultur leisten. Dazu ist eine Umstrukturierung unseres Bildungssystems genauso erforderlich wie institutionelle Ergänzungen. Eine Reflexionskultur der Technik ist keinesfalls identisch mit einer Innovationskultur, wenn diese bedeutet, dass Innovationen um jeden Preis gefördert werden sollten (Irrgang 2003b).

Fast alles von dem, was Amerikaner über genetische Manipulation und das Klonen von Menschen wissen, ist falsch, nicht zuletzt auf Grund von zwei Jahrzehnten Sciencefiction, Sensationsjournalismus in den Medien und einer gedankenlosen Opposition. Daher erfordert die Gedankenwelt der meisten Menschen und ihre Emotionen über diese Gegenstände Erziehung und Bildung (Stock/Campbell 2000, 111). Im Hinblick auf die mediale Vermittlung neuer Technologien muss gesagt werden, dass der Gegenstand der Bioethikdebatte oft extrem unanschaulich ist, weshalb Reduktionen erforderlich sind. So entwickelte sich in den letzten Jahren eine Konfliktpartnerschaft zwischen Journalismus und Wissenschaft nicht nur im Bereich der Stammzellforschung. Dabei sollte es zu einer klaren Trennung von Nachricht und Kommentar kommen. Das journalistische Selbstverständnis beruht auf Distanz und Beobachtung, der Forscher ist selbst Akteur. In Spielfilmen und journalistischen Texten zur Gentechnik spielt eine zentrale Rolle der verrückte Wissenschaftler und die kapitalisierte Medizinindustrie. Das Klonen oder die Klone stellen Fragen der Identität. Derartige Forschungen werden in Sciencefiction und Horrorfilmen thematisiert. Auch die Artenmischung spielt eine zentrale Rolle (Hauskeller 2002, 205-208). Im Fernsehen dargestellt werden die Not des Kranken und die Hilfe des Arztes. Krankheitsbedingte Einschränkungen und therapeutische Zwänge lassen sich darstellen und zwar anhand von Krankenschicksalen, d.h. abstrakte Vorgänge müssen konkretisiert werden. Im Journalismus werden Hoffnungen auf Wundermittel und Wunderspritzen durchaus genährt. Auf der anderen Seite stehen Phantasien der Verfügbarkeit von Leben bis hin zur Unsterblichkeit, die durch die neuen Technologien garantiert werden sollen.

Mit der Gesundheitsökonomie und Fragen einer effizienten Verwendung der Mittel im Gesundheitswesen stellt sich in zunehmendem Maße und Dringlichkeit die Zieldiskussion für das Gesundheitswesen überhaupt. Es müsste diskutiert und letztendlich entschieden werden, welche Therapien von den Krankenkassen gezahlt werden sollen. Ein weitergehender Schritt wäre die Diskussion, welche Therapien überhaupt angeboten werden sollen. Dies würde aber eine gewisse Kritik an den liberalen Prinzipien des Gesundheitswesens auf der Basis der Patientenautonomie bedeuten. Denn Patientenautonomie fordert, dass der Patient die Wahl hat, welche Therapien er für sich anwenden möchte oder nicht. Die Frage nach der Bezahlung durch eine Krankenkasse stellt demgegenüber einen weiteren, späteren Schritt dar.

Im Zusammenhang mit der Beschränkung von medizinischen Leistungen stellt sich immer häufiger die Frage nach der Gerechtigkeit in der Solidargemeinschaft der Krankenversicherten. Gibt es ein Recht auf Gesundheitsfürsorge? Fürsorgeleistungen aber sind nicht einklagbar. Die individuelle Lebensverbesserung ist ein legitimes Ziel allerdings auch die Rationierung knapper Güter in Mangelsituationen, insbesondere in Notfallsituationen. Hier müssen Prioritäten gesetzt werden und sind auch Kosten-Nutzen-Analysen erlaubt. Effizienz ist ein Aspekt, der nicht unterschätzt werden sollte. Eine Frage der Gerechtigkeit ist aber, unverschuldete Nachteile auszugleichen (Schramme 2002, 118-130). Die Fundamentalkritik an der Bioethik und den Biowissenschaften beruht auf einer Medikalisierung der Lebenswelt. Gesundheit wird zunehmend zu einer Ware und Biowissenschaften Ausdruck der Biomacht. Nicht unschuldig daran ist der nicht berechtigte Glaube, die Gene seien für alles verantwortlich zu machen. Bioethik kann auch in die Rolle des Apologeten geraten. Gefordert wäre also statt einer Bioethik eher eine Art Geisteswissenschaften der Biomedizin und Biowissenschaft, eine Art von „medical humanities" (Schramme 2002, 143-152).

Philosophische Argumente spielen in Ethikkommissionen häufig – wenn überhaupt – eine untergeordnete Rolle. Strukturelle Gründe für den Mangel an philosophischer Problemdurchdringung liegen darin, dass entsprechende Institutionen von vornherein eine andere soziologische Funktion haben. Warum ethische Fragen in Ethikkommissionen oftmals nicht die ihnen gebührende Aufmerksamkeit erhalten, lässt sich mit den unterschiedlichen Anforderungen der praktischen Ausrichtung von Institutionalisierungen und der theoretischen Ausrichtung einer universitären Disziplin erklären. Es gibt Leitdifferenzen, die quer durch alle institutionellen Kontexte eine wichtige Rolle spielen. Rekonstruktion und Analyse sind ganz wichtige Gesichtspunkte bei der Arbeit von Kommissionen. Moralische Expertise, moralische Kartographie und eine moralische Landkarte sind für Kommissionsarbeit erforderlich. Je entscheidungsnäher die Institutionen arbeiten, umso größer ist der Bedarf an Antworten. Die intellektuelle Aufarbeitung einer Problemkonstellation ist nicht genug. Gefragt sind Transparenz und Offenheit der bioethischen Expertise, nicht Wahrheit oder Objektivität, verlässliche moralische Orientierung (Ach/Runtenberg 2002, 143-152).

Viele erwarten von Ethikkommissionen begründete Parteinahme in substantiellen, ethischen Fragestellungen. Parteilichkeit aber entspricht nicht der wissenschaftlichen Unparteilichkeitsforderung als Grundlage einer ethisch normativen Theorie. Es gibt unterschiedliche Funktionen von Kommissionen und wissenschaftlichen Institutionen und daraus resultieren Zielkonflikte. Manche Bioethiker sind der Auffassung, dass die Ethiker gewissermaßen als „Lobbyist" derjenigen Gruppen oder Betroffenen zu agieren haben, die selber ihre eigenen Interessen nicht vertreten können. Damit ergibt sich eine gewisse Konfliktkonstellation zwischen Kritik und Interpretation. Auch die Hauspolitik des Kommissionsträgers ist nicht ohne Einfluss auf die Arbeit der Kommission. Maximale Forschungsfreiheit und Kritikmöglichkeit sollten aber auch dem Bioethiker in Institutionen zugebilligt werden. Ein weiterer Konflikt zwischen Bioethik als wissenschaftlicher Disziplin und Gegenstand von Kommissionen ist die zwischen Theorie und Kompromiss. Je konkreter die Fälle sind, desto weniger kann man allgemeine Theorien erarbeiten (Ach/Runtenberg 2002, 155-161).

Innerhalb einer Kommission ist eine einheitliche Moraltheorie oder gar eine ethische Theorie nicht zu finden. Häufig wird die Aufgabe genannt, sich in die Lage der Betroffenen zu versetzen. Die Nützlichkeit ethischer Expertise in Kommissionen muss erwiesen werden, weshalb Überredungs- und Überzeugungsstrategien eingebaut werden müssen. So lässt sich der Zielkonflikt zwischen akademisch-philosophischer

Reflexion und den Aufgaben einer Bioethikkommission letztendlich nicht aufheben. Erforderlich für die konkrete Arbeit sind rationale Kontrolle der strategischen Implikationen (Ach/Runtenberg 2002, 162-169). Häufig wird der Bioethik der Vorwurf gemacht, eine Anpassungsethik zu sein. Demgegenüber kann bioethische Expertise nur auf Transparenz, Konsistenz und Differenzierung setzen. Es geht um die Generierung der wichtigen und richtigen Probleme. Der sokratische Zweifel gegenüber dem, was von der Kommission für unproblematisch gehalten wird, ist die Aufgabe des Ethikers und Philosophen. Außerdem kann er bei der Erarbeitung von Konsensen helfen (Ach/Runtenberg 2002, 171-177). Eine philosophische Ausbildung ist für den Bioethiker nicht zwingend erforderlich. Reicht aber eine fachphilosophische Ausbildung aus, um ein guter Bioethiker zu sein? Sind zertifizierte Bioethiker erforderlich? All diese Fragen sollten aber nicht dazu führen, dass es zu einer Abkoppelung der Bioethik von ihrem fachphilosophischen Ursprung kommt (Ach/Runtenberg 2002, 178-180).

Bioethik ist als Instrumentarium zur Akzeptanzbeschaffung wohl nicht geeignet. Dabei ist ein disziplinärer von einem polemischen Begriff der Menschenwürde in der Bioethik zu unterscheiden. Das Ende der Natürlichkeit und die Entmoralisierung der Natur mögen beklagt werden, medizintechnischen Fortschritt werden die Klagen aber vermutlich nicht aufhalten. Die Kritik an der technologischen Zivilisation tritt häufig im Gewand einer Kritik an der Bioethik auf. Die moralische Intuition wird häufig gegen rationale Analysen angeführt. Insgesamt sollte im Zusammenhang mit Bioethik auch das Projekt einer Ethikfolgenabschätzung vorangetrieben werden (Ach/Runtenberg 2002, 203-211). Die Auseinandersetzung um die öffentliche Rolle der Bioethik hat die Fachdisziplin der Bioethik verändert und sollte auch die weitere Diskussion um das Selbstverständnis der Philosophie verändern. Die harsche Kritik am liberalen Modell führt zu einer Rückkehr zum Naturparadigma und verbindet sich mit dem Entfremdungsparadigma, wobei nicht klar wird, woher die Maßstäbe für die Bestimmung von Entfremdung kommen. Es schwächelt also nicht das liberale Paradigma der Patientenautonomie, sondern eine konservativ regressive Gesellschaftsideologie hält sich unberechtigterweise für progressiv und liebäugelt insgeheim mit romantischen Positionen einer aufgewärmten Heiligkeit des Lebens.

Glossar

ADA: ADA (Adenosindesaminase)-Mangel, ein für das Immunsystem wesentliches purinabbauendes Enzym, führt zu einer Stoffwechsel-Krankheit.

Andrologie: Männerheilkunde; befasst sich speziell mit Fruchtbarkeitsstörungen bei Männern.

Anenzephalie: Fehlbildung im Kopfbereich mit Entwicklungshemmung des Großhirnes und der Schädeldecke.

Askription: Im Unterschied zur Deskription (Beschreibung) Zuschreibung eines nichtempirischen Prädikators wie des Personstatus oder von Verantwortung.

Autopoiesis: Selbstorganisation, Selbstordnung. Eigenschaft von Systemen (insbesondere lebenden Systemen), unter Beibehaltung der Struktur sich selbst zu erneuern.

Balintgruppe: Berufsbezogene Selbsthilfegruppe nicht psychotherapeutisch tätiger Ärzte und Angehöriger medizinischer Hilfsberufe.

Befruchtung, extrakorporale oder in-vitro-Fertilisation (IVF): Vereinigung von Ei- und Samenzelle im Reagenzglas oder anderen Laborgefäßen.

Blastozyste: Früher Embryo mit noch undifferenzierten Zellen (64-128 Zellen).

Chimäre: Ein Lebewesen, das aus Zellen zweier (oder mehrerer) genetisch verschiedener Individuen zusammengesetzt ist.

Chorea Huntington: Im Volksmund auch Veitstanz genannt; autosomal dominant vererbt. Unter Chorea verstehen die Ärzte kurze, sinnlose Bewegungen der Extremitäten (Hände und Beine) und des Gesichts (erblicher Veitstanz); die Chorea Huntington beginnt üblicherweise im mittleren Lebensalter (35-50 Jahre); anfänglich kommt es nur zu Sprachschwierigkeiten, im Laufe der Zeit aber zum Verfall von Sprach- und Denkfähigkeit, dann zu fortschreitendem intellektuellen Abbau, zu einem Dahinsiechen und schließlich zum Tod. Bisher ist keine Therapie möglich.

Containment: Bezeichnung für die vom Gesetzgeber für Arbeiten mit rekombinanter DNA vorgeschriebenen technischen (physikalischen) und biologischen Sicherheitsmaßnahmen, die bei gentechnischen Experimenten berücksichtigt werden müssen. Ihre Einhaltung dient der Arbeits-, Produkt- und Umweltsicherheit.

Cystische Fibrose (CF): Siehe Zystische Fibrose bzw. Muscoviscidose

Demenz: Veränderungen des Zentralnervensystems mit zunehmendem Verlust erworbener intellektueller Fähigkeiten (Störungen der Konzentration, Merkfähigkeit, Feinmotorik, psychomotorische Verlangsamung, Persönlichkeitsveränderungen).

dominant: Eigenschaft eines Merkmals, sich gegenüber alternativen Merkmalen des gleichen Gens durchzusetzen (Gegenteil: rezessiv).

Embryo-Transfer (ET): Übertragung des in der Retorte gezeugten Embryos in die Gebärmutter.

Embryonale Stammzellen (ES-Zellen): kann man aus durch In-vitro-Fertilisation gewonnene Blastozysten erhalten. Daneben gibt es die primordialen

Keimzellen (EG-Zellen) aus frühzeitig abgegangenen oder abgetriebenen Feten und individualspezifische embryonale Stammzellen nach Zellkerntransfer in enukleierten Eizellen Sie sind anfänglich totipotent; später pluripotent.

Enhancement: Steigerung, Erhöhung, Vergrößerung.

Epigenesis: Im Verlauf des Befruchtungsvorganges kommt es zur Aktivierung eines Entwicklungsprogramms, das im Zytoplasma der Eizelle in Form von mütterlicher RNA gespeichert ist und der Herstellung des normalen (diploiden) Chromosomensatzes und zur Festlegung der genetischen Ausrüstung des neuen Individuums dient. Nicht nur das Genom codiert die Entwicklung eines Lebewesens.

Ethik: Als wissenschaftliche Reflexion auf Moral und Ethos mit dem Ziel, Verhaltensvorschriften, sittliche Verpflichtungen und Handlungsregeln für Entscheidungen argumentativ auszuweisen und zu rechtfertigen. Gegenstand der Ethik ist die argumentative Rechtfertigung des Verpflichtungscharakters von sittlichen Überzeugungen.

Eugenik: Versuche, durch selektive Züchtung die genetische Beschaffenheit der Bevölkerung zu verbessern; negativ – durch Einschränkung der Vermehrung von Individuen mit unerwünschten Erbmerkmalen; positiv – durch Bevorzugung von Individuen mit erwünschten Erbmerkmalen.

Euthanasie: griech.: „guter Tod" als Begriff für alle Formen der Sterbebegleitung und Sterbehilfe ist heute eingeengt auf aktive oder passive Lebensverkürzung. Da der Begriff Euthanasie durch das Massentötungsprogramm der Nationalsozialisten in Mißkredit gekommen war, setzte sich der Begriff der Sterbehilfe durch.

Expression: Umsetzen der genetischen Information in eine RNA oder ein Protein.

Follikel: flüssigkeitsgefülltes Eibläschen, in dem die Eizelle im monatlichen Zyklus heranreift.

Gameten: Keimzellen (Ei- und Samenzellen).

Genomanalyse: Anwendung molekulargenetischer Techniken bei der Untersuchung des Erbmaterials eines Lebewesens.

Gentherapie: Heilung von Erbkrankheiten durch gezielte Eingriffe in die Erbsubstanz.

Gentransfer: Einschleusen von fremder DNA, d.h. fremder Gene, in Zellen und Organismen mit Hilfe der Calciumphosphatpräzipitation, durch Injektion in den Zellkern oder – nach Verpackung der DNA in eine Virushülle – durch Infektion.

Gradualismus: Für diesen ist menschliches vorgeburtliches Leben unter der Perspektive der sich phasenweise entwickelnden leib-seelischen Grundlage für Personalität und sittlich zurechenbares Handeln schutzwürdig, und zwar in wachsendem Maße.

GVO: Gentechnisch veränderter Organismus.

Hämophilie (Bluterkrankheit): rezessiv erbliche, nur bei männlichen Nachkommen manifeste Erkrankung, die durch stark eingeschränkte Gerinnungsfähigkeit des Blutes charakterisiert ist; (1) Hämophilie A: Fehlen beziehungsweise Mangel des Gerinnungsfaktors Vlll; (2) Hämophilie B: Fehlen beziehungsweise Mangel des Gerinnungsfaktors IX (selten).

hermeneutische Methode: Eine nach mehr oder weniger festgelegten Regeln vorgehende Weise der Auslegung von Texten, geschichtlichen Ereignissen, Handlungen oder Institutionen; Kunst des Verstehens.

heterozygot: Begriff aus der Genetik: wenn die zwei Genkopien (Allele) eines Lebewesens für ein bestimmtes Erbmerkmal verschieden sind, dann ist dieses Lebewesen in Bezug auf dieses Merkmal heterozygot; sind sie gleich, dann spricht man von homozygot.

infaust: Nicht sehr hoffnungsvolle Prognose für den weiteren Krankheitsverlauf.

Informed consent: Einwilligung eines Patienten in eine Behandlung auf der Grundlage umfassender Information.

Insemination: künstliche Besamung.

intratubarer Gametentransfer: Samenzellen und Eizellen werden gemeinsam in einem Katheter in die Eileiter transportiert.

invasives Verfahren: den Körper der Frau belastende Befruchtungstechniken, die mit einer hormonellen Vorbehandlung und Follikelpunktion einhergehen (IVF und GIFT).

in vitro: im Reagenzglas, außerhalb der Zelle oder des Körpers.

In-vitro-Fertilisation (IVF): Befruchtung außerhalb des Körpers in einem Glas (in vitro).

in vivo: im Körper.

Keimbahn: Teile des Organismus, die die Geschlechtszellen (Samen, Eizellen) produzieren.

Klon: Eine Menge genetisch identischer Individuen oder eine Kolonie genotypisch und phänotypisch identischer Zellen.

Klonieren: Erzeugen von erbgleichen Zellen durch ungeschlechtliche Vermehrung einer Zelle.

Kohärenzpostulat: Das Wahrheitskriterium liegt nicht in der Korrespondenz zwischen Gegenstand und Erkenntnis, sondern im funktionalen Zusammenhang der Erkenntnis, es artikuliert sich im System der wechselseitigen Kontrolle der Erkenntnisse.

Konvergenz: Hinneigung, ein Sich-einander-Nähern; allmähliches Annähern von Forschungsergebnissen oder Argumenten, die mit verschiedenen Methoden erzielt wurden; indirektes Wahrheitskriterium.

Kortex (Cortex): Gehirnrinde.

Kryokonservierung: Tiefgefrierverfahren zur Haltbarmachung von Ei- und Samenzellen sowie von Embryonen mit flüssigem Stickstoff bis 196° C (minus).

Laparoskopie: Bauchspiegelung oder „Hineinsehen in die Bauchhöhle" mittels eines Rohres, das eine Kaltlichtquelle trägt und durch einen ca. 1 cm langen Schnitt in der Leibeswand eingeführt wird.

Leihmutter: Austragen des Kindes für eine andere Frau. Entweder nach Insemination mit dem Samen des „Bestellvaters" oder nach Einsetzen eines fremden Embryos für „Bestelleltern".

Malignität: Bösartigkeit z.B. einer Geschwulst; oft gleichbedeutend mit Krebs.

Metaethik: (1) Analyse der moralischen Sprache, insbesondere auf die Trennung von beschreibend-deskriptiven und normativ-vorschreibend-verpflichtenden Sätzen (naturalistischer Fehlschluss). (2) jede Reflexion über die Methoden der Ethik. Sie muß klären, ob normative Ethik überhaupt möglich ist. Hierzu analysiert sie das sog. Hume'sche Gesetz, die grundsätzliche, intuitiv einleuchtende Unterscheidung von Sein und Sollen, der eine Ableitung von normativen aus deskriptiven Sätzen untersagt.

Metaphysik: Ursprünglich war M. die Bezeichnung jener Schriften des Aristoteles, die das nach den konkreten Dingen (nach der „Physik") Stehende behandeln. Allgemein ist M. ein System von Aussagen und/oder Behauptungen über die Welt, die auf allgemeinen Prinzipien und nicht auf empirischen Methoden beruhen.

Mikroinjektion/-manipulation: Direktes Einbringen einer Samenzelle in die Eizelle unter dem Mikroskop. Beim Menschen herrschen Bedenken, da eine Auswahl ohne Beurteilungskriterien getroffen wird. Höheres Erkrankungsrisiko für die so gezeugten Kinder.

Multimorbidität: Insbesondere bei chronischen Erkrankungen im fortgeschrittenen Stadium kommen mehrere Krankheiten bei einem Patienten zusammen, die zum Tode führen. Diese Situation hat eine Multiplizierung der Behandlungsquantität zur Folge.

Modell: Vereinfachtes Abbild von Ausschnitten aus der Wirklichkeit oder der Wirklichkeit schlechthin. Dieses Abbild kann verbal, formal (mathematisch) oder graphisch dargestellt werden; in der Biologie spielt u. a. das kybernetische Modell eine große Rolle.

Muscoviszidose: Erbkrankheit; Funktionsstörung der schleimproduzierenden inneren Drüsen. Die verbreitetste letale Kinderkrankheit kommt durch ein Sekret aus Drüsen zustande, das Ausgänge verstopft und viele Gewebe funktionsunfähig macht, Atemschwierigkeiten treten ebenso auf wie eine chronische Lungenentzündung; früher starben Kinder vor dem 6. Lebensjahr; heute kommt es durch sachgerechte Behandlung zum Übergang in das frühe Erwachsenenalter; bei männlichen Patienten besteht Sterilität.

Muskeldystrophie: Muskelerkrankung, die von einer Veränderung auf dem X-Chromosom ausgelöst wird und durch Muskelschwund aufgrund von Enzymdefekten zustande kommt. Der Beginn der Erkrankung zeigt sich vor dem zweiten Lebensjahr durch eine Verzögerung der motorischen Entwicklung. Bald kommt ein Watschelgang hinzu, und das Aufrichten aus dem Sitzen ist erschwert. Der Patient wird allmählich bettlägerig. Schäden der Herzmuskeln und eine muskuläre Ateminsuffizienz führen meist vor dem 20. Lebensjahr zum Tod.

naturalistischer Fehlschluss: Von George Edward Moore formuliertes Verbot jeden Versuchs, logisch von einem Sein auf ein Sollen zu schließen. Als Beispiel verweist vor allem auf die Verwendung des Prädikates „gut" im Sinne von „funktionstüchtig" hin, das dann häufig zugleich als „sittlich wertvoll" verstanden werde.

Neuralrohrdefekte: Wichtigste Bsp.: Spina bifida (offener Rücken) und Anenzephalie.

palliative Therapie: Behandlung, in der nicht die kausale Therapie, sondern Schmerzlinderung für den Patienten im Vordergrund steht.

Paradigma: Lateinisch Beispiel, Muster. P. meint ontologisch das Urbild, messtheoretisch den Standard oder das Maß, linguistisch Deklinations- und Flexionsmuster, in der Wissenschaftstheorie bzw. -soziologie eine Leitvorstellung oder eine dominierende wissenschaftliche Orientierung.

Paternalismus: Der Arzt ist berechtigt, in väterlich-fürsorglicher Art für seine Patienten zu entscheiden, auch gegen deren Willen.

Pathogenität: Fähigkeit, Krankheiten zu erregen.

Personstatus: Ob Personkriterien wie Individualität, Rationalität und Kommunikativität können mit Hilfe des Potentialitätsarguments auf Embryonalentwicklung angewandt werden Kann, ist umstritten.

petitio principii: Erschlichener Beweisgrund; das, was zu beweisen gewesen wäre, wird beim Beweis vorausgesetzt.

Phänomenologie: Allgemeine Bezeichnung eines beschreibend-zergliedernden Verfahrens; bei Husserl Haltung des unbeteiligten Zuschauers oder des theoretischen Betrachters. Bei Husserls als genetische Phänomenologie die Erkenntnis der Wesensstrukturen des transzendentalen Lebens.

Phenylketonurie: Stoffwechselkrankheit; infolge eines Enzymdefektes Störung des Umbaus von Phenylalanin zu Tyrosin; führt zu geistig Retardierung mit mehr oder minder ausgeprägtem Schwachsinn; bei frühzeitiger Diagnose ist heute Stillstand bzw. Heilung durch Anwendung einer phenylalaninarmen Kost möglich.

Plasmid: Kleine zirkuläre DNA in Bakterien, die auch zur Einschleusung fremder DNA in Bakterien benutzt werden kann.

pluripotent: Aus totipotenten Embryonalzellen bis zum Acht-Zell-Stadium können sich Menschen entwickeln; danach ist von pluripotenten Stammzellen auszugehen, die in der darauf folgenden Embryonalentwicklung die verschiedenen Gewebetypen des Körpers ausbilden.

porcine endogene Retroviren (PERVs): Retroviren beim Hausschwein, von denen man befürchtet, dass sie bei einer Xenotransplantation ungewollt auf Menschen übertragen könnte.

prädiktive Medizin: Genetische Information ist nicht automatisch medizinisches Wissen, die dazu erforderliche Umwandlung und Interpretation muss sorgfältig vorgenommen werden. Um prädiktiv (vorhersagend) sein zu können, müssen genetische Daten erst im medizinischen Sinne interpretiert werden. Die Erstellung eines genetischen Profils und auf dieser Basis vorgenommene Zuschreibung von Krankheit oder Behinderung oder auch dessen forensischer Gebrauch sind keinesfalls naturwissenschaftliche Datenerhebungen, sondern Teil einer medizinischen bzw. forensischen, also gesellschaftlichen Praxis und damit wertdurchdrungen und damit eine dem Patienten fremde professionelle Interpretation.

Prädisposition, genetische: Genetisch fixierte Anlage für die Ausprägung eines Merkmals.

Präskription/präskriptiv: Vorschrift, Verpflichtung, Gebot, Regel.

Prävention: Verhütung der Ausbreitung einer Krankheit; vorbeugende Maßnahmen zur Verhütung oder Früherkennung von Krankheiten durch Ausschalten schädlicher Faktoren oder durch möglichst frühzeitige Behandlung einer Erkrankung.

Prognose: Voraussage; Die aus bekannten Gesetzlichkeiten unter Angabe bestimmter Randbedingungen abgeleitete Aussage über künftige Ereignisse. Die P. ist die zeitliche Umkehrung der Erklärung, weist aber die gleiche logische Struktur auf wie diese.

Protein: Andere Bezeichnung für Eiweiß.

psychosomatisch: Körper und Seele betreffend.

Reanimation: Wiederbelebung ist die Wiederherstellung der natürlichen Atmung und der Herzaktion durch künstliche Beatmung und Herzmassage. Wiederbelebungsmaßnahmen sollen die Blutzirkulation und den Gaswechsel für Sauerstoff und Kohlensäure künstlich aufrecht erhalten und das Gehirn vor einem bleibenden Schaden durch Sauerstoffmangel bewahren.

Reduktion: Zurückführung, Erklärung; Erklärung von Phänomenen durch Zurückführung auf andere Sätze.

Retroviren: Viren, deren Genom aus einzelsträngiger RNA besteht. Ihre Vermehrung erfolgt über ein doppelsträngiges DNA-Zwischenprodukt. Diese DNA-Form wird von dem Virus-Enzym Reverse Transkriptase synthetisiert. Viele im Labor isolierte R. tragen Onkogene.

rezessiv: Ein Erbmerkmal (d.h. ein Gen) ist r., wenn es sich nur dann durchsetzt, wenn es in seiner Wirkung nicht durch ein dominantes verdeckt wird.

RNA: Abk. für Ribonukleinsäure; wird bei der Transkription von Genen in Proteine gebildet.

SCID: eine angeborene Immunschwäche des Menschen; bei Tiermodellen künstlich erzeugt; siehe ADA.

Screening: Suchdiagnostik; Untersuchung von wenig und leicht zugänglichem Material (z. B. Blut) oder mit Hilfe unschädlicher Techniken (Ultraschall) auf Abweichung vom Normalen, um auf selten vorkommende Gefahren aufmerksam zu machen.

Sein-Sollen-Unterschied: Von David Hume formulierte Unterscheidung in Deskription und Präskription; siehe Metaethik, naturalistischer Fehlschluß.

Selbstorganisation: In der Theorie von Eigen die Fähigkeit spezieller Materieformen, unter gegebenen Randbedingungen selbstreproduktive Strukturen hervorzubringen. Die Entstehung des Lebens auf der Erde durch S. wird im Hyperzyklus veranschaulicht.

Selektion: Auswahl von Organismen.

Simulation: Modellhafte Nachbildung eines beliebigen Systems oder Prozesses und das Experimentieren mit diesem Modell. S. wird zur Prüfung und zur Planung von Theorien und Modellen verwendet.

Stammzellen: Blutbildende (hämatopoetische) Stammzellen im Knochenmark; Zellsystem, das sich durch Selbsterneuerung und Teilungsfähigkeit auszeichnet; aus ihnen entstehen in mehreren Schritten sämtliche Blutzellen.

Synergetik: die Lehre vom „Zusammenwirken". Diese aus der theoretischeu Physik entwickelte Forschungsrichtung setzt sich zum Ziel, verschiedene Phänomene unter dem Gesichtspunkt gemeinsamer Ordnungsprinzipien zu betrachten. Neues, interdisziplinäres Forschungsgebiet, das sich mit systemtheoretischen Methoden mit der Aufdeckung von Entsprechungen völlig verschiedener Wissensgebiete z.B. zwischen Physik und Chemie beschäftigt.

Teleologie: Ursprünglich die Lehre von der Zweckmäßigkeit und Zielgerichtetheit (Aristoteles). Abgeleitet vom bewussten menschlichen Handeln, in dem das Ziel vorweggenommen wird, wird die T. in die Naturprozesse übertragen und als eine Form der Kausalität, später als Gegensatz zur bewirkenden Kausalität angesehen. Das Problem der T. ist für die Biologie von besonderem Interesse; im Vitalismus hat die Annahme einer T. des Lebendigen zum Konzept der Lebenskraft geführt. Die moderne, evolutionstheoretisch orientierte Biologie hat die echte T. verabschiedet und an ihre Stelle die Teleonomie gesetzt.

Thalassämie: Mittelmeeranämie; Gruppe von Erbkrankheiten, bei der die roten Blutkörperchen zu wenig alpha und/oder beta- Globin produzieren. Häufig im Mittelmeerraum, im Fernen Osten, Indien und Pakistan.

totipotent: Siehe pluripotent.

Trisomie: Das Vorhandensein von drei (statt zwei) Exemplaren eines Chromosoms; führt zu Krankheiten und Fehlentwicklungen.

Vektor: Im genetischen Sinn versteht man unter einem V. ein DNA Molekül, das als Empfänger für fremde DNA dienen kann. V. sind meist Plasmide oder Phagen DNAs. Sie tragen ein Replikon und eine oder mehrere genetische Markierungen, um sie in der Wirtszelle erkennbar zu machen (z.B. Antibiotika-Resistenzen).

Vorkerne: Die Zellkerne einer befruchteten Eizelle vor ihrer Verschmelzung.

Xenotransplantation: gentechnische Veränderung von Tierorganen zu dem Zwecke, die genetische Verträglichkeit zwischen Spendertier und Empfängermensch so weit wie möglich zu erhöhen.

Zystische Fibrose (CF): Neuere Bezeichnung für Muskoviszidose; autosomal-rezessiv erbliche Stoffwechselkrankheit; führt zu schweren Komplikationen im Bereich der Atemwege und des Verdauungstraktes; trotz kleinerer Erfolge in der Therapie gilt diese Krankheit immer noch als unheilbar.

zerebral: Das Großhirn betreffend.

Zygote: Befruchtete Eizelle.

Literatur

Ach, J. S. u.a. 2000: Ethik der Organtransplantation; Erlangen

Ach, J., Ch. Runtenberg 2002: Bioethik. Disziplin und Diskurs. Zur Selbstaufklärung angewandter Ethik; Frankfurt/New York

Alpern, K. D. 1992: The Ethics of Reproductive Technology; Oxford University Press New York, Oxford

Bayertz, K. 1987: GenEthik. Probleme der Technisierung menschlicher Fortpflanzung; Reinbek bei Hamburg

Beauchamp, T. L., J. F. Childress 1989: Principles of Biomedical Ethics ([1]1979); New York, Oxford

Bender, W. u.a. 2000: (Hg.) Eingriffe in die menschliche Keimbahn. Naturwissenschaftliche und medizinische Aspekte, rechtliche und ethische Implikationen; Darmstadt

Berr, M.-A. 1990: Technik und Körper; Berlin

Blechschmidt, E. 1976: Wie beginnt das menschliche Leben?, Stein am Rhein [4]1976

Bleker, J. 1976: Art. Kasuistik; in HWP 4, 706f

Böhme, G. 1992: Natürlich Natur. Über Natur im Zeitalter ihrer technischen Reproduzierbarkeit; Frankfurt

Böhme, G. 2003: Leibsein als Aufgabe. Leibphilosophie in pragmatischer Hinsicht; Kusterdingen

Borsche, T. 1980: Artikel Leib, Körper; in HWP 5, 173-178

Bücherl, E. 1995: (Hg.) Künstliche Organe; Darmstadt

(Stiftung) Brandenburger Tor 2002: Technikkultur. Von der Wechselwirkung der Technik mit Wissenschaft, Wirtschaft und Politik; Berlin

Buchanan, A. E., D. W. Brock 1989: Deciding for others. The Ethics of surrogate Decision Making; Cambridge u.a.

Chadwick, R. 1998: (Hg.) The Concise Encyclopedia of the Ethics of New Technologies; San Diego u.a.

Clark, L. u.a.. 1998: A new murine modell for mammalian wound repair and regeneration; in: Clinical Immunology and Immunopathology Nummer 88 (1 Juli 1998), 35-45

Daele, W. 2001: Zur Reichweite des Vorsorgeprinzips – rechtliche und politische Perspektiven; in: J. Lege (Hg.): Gentechnik im nicht menschlichen Bereiche – was kann und was sollte das Recht regeln?; Berlin, 101-125

Damschen, G., D. Schönecker 2003: (Hg.) Der moralische Status menschlicher Embryonen. Pro und Contra Spezies, Kontinuums-, Identitäts- und Potentialitätsargument, Berlin New York

DFG 2000: Humangenomforschung – Perspektiven und Konsequenzen; Weinheim

Düwell, M.; K. Steigleder 2003: (Hg.) Bioethik. Eine Einführung; Frankfurt

Dunn, M. 2000: (Hg.) From genome to proteome. Advances in the practice and application of proteomics; Weinheim u.a.

Eibach, U. 1983: Experimentierfeld: Werdendes Leben. Eine ethische Orientierung; Göttingen

Erlach, K. 2000: Das Technotop. Die technologische Konstruktion der Wirklichkeit; Münster Hamburg London

Eser, A. u.a. 1989: (Hg.) Lexikon Medizin, Ethik, Recht; Freiburg, Basel, Wien

ETCS/GZG 1998: First International Workshop on Principles and Perspectives of Tissue Engineering for Basic and Applied Research; Hannover

Falkenburg, B. 2004: Wem dient die Technik?; Baden-Baden

Fonk, P. 2004: Ab wann ist der Mensch ein Mensch? Ein kritischer Blick aus der Sicht christlicher Ethik auf die Forschung mit embryonalen Stammzellen; in: Ethica 12 (2004) 3, 227-258

Friele, M. 2001: (Hg.) Embryo Experimentation in Europe; Bad Neuenahr/Ahrweiler

Gehlen, A. 1972: Der Mensch. Seine Natur und seine Stellung in der Welt; Wiesbaden

Gethmann, C. F. 1998: Praktische Subjektivität und Spezies; in W. Hogrebe (Hg.): Subjektivität; München, 125-145

Gibbs, W. W. 2004: Künstliche Biomaschinen. Synthetische Biologie, in: Spektrum der Wissenschaft 10/2004, 68-75

Grimm, H. 2003: Xenotransplantation. Grundlagen – Chancen – Risiken; Stuttgart, New York

Gründel, Johannes 1990: Verhältnis von Ethik und Medizin, dargestellt an der Palliativtherapie und an der Hospizbewegung; in: Arzt und Christ 36 (1990), 95-107

Habermas, J. 2001: Die Zukunft der menschlichen Natur. Auf dem Weg zu einer liberalen Eugenik?; Frankfurt

Häyry, M. 2003: European values in bioethics: Why, what and how to be used?; In: theoretical medicine 24/2003, S. 199-214

Harris, J. 1995: Der Wert des Lebens. Eine Einführung in die medizinische Ethik; übers. von D. Jaber (¹1985); Berlin

Harris, J., S. Holm 1998: (Hg.) The Future of Human Reproduction. Ethics, Choice and Regulation; Oxford

Harrer, M. 1994: Ethik und Verantwortung in der somato-psycho-sozialen Betreuung krebskranker Menschen, in: Ethica 2(1994) 1, 17-41

Harreus, D. 1999: (Hg.) Gentechnologie. Fakten und Meinungen zum Kernthema des 21. Jahrhunderts; Berlin

Hauskeller, Ch. 2002: (Hg.) Humane Stammzellen. Therapeutische Optionen, ökonomische Perspektiven, mediale Vermittlung; Legerich

Hauser, R. 1976: Art. Kasuistik; in HWP 4, 703-705

Haverich, A., H. Graf 2002: (Hg.) Stem Cell Transplantation and Tissue engineering; Berlin u. a.

Hegselmann, R., R. Merkel 1991: (Hg.) Zur Debatte über Euthanasie. Beiträge und Stellungnahmen; Frankfurt

Heiden, St. u.a. 2001: (Hg.) Biotechnologie als Interdisziplinäre Herausforderung; Heidelberg, Berlin

Hennen, L., A. Sauter 2004: Präimplantationsdiagnostik. Praxis und rechtliche Regulierung in sieben ausgewählten Ländern. Sachstandsbericht TAB Arbeitsbericht Nr. 94; Berlin

Hinrichsen, K. 1993: (Hg.) Humanembryologie. Lehrbuch und Atlas der vorgeburtlichen Entwicklung des Menschen; Berlin u.a.

Höffe, O. 2002: Menschenwürde als ethisches Prinzip; in: O. Höffe u.a.: Gentechnik und Menschenwürde. An den Grenzen von Ethik und Recht, München 2002, 111-141

Holzhey, H. 1980: Art. Lebensqualität; in: HWP 5, 141-143

Holzhey, H., J. P. Leyvraz 1991: (Hg.) Der Wert des Lebens (studia philosophi-
ca 50); Bern, Stuttgart

Honnefelder, L. 2002: Die Frage nach dem moralischen Status des menschlichen Embryos; in: O. Höffe u.a.: Gentechnik und Menschenwürde. An den
Grenzen von Ethik und Recht; München, 79-110

Ihde, D. 2002: Bodies in technology; Minnesota London

Illhard, F. J. 1985: Medizinische Ethik. Ein Arbeitsbuch; Berlin

Irrgang, B. 1990: Leitlinien einer Ethik der Gentechnik. Vorüberlegungen zu einer Ethik der Biotechnologie; Naturwissenschaften 77 (1990), 569-577

Irrgang, B. 1995: Grundriss der medizinischen Ethik; München, Basel (Übersetzung ins Japanische 2002)

Irrgang, B. 1996: Artikel Gen-Ethik ; in: Handbuch der angewandten Ethik; hrsg.
von Julian Nida-Rümelin; Stuttgart 1996, 510-551

Irrgang, B. 1997: Forschungsethik Gentechnik und neue Biotechnologie. Grundlegung unter besonderer Berücksichtigung von gentechnologischen Projek-
ten an Pflanzen, Tieren und Mikroorganismen; Stuttgart

Irrgang, B. 1998a: Praktische Ethik aus hermeneutischer Perspektive; Paderborn

Irrgang, B. 1998b: Wozu können Klonierungsverfahren dienen: ethische Bewer-
tungskriterien; in: J. Ach, G. Brudermüller, Ch. Runtenberg (Hg.): Hello Dolly? Über das Klonen; Frankfurt/M, 72-89

Irrgang, B. 1998c: Art. Biozentrik (Bd. I, 402-404); Art. Pathozentrik (Bd. II,
834-835); Art. Physiozentrik (Bd. III, 28-30); Theozentrik (Bd. III, 526-528);
Art. Tierschutz (Bd. III, 561-567); in: Lexikon der Bioethik; hrsg. von W.
Korff, L. Beck, P. Mikat; Gütersloh

Irrgang, B. 2000a: Hermeneutik und Ethik; in: Ethica 8 (2000), 3, 267-278

Irrgang, B. 2000b: Der Krankheitsbegriff der prädiktiven Medizin und die humangenetische Beratung; in: A. M. Raem u. a. (Hg.): Gen-Medizin. Eine Bestandsaufnahme; Berlin u. a., 651-660

Irrgang, B. 2001a: Lehrbuch der Evolutionären Erkenntnistheorie; ([1]1993) München, Basel

Irrgang, B. 2001b: Technische Kultur. Instrumentelles Verstehen und technisches
Handeln; (Philosophie der Technik Bd. 1) Paderborn

Irrgang, B. 2001c: Gefangen in Sachzwängen? Zur ethischen Dimension der Ge-
staltbarkeit der Biotechnologie; in: St. Heiden u.a. (Hg.): Biotechnologie als
interdisziplinäre Herausforderung; Heidelberg/Berlin 2001, 83-96

Irrgang, B. 2002a: Technische Praxis. Gestaltungsperspektiven technischer Entwicklung; (Philosophie der Technik Bd. 2) Paderborn

Irrgang, B. 2002b: Technischer Fortschritt. Legitimitätsprobleme innovativer
Technik; (Philosophie der Technik Bd. 3); Paderborn

Irrgang, Bernhard 2002c: Humangenetik auf dem Weg in eine neue Eugenik von unten? Bad Neuenahr/Ahrweiler

Irrgang, B. 2002d: Das Stichwort: Hermeneutische Ethik; in: Information Philosophie 2/2002, 50-52

Irrgang, B. 2002f: Natur als Ressource, Konsumgesellschaft und Langzeitverantwortung. Zur

Irrgang, B. 2003a: Künstliche Menschen? Posthumanität als Kennzeichen einer Anthropologie der hypermodernen Welt?; in Ethica 11/2003/1, 5-33

Irrgang, B. 2003b: Von der Mendelgenetik zur synthetischen Biologie. Epistemologie der Laboratoriumspraxis Biotechnologie; Technikhermeneutik Bd. 3; Dresden

Irrgang, B. 2003c: Züchtung als technisches Handeln; in: A. Schäfer, M. Wimmer (Hg.) Machbarkeitsphantasien; Opladen, 67-87

Irrgang, B. 2004: Wie unnatürlich ist Doping? Anthropologisch-ethische Reflexionen zur Erlebnis- und Leistungssteigerung; in: C. Pawlenka (Hg.): Sportethik. Regeln, Fairneß, Doping; Paderborn, 279-291

Irrgang, B. 2005: Posthumanes Menschsein? Künstliche Intelligenz, Cyberspace, Roboter, Cyborgs und Designer-Menschen- Anthropologie des künstlichen Menschen im 21. Jahrhundert; Wiesbaden

Jonson, A., St. Toulmin 1988: The abuse of casuistry. A history of moral reasoning; Berkeley u.a.

Kaltenborn, O. 2001: Das künstliche Leben. Die Grundlagen der dritten Kultur; München

Kant, I. 1975, VI: Grundlegung zur Metaphysik der Sitten; Werke Bd. 6, ed. W. Weischedel; Wiesbaden [5]1975

Kaulbach, F. 1980: Artikel Leib; Körper. Neuzeit; in: HWP 5, 178-185

Kevles, B. H. 1997: Naked to the bone. Medical imaging in the twentieth century, New Brunswick. New Jersey

King, N. u.a. 1988: (Hg.) The Physician as the Captain of the Ship. A critical Reappraisal; Dordrecht, Boston, Lancaster

Knessl, J. 1989: Medizinische Ethik aus heutiger Sicht Basel, Boston, Berlin

Knoepffler, N. 2004: Menschenwürde in der Bioethik; Berlin u. a.

Kollek, R. 2000: Präimplantationsdiagnostik. Embryonenselektion, weibliche Autonomie und Recht; Tübingen und Basel

Kübler-Ross, E. 1977: Interviews mit Sterbenden; Berlin [11]1977

Kuhse, H. 1994: Die Heiligkeit des Lebens in der Medizin. Eine philosophische Kritik, autorisierte Übersetzung von Thomas Fehige, Erlangen

Leder, D. 1990: The absent body; Chicago London

Lenk, H. 1985: (Hg.) Humane Experimente? Genbiologie und Psychologie; München, Paderborn

Lenk, H. 1993: Philosophie und Interpretation. Vorlesungen zur Entwicklung konstruktionistischer Interpretationsansätze; Frankfurt

Lenk, H. 1995: Interpretation und Realität. Vorlesungen über Realismus in der Philosophie der Interpretationskonstrukte; Frankfurt

Lenzen-Schulte, M. 2003: Krank aus der Retorte? In: Spektrum der Wissenschaften 12/2003, 36-44

Leonhardt, A. 2004: (Hg.) Wie perfekt muss der Mensch sein? Behinderung, molekulare Medizin und Ethik; München/Basel

List, E. 2001: Grenzen der Verfügbarkeit. Die Technik, das Subjekt und das Lebendige; Wien

Mahner, M.; M. Bunge 2000: Philosophische Grundlagen der Biologie; Berlin u.a.

Malcolm, J.G. 1988: Treatment choices and informed consent; Springfield Ill.

Marquard, O. u.a. 1988: (Hg.) Ethische Probleme des ärztlichen Alltags; München, Paderborn

Mattick, J. 2003: Challenging the dogma: the hidden layer of non-protein-coding RNAs in complex organisms; in: Bioessays 25.10, S. 930-939

Morowitz, H., J. Trefil 1992: The facts of live. Science and the abortion controversy; Oxford

Neidert, R. 2000: Zunehmendes Lebensrecht. Genetische Untersuchungen am Embryo in vitro im medizinischen und juristischen Kontext. In: Deutsches Ärzteblatt Jahrgang 97/2000, B 2927-B 2930

Oduncu, F. 2003: Stam cell research Germany: ethics of healing vs. Human dignity; in: Medicine, Healthcare and Philosophy 6/2003, S. 5-16

O'Neill, O. 2002: Autonomy and trust in Bioethics; Cambridge

Petermann, F. u.a. 1997: (Hg.) Perspektiven der Humangenetik; Medizinische psychologische und ethische Aspekte; Paderborn München, Wien, Zürich

Prüfer, Th.; V. Stollorz 2003: Bioethik; Hamburg

Quante, M., A. Vieth 2001: (Hg.) Xenotransplantation. Ethische und rechtliche Probleme; Paderborn

Raem, A. u.a. 1999: (Hg.) Gen-Medizin. Eine Bestandsaufnahme; Berlin u. a.

Rendtorff, T. 1982: Strukturen und Aufgaben technischer Kultur; in: D. Rössler, E. Lindenlaub (Hg.) Möglichkeiten und Grenzen der technischen Kultur, Stuttgart, New York, 9-21

Sass, H. M. 1988: Bioethik in den USA. Methoden, Themen, Positionen. Mit besonderer Berücksichtigung der Problemstellungen in der BRD; Berlin, Heidelberg, New York

Sass, H. M. 1989: (Hg.) Medizin und Ethik; Stuttgart

Sass, H. M. 1991: Genomanalyse und Gentherapie. Ethische Herausforderungen in der Humanmedizin; Berlin, Heidelberg, New York

Schlagheck, M. 1989: (Hg.) Wenn der Kinderwunsch unerfüllt bleibt. Wege der Bewältigung; Würzburg

Schneider, I. 1995: Föten. Der neue medizinische Rohstoff; Frankfurt, New York

Schramme, Th. 2002: Bioethik; Frankfurt/New York

Schroeder-Kurth, T., St. Wehowsky 1988: (Hg.) Das manipulierte Schicksal. Künstliche Befruchtung, Embryonentransfer und Pränatale Diagnostik; Frankfurt/M., München

Shrader-Frechette K. S., E. D. Mc Cooy 1993: Methods in ecology: Strategies for conservation; Cambridge u.a.

Sieferle, R.-P. 1997: Rückblicke auf die Natur. Eine Geschichte des Menschen und seiner Umwelt; München

Silver, L. 1998: Das geklonte Paradies. Künstliche Zeugung und Lebensdesign im neuen Jahrtausend; übersetzt von H. Thies und S. Kuhlmann-Krieg; (¹1997); München

Smith, J., K. Boyd 1991: Lives in the Balance. The Ethics of Using Animals in Biomedical Research; Oxford, New York, Tokyo

Spicker, S. u.a. 1988: (Hg.) The Use of Human Beings in Research. With special Reference to Clinical Rials; Dordrecht, Boston, London

Spektrum 4/99: Spektrum der Wissenschaften spezial 4/1999 (Dez. 1999) Hightech-Körper

Stauber, M. 1989: Psychosomatische Probleme bei der Künstlichen Befruchtung, insbesondere bei der In-vitro-Fertilisation, in. Moraltheologisches Jahrbuch 1; Bioethische Probleme; Mainz, 54-66

Stock, G., J. Campbell 2000: (Hg.) Engineering the Human Germline. An Exploration of the Science and Ethics of Altering the Genes we Pass to our Children; New York, Oxford

Storz, G. 2002: An expanding universe of noncoding RNAs; in: Science 296 (17.05.2002), S. 1260-1263

Verma, I. 1991: Gentherapie. Spektrum der Wissenschaft; Januar (1991), 48-57

Verny, T., J. Kelly 1981: Das Seelenleben des Ungeborenen; übersetzt von I. F. Meier und S. Schwabentan; München

Wacker, B. 1991: (Hg.) Die letzte Chance. Adoptionen aus der 3. Welt; Reinbek bei Hamburg

Warnock, M. 1985: A question of Life. The Warnock Report on Human Fertilisation and Embryology; Oxford

Wehowsky, St. 1987: (Hg.) Lebensbeginn und menschliche Würde. Stellungnahmen zur Instruktion der Kongregation für die Glaubenslehre vom 22.2.1987; Frankfurt/M., München

Weiss, G. 1999: Body, Images. Embodiment as intercorporeality; New York, London

Wolf, O. 1976: Art. Kasuistik; in HWP 4, 705f

Wuermeling, H.-B. 2000: Noch unverwirklicht – irritiert der geklonte Mensch unsere Wirklichkeit?; in: Nova acta leopoldina NF 83, Nr. 318, 131-136

Yelin, R. u.a. (2003): Widespread occurance of antesense transscription in the human genom; in: Nature 21 4/2003, S. 379-386

Zaner, R. 1984: A Criticism of Moral Conservatism's View of In Vitro Fertilization and Embryo Transfere; in: Perspectives in Biology and Medicine 27,2 (1984), 200- 212

Zaner, R. 1988: (Hg.) Death: Beyond Whole-Brain-Criteria; Dordrecht, Boston, London

Zimmerli, W. Ch. 1993: Die Bedeutung der empirischen Wissenschaften und der Technologie für die Ethik; in: A. Hertz, W. Korff, T. Rendtorff, H. Ringeling (Hg.) Handbuch der christlichen Ethik; Freiburg, Basel, Wien, Aktualisierte Neuausgabe 1993 Bd. I, 297-316

Sachregister